西南政法大学新时代法学教育丛书

总主编 | 樊伟 林维

# 法学核心课程
# 课程思政教学指南

GUIDELINES FOR THE CURRICULUM-INTEGRATED IDEOLOGICAL AND POLITICAL EDUCATION IN CORE COURSES FOR LAW MAJORS

林 维／主 编

法律出版社
LAW PRESS · CHINA
北京

**图书在版编目（CIP）数据**

法学核心课程课程思政教学指南 / 林维主编. 北京 ：法律出版社，2025. -- ISBN 978 -7 -5197 -9947 -2

Ⅰ. D64

中国国家版本馆 CIP 数据核字第 2025BD5429 号

**法学核心课程课程思政教学指南**
**FAXUE HEXIN KECHENG KECHENG SIZHENG JIAOXUE ZHINAN**

林　维 主编

责任编辑 罗　欣
装帧设计 鲍龙卉

**出版发行** 法律出版社
**编辑统筹** 法律教育出版分社
**责任校对** 王语童
**责任印制** 刘晓伟
**经　　销** 新华书店

**开本** 710 毫米 ×1000 毫米　1/16
**印张** 20.75　**字数** 310 千
**版本** 2025 年 1 月第 1 版
**印次** 2025 年 1 月第 1 次印刷
**印刷** 唐山玺诚印务有限公司

地址：北京市丰台区莲花池西里 7 号（100073）
网址：www.lawpress.com.cn
投稿邮箱：info@lawpress.com.cn
举报盗版邮箱：jbwq@lawpress.com.cn

销售电话：010 -83938349
客服电话：010 -83938350
咨询电话：010 -63939796



**书号**：ISBN 978 -7 -5197 -9947 -2　**定价**：56.00 元

凡购买本社图书，如有印装错误，我社负责退换。电话：010 -83938349

# “新时代法学教育丛书”总序

教育是国之大计、党之大计。中国共产党历来高度重视教育工作,将教育作为强国建设、民族复兴之基。尤其是党的十八大以来,以习近平同志为核心的党中央把教育摆在更加突出的优先发展战略地位,推动新时代教育事业取得历史性成就并发生格局性变化,教育强国建设迈出坚实步伐。法学教育是我国教育事业的重要组成部分,是推进全面依法治国、建设社会主义法治国家的基础性工程。习近平总书记指出:“法治人才培养上不去,法治领域不能人才辈出,全面依法治国就不可能做好。”高校作为法治人才培养的第一阵地,承担着办好法学教育、为党和国家输送大批德法兼修的高素质法治人才的时代使命。在此背景下,西南政法大学组织编纂了这套“新时代法学教育丛书”。

西南政法大学是新中国最早建立的高等政法学府,是改革开放后国务院确定的全国首批重点大学,是教育部和重庆市人民政府共建高校,入选国家首批卓越法律人才教育培养基地、首批国家级涉外法治研究基地、教育部首批涉外法治人才协同培养创新基地(培育)。学校坚持以习近平新时代中国特色社会主义思想为指导,全面贯彻新时代党的教育方针,不忘立德树人初心,牢记为党育人、为国育才使命,坚持心中有方向感、工作有使命感、师生有获得感的工作理念,不断推进学校教育教学工作高质量内涵式发展和特色发展,着力培养德智体美劳全面发展的社会主义建设者和接班人,全力书写西政事业发展的“奋进之笔”。

新时代新征程,党和国家事业发展对法学教育提出了更高要求。西南政法大学充分利用学科齐全、人才密集的优势,加强法学教育基础理论和重大问题研究,组织相关领域的知名专家学者,精心编纂了这套“新时代法学教育丛书”。该套丛书以习近平新时代中国特色社会主义思想为指导，紧紧围绕新时代法学教育实践，系统开展扎根中国文化、立足中国国情、解决中国问题的法学教育理论研究，总结提炼新时代法学教育具有主体性、原创性、标识性的概念、观点、理论，致力于构建中国自主的法学知识体系。

本套丛书选题多样、内容丰富，涵盖了法学学科体系、教学体系等法学教育教学的重要领域，涉及课程思政教学、涉外法治人才培养、法科学生职业能力培养等法学教育教学中的重大与前沿性议题。第一批将先行出版《法学核心课程课程思政教学指南》《法学特色课程课程思政教学指南》《涉外法治人才培养的探索与实践》《法科学生职业能力培养的理论与实践》等著作，今后还将继续围绕新时代法学教育中的重大理论和实践问题陆续推出具有代表性的理论成果。

衷心希望这套“新时代法学教育丛书”的出版能够获得法学界、教育界对于我校多年来进行法治人才培养的考评与建言，能够获得学术界对于我校多年来从事法学教育研究的检视与指引，能够获得社会各界对于我校长期发展的关注与支持，共同开创新时代法学教育事业发展新局面！

是为序。

# 序

2019年3月，习近平总书记在学校思想政治理论课教师座谈会上强调：“要坚持显性教育和隐性教育相统一，挖掘其他课程和教学方式中蕴含的思想政治教育资源，实现全员全程全方位育人。”2020年5月，教育部印发《高等学校课程思政建设指导纲要》，标志着在国家层面正式启动高校课程思政建设。该指导纲要明确了专业教育课程是课程思政教学体系的重要组成部分，应根据不同学科专业的特色和优势，深入研究不同专业的育人目标，深度挖掘提炼专业知识体系中所蕴含的思政内容。法学专业课程思政建设事关法治人才培养，是培养学生德法兼修职业素养、落实立德树人根本任务的重要举措。

西南政法大学全面贯彻落实高校课程思政建设要求，制定出台了《西南政法大学全面推进课程思政建设行动计划》《西南政法大学推进课程思政建设的实施方案》《西南政法大学课程思政建设评价办法》等政策文件；与新华网签署“课程思政教学研究中心共建合作协议”，打造了课程思政教学资源库平台；推出了课程思政示范项目、课程思政教学改革课题等项目，激励教师参与课程思政建设；举办了课程思政教学比赛，开展了“课程思政专题活动月”等活动。在这些实践探索的基础上，《法学核心课程课程思政教学指南》一书即尝试总结法学核心课程的思政教学经验，探究将思政元素有机融入专业课程思政教学的模式和方法。

整体而言，本书主要从课程思政教学资源的开发、教学目标与教学内容、教学方法与评价方式、教学实例、课程思政元素的归类和汇总等五方面，选取我校开设的部分法学专业核心课程进行系统梳理和总结。本书的特色之处体现在专业课程思政教学的时代性、学科间的交叉融合性、教学设计实用性三个方面。首先,法学专业课程思政教学内容在聚焦前沿专业理论知识的同时,还体现了习近平新时代中国特色社会主义思想、中国特色社会主义法治理论以及新时代思想政治工作和人才培养新要求等具有时代性的内容。其次,法学专业知识与思政内容的融合亦体现了不同学科间的交叉融合,如“习近平法治思想概论”课程的思政教学内容即建立在哲学、政治学、经济学等学科及各法学分支学科相关知识的融会贯通的基础上。最后,本书所构建的法学专业课程思政教学体系在注重一般原理阐发的同时,还有典型教学实例的列举,并提供了具有可操作性的课堂教学设计和教学方法,体现了较强的实践性或应用性。

衷心希望由西南政法大学教师团队编写的这部《法学核心课程课程思政教学指南》能够对其他兄弟院校的法学教育教学有所裨益,能够为推动德法兼修高素质法治人才培养贡献西政力量。

# 目　录

# “习近平法治思想概论”课程思政教学指南

## 一、“习近平法治思想概论”课程简介

“习近平法治思想概论”是面向法学专业本科和研究生开设的核心课程。课程旨在推动习近平法治思想进教材进课堂进头脑，增强学生对中国法律的制度自信和对中国法治的道路自信，引导学生从坚持在法治轨道上全面建设社会主义现代化国家的高度学习法律知识、提升法学素养，培养学生正确的法律世界观和健全的法律人格。

课程的主要内容有：绪论。习近平法治思想的重大意义，分别为政治意义、理论意义、实践意义和世界意义。习近平法治思想的核心要义，体现在“坚持党对全面依法治国的领导”“坚持以人民为中心”“坚持中国特色社会主义法治道路”“坚持依宪治国、依宪执政”“坚持在法治轨道上推进国家治理体系和治理能力现代化”“坚持建设中国特色社会主义法治体系”“坚持依法治国、依法执政、依法行政共同推进，法治国家、法治政府、法治社会一体建设”“坚持全面推进科学立法、严格执法、公正司法、全民守法”“坚持统筹推进国内法治和涉外法治”“坚持建设德才兼备的高素质法治工作队伍”“坚持抓住领导干部这个‘关键少数’”这“十一个坚持”中。习近平法治思想的科学方法，即正确处理政治和法治、改革和法治、发展和安全、依法治国和以德治国、依法治国和依规治党之间的关系。

## 二、教学目标与教学内容

### （一）教学目标

通过本门课程的学习，实现习近平法治思想入脑入心，坚定学生对中国特色社会主义法治理论的认同，增强学生对中国法律的制度自信和对中国法

治的道路自信；全面培养学生的法学与政治素养，提升学生的法治理论水平，使其能够超越法条主义、部门主义，从法治国家、国家治理现代化法治化的高度把握法律问题，成为中国特色社会主义法治的合格建设者和可靠接班人；推动学生对习近平法治思想的学习实现从掌握知识到习得技能再到转化思想的三重境界转变，激发学生投身新时代法治建设的热情，引导学生形成正确的法律世界观、良好的法学素养和健全的法律人格，通过实际行动为法治中国建设贡献力量。

### （二）教学内容

#### 1. 设计思路

“习近平法治思想概论”课程兼具专业学理性和政治性的双重属性，讲好讲清这门课程，必须处理好专业性和政治性的关系，这就需要以理论法学的基本知识框架和教学方法为依托，优化教学方案。

第一，确立课程协同机制的总体思路。一是牢牢把握“习近平法治思想概论”课程与其他法学专业课程的“总论—分论”关系。“习近平法治思想概论”课程应注重讲授习近平法治思想“总论”，其他法学专业课程则应体现习近平法治思想指导具体法治领域和法律部门而形成的具体观点和方法。二是坚持“以学习者为中心”的理念，推进教学亲和度，增强教学实效。三是以课程协同创新机制实现习近平法治思想进教材进课堂进头脑工作的“线面结合”。所谓“线”，是指打通教材体系、课程体系、教学方法体系和成效评估体系四大环节并重点发力，实现习近平法治思想进教材进课堂进头脑工作全过程覆盖。所谓“面”，是指根据《法学类教学质量国家标准（2021 年版）》确定的“1 + 10 + X”法学专业核心课程体系，为不同的课程设计具有针对性的进教材进课堂进头脑工作推进方案，并强化各项课程之间的联动。

第二，牢牢把握“习近平法治思想概论”课程建设的“基本盘”。一是从学理深度中提炼、阐释政治话语，实现课程专业性和政治性的有机统合。既要做到以彻底的理论说服人，实现以正确的政治方向引领人；还要注重把讲清楚基本学理作为各章节教学的逻辑起点。二是合理布局教学内容结构，按照学习者的认知顺序和知识基础，设计科学的知识点整合方案，合理谋划课程讲授顺序，从而确保高效完成教学目标。三是生动讲解习近平法治思想的政理、法理、哲理，深入挖掘具体鲜活的实践素材，研发情景模拟教学、翻转课堂教学等多样化教学方法在“习近平法治思想概论”课程中的具体运用模式。

第三，以“双向映射”“隔空对话”“多师同堂”的方式，推进“课程联动”，实现“习近平法治思想概论”课程与其他法学课程的深度衔接。所谓“双向映射”，是指在“习近平法治思想概论”课程的教学计划中为其制定其他法学专业课程的知识点映射表，同时在其他法学专业课程中设计习近平法治思想元素映射表，由此，两表相互对照、双向映射，从而针对每一个相互连接、交叉的知识点，为不同课程精细化设计教学任务分工和协作方案。所谓“隔空对话”，是指在定位挖掘双向映射点的基础上，通过科学设置议题，设计精巧的课堂间对话方案，实现跨越课堂界限的互动。所谓“多师同堂”，是指在同一课堂中，邀请相关的理论法学、部门法学教师，以及专业思政教师以多师对谈的方式进行教学，共同围绕同一案例、议题展开分析，引导学生进行讨论。

2. 教学重难点及对重难点的处理

一是采取多种教学手段和方法，综合处理好本门课程政治性和法学专业性的双重属性的关系。对作为教学重点和难点的“十一个坚持”和科学方法部分，要求教师在做到自己理解领会和熟练运用的前提下，在和学生的讨论讲解过程中，争取能让学生同样做到深入理解和努力践行。

二是促进教学中的多学科交融，顺应“新文科”教学趋势。“习近平法治思想概论”的学习是建立在政治学、经济学等各个学科，以及各个法学分支学科尤其是部门法学科的相关知识的融会贯通之上的，并力图达到“多学科交叉融合”的效果。因此，在本门课程的讲授与学习过程中，必须引入哲学、政治学、经济学、社会学等相关知识和问题，这有利于实现“新文科”建设关于打通学科壁垒的要求，更好地满足培养复合型人才的需求。

三是更好地实现“翻转课堂”教学方式。依托即将上线的慕课等线上教学资源，使学生提前获取讨论主题，自主思考、充分准备，在线下教学中可节省讨论主题的讲授时间，实现更加充分的讨论，并在讨论中主动求取真知。

四是更好地实现“多师同堂”教学方式。依托线上教学资源，能够实现线下教学中线下老师、慕课老师和学生的三方互动，亦能够依托慕课平台的实时讨论板块，由多位老师与学生共同探讨问题，在线上教学中实现“多师同堂”。

五是为更好满足“课程思政”建设的要求，应在线上线下混合教学中，更大程度上实现“部门法学知识点、理论法学知识点、习近平法治思想知识点、学生兴趣点”的“四点映射”，并且依据慕课的独特属性，依托在线开放教学平台，面向社会公众传播“习近平法治思想概论”的思政因子，进一步放大本门课程思政的教学效果。

## 三、课程思政教学方法与评价方式

“习近平法治思想概论”课程的思政教学方法与评价方式集中体现在将“专业知识点”和“思政元素点”的映射扩展为“部门法学知识点”“理论法学知识点”“习近平法治思想知识点”“学生兴趣点”的“四点映射”。

第一，以“课程思政”的理念，在其他法学专业课程中深度嵌入习近平法治思想元素，高效实现“隐性教育”。我们应当针对每一个知识点和映射点，设计具体教学方案，实现专业知识点和习近平法治思想元素点面向学生心智的融合传递；在通过“隐性教育”方法实现专业知识点向习近平法治思想元素点的平滑过渡后，还应以深刻的分析说理，明确阐释习近平法治思想的具体指导意义是如何具体体现的，从而实现课程思政目标由感性维度向理性维度的提升。

第二，引入“学生兴趣点”，更好地体现“以学生为中心”的教学理念，保证教学实效。“双向映射”沟通了法学专业知识点和习近平法治思想知识点两个端点，“学生兴趣点”则是在这两个端点之间的中介点。秉持“以学习者为中心”的教学理念，教学议题的设计、教学案例的甄选、教学方法的运用、讲授方式的优化，皆应充分考虑学生的兴趣点，并且，在课堂教学中应灵活地穿插动漫、影视作品等流行文化元素，以学生喜闻乐见的方式讲述相应理论内容，提升教学的亲和力和可接受度，推进学生自觉学习的积极性。

第三，根据理论法学和部门法学的关系，将专业知识进一步拆分为“理论法学知识点”和“部门法学知识点”，提升映射的精准度和系统性。我们必须正视理论法学和部门法学各自的特质和相互关系，以及这两类法学课程与“习近平法治思想概论”课程之关系的不同表现形式，在不同的课程中实现“四点映射”，也应按照不同的方式，实现习近平法治思想向具体法学专业知识逐次过渡、双向流通的课程思政推进模式。在“习近平法治思想概论”课程中，应当以理论法学知识点作为基本理论和一般理论的铺垫，以部门法学知识点为具体例证；在理论法学课程中，应当以习近平法治思想知识点为思想引领，以部门法学知识点为具体例证；在部门法学课程中，应当以习近平法治思想知识点为思想引领，以理论法学知识点为一般理论指引。

## 四、课程思政教学资源及研究开发

近年来，综合过去的教学经验，本课程形成了如下的课程思政教学资源开发思路：一是依据“习近平法治思想概论”教材设置线下教学课程内容，将其作为线上线下混合教学的主干知识体系。二是以专题研讨为特色设置多样化的线上教学资源，以即将上线的“习近平法治思想概论”慕课作为主干知识体系的补充。其中包括：“微视频”板块，分为绪论、重大意义、核心要义、科学方法四个部分，共30余个教学视频，对相关知识进行深化和提升，所有的“微视频”皆配有教学课件和讲义供学生下载学习。“延伸阅读”板块，由慕课团队精选扩展文献与之配套，提升学生的阅读量，帮助学生自主进行深度学习。“课程讨论”板块，由慕课团队精选了20个左右的案例和文献材料，并实时更新，供学生在线下学习和“微视频”学习后进行讨论。“课程测试”板块，通过线上测试，检验学生的学习效果，并将其作为成绩评定的重要依据。

## 五、教学实例

### （一）教学实例一：用合唱者、乐谱、指挥三者间的关系比喻人民当家作主、法律、党的领导三者的关系

1. 教学目的：浅显易懂、形象生动地理解党的领导、民主与法治三者的关系，尤其是党的领导与法治的关系。

2. 课程思政元素：“坚持党对全面依法治国的领导”。

3. 教学要点：

打一个比较形象的比喻：我国社会主义民主政治好比是一场大合唱，需要人民参与、人民发声，这就是民主。但合唱不是乱唱，更不是噪声杂音，还

需要乐谱,这个乐谱就是法律;合唱要靠谱,依法办事,这就是法治。一个好的大合唱光有乐谱是不够的,还必须要有一个给力的指挥,这个指挥就是中国共产党。民主大合唱必须要有党的领导和指挥,才能协调各方,让乐谱灵动起来,保证使人民的声音和乐谱的美妙呈现出更好的效果。

当然,党指挥的人民大合唱也必须按照既定的乐谱,也就是依法办事,只有这样,才能实现既定的目的。在乐谱确定之前,指挥可以领导演唱者、伴奏者润色甚至修订乐谱,但是一旦乐谱确定下来,无论是指挥还是演唱者,无论是党还是人民,都要按照乐谱来,都要靠谱,这样才能保证不走音,不跑调,才能保证全国人民在党的指挥下,合唱出中国好声音。既不能因为乐谱的存在而否定指挥的意义,也不能因为指挥的存在而否定乐谱的作用。这个比喻可以用来说明党领导人民在法治的框架内实现社会主义民主政治。

### (二)教学实例二:党的领导是人民民主的"凝结核"

1. 教学目的:阐释民主与集中的关系,为论述党的领导与法治的关系进行理论奠基。

2. 课程思政要素:"坚持党对全面依法治国的领导""坚持以人民为中心"。

3. 教学要点:

人民民主与党的领导的关系可以从民主与集中的视角进行理解。中华人民共和国,缺少了"人民"的意志不是民主;缺少了"共和"的整合,也不是民主。民主不是一盘散沙,民主也不是众多民意的简单相加,民主需要"共和"的过程。民主应该是公意而不是众意。法国思想家卢梭曾经说过,"公意与众意之间经常是有很大的区别的:公意只是着眼于公共的利益,而众意则着眼于私人的利益,众意只是个别意志的总和"。众意容易形成乌合之众,即民粹或多数人的暴政。好的民主不仅需要体现众意,还需要"共和"的过程,也就是集中和整合,将原生态的众意提升到体现民主的公意,这就是republic的过程。在这个集中、整合、引领和提升的过程中,政党的领导起着不可替代的作用。

原生态的民意或民主,就像空气中的水蒸气一样分散和游离。党的领导,就像空气中的凝结核,对游离的民意具有很强的吸附和凝聚作用。正是有了凝结核的存在，这些分散的水蒸气，才能逐步凝聚，进而形成云、形成雨，继而汇聚成江河，形成蓬勃的力量。社会主义民主政治就是在中国共产党这个凝结核的领导下，汇聚民意、促成民主，并最终以法治的形态固定下来。

### （三）教学实例三：“党大还是法大”是个伪命题

1. 教学目的：对“党大还是法大”这个理论和现实中都容易产生疑惑的问题，进行深入浅出的理论阐释，澄清理论误区，批判错误认识，正确理解党的领导与法治的关系，为坚持党的领导扫清障碍。

2. 课程思政要素：“坚持党对全面依法治国的领导”“坚持中国特色社会主义法治道路”。

3. 教学要点：

（1）从政治与法治的视角看党与法的关系。

党领导人民治国理政是我国社会主义民主政治的内容，社会主义法治则是承载这一政治内容的形式。内容与形式是哲学上的一对范畴，不能简单地讨论内容大还是形式大，因为两者不可分离，缺一不可。虽然在法治语境下，为了凸显法律的地位，人们习惯说“法律至上”，但法治本身并不是目的，政通人和，国富民强才是目的。法治其实就是“治法”，是党领导人民，为了实现上述政治目的而遵循的制度和方法。从这个意义上讲，法治与政治的关系应该是政治为体，法治为用；政治是内容，法治是形式；政治是目的，法治是手段；政治是法治的源头，法治是政治的制度化和规范化。法治背后是政治，政治背后是政党，政党背后是人民；法治不能脱离政治，政治不能脱离政党，政党不能脱离人民。用一个比喻来说，法治是社会主义民主政治运行的轨道，党领导人民治国理政则是在这个轨道上运行的火车，轨道本身不是目的，目的还是诗和远方。“火车跑得快，全靠车头带”，党就是人民的火车头。失去轨道，火车寸步难行，而失去火车头或牵引力，轨道也将毫无意义，双方缺一不可，而非谁大谁小的关系。

（2）从立法与守法的视角看党与法的关系。

从立法层面来看，法律不是天上掉下来的，而是党领导人民制定出来的。先有党和人民的意志，后有法律，党和人民的意志不但可以生成法律，还可以依照程序修改或废止法律。法律的立、改、废活动是法律正常的新陈代谢，不足为奇。人们不能简单套用守法的逻辑来评价立法层面的问题（当然立法本身也有合宪合法的问题），否则每次改法或废法岂不是违法？在立法层面人们很少谈法律至上，而是谈宪法至上，宪法至上背后则是人民至上，人民主权与人民遵守法律之间并没有矛盾。

从执法司法守法的层面来看，法律生成之后，党和人民，每一个党员干部和每一个公民，都要严格遵守法律，置身于法治之下，不存在法外之人，不存在法上之权，这是法治的必然要求，“法律至上”的格言更多是在这个层面讲的。法律就像党领导人民订立的君子协定，先有君子，后有协定，君子生成了协定，没有好的君子，就没有好的协定，因此君子很重要；协定订立之后，君子必须服从协定，这叫契约精神，也是君子之风，因此协定也很重要。两者缺一不可，并行不悖，而不是谁大谁小的问题。党领导立法与党带头守法的逻辑与以上类比，大致相同。

## 六、“习近平法治思想概论”课程思政元素总览表

| 课程章节 | 重要的课程思政元素 | 相关联的专业知识或教学案例 | 所属思政维度 |
|---|---|---|---|
| 绪论 | 1. 习近平法治思想形成发展的时代背景；<br>2. 习近平法治思想形成发展的实践逻辑、理论逻辑和历史逻辑 | 法治一般原理，中国社会主义法理学的历史文化基础，马克思主义法理学的形成及其意义，马克思主义法理学的中国化，中国社会主义法的产生、本质和作用 | 马克思主义法学基本原理、习近平法治思想 |
| 第一章　习近平法治思想的政治意义 | 习近平法治思想对于增强“四个意识”、坚定“四个自信”、做到“两个维护”的重大意义 | 习近平新时代中国特色社会主义思想，中国社会主义法与民主政治 | |
| 第二章　习近平法治思想的理论意义 | 习近平法治思想是马克思主义法治理论同中国实际相结合的最新成果 | 马克思主义法理学的形成及其意义，马克思主义法理学的中国化 | |

续表

| 课程章节 | 重要的课程思政元素 | 相关联的专业知识或教学案例 | 所属思政维度 |
|---|---|---|---|
| 第三章　习近平法治思想的实践意义 | 习近平法治思想是我国社会主义法治建设发生历史性变革、取得历史性成就的根本指针 | 中国社会主义法的产生、本质和作用 | 马克思主义法学基本原理、习近平法治思想 |
| 第四章　习近平法治思想的世界意义 | 习近平法治思想为人类政治文明进步贡献中国智慧 | 西方法理学的历史，法律与全球化 | |
| 第五章　坚持党对全面依法治国的领导 | 1. 党的领导是我国社会主义法治之魂；<br>2. 党的领导和社会主义法治是一致的 | 法律与政治，执政党政策与国家法律，法律与意志 | |
| 第六章　坚持以人民为中心 | 1. 坚持人民主体地位；<br>2. 坚持以依法保障人民权益为根本目的 | 人民主权原则，法律与人权，法律与意志，法律的本质 | |
| 第七章　坚持中国特色社会主义法治道路 | 1. 从我国革命、建设、改革的实践中探索适合自己的法治道路；<br>2. 推进全面依法治国，绝不照搬别国模式和做法 | 法治一般原理 | |
| 第八章　坚持依宪治国、依宪执政 | 1. 坚持依法治国首先要坚持依宪治国；<br>2. 宪法的根基在于人民发自内心的拥护 | 宪法的特征和作用，法律的效力，中国社会主义立法和法律体系 | |
| 第九章　坚持在法治轨道上推进国家治理体系和治理能力现代化 | 1. 全面依法治国是国家治理的一场深刻革命；<br>2. 更好发挥法治固根本、稳预期、利长远的保障作用 | 法律与治理，法律产生和发展的历史规律，法律现代化，法律功能 | |

续表

| 课程章节 | 重要的课程思政元素 | 相关联的专业知识或教学案例 | 所属思政维度 |
|---|---|---|---|
| 第十章　坚持建设中国特色社会主义法治体系 | 1. 形成完备的法律规范体系；<br>2. 形成高效的法治实施体系；<br>3. 形成严密的法治监督体系；<br>4. 形成有力的法治保障体系；<br>5. 形成完善的党内法规体系 | 立法的指导思想和基本原则，法治一般原理，法律制定、法律实施、法律监督，法律与社会 | 马克思主义法学基本原理、习近平法治思想 |
| 第十一章　坚持依法治国、依法执政、依法行政共同推进，法治国家、法治政府、法治社会一体建设 | 1. 法治国家是法治建设的目标；<br>2. 法治政府是建设法治国家的重点；<br>3. 法治社会是构筑法治国家的基础 | 现代国家的基本特征，法治一般原理，法律制定，法律实施，法律监督，法律与社会 | |
| 第十二章　坚持全面推进科学立法、严格执法、公正司法、全民守法 | 1. 推进科学立法；<br>2. 推进严格执法；<br>3. 推进公正司法；<br>4. 推进全民守法 | 司法制度的一般原理，民事诉讼、刑事诉讼和行政诉讼的基本原则，法治一般原理，法律制定、法律实施，法律与社会 | |
| 第十三章　坚持统筹推进国内法治和涉外法治 | 1. 加快涉外法治工作战略布局；<br>2. 综合运用立法、执法、司法等手段开展斗争 | 国内法和国外法 | |
| 第十四章　坚持建设德才兼备的高素质法治工作队伍 | 1. 加强法律服务队伍建设；<br>2. 创新法治人才培养机制 | 司法制度，法律职业 | |
| 第十五章　坚持抓住领导干部这个“关键少数” | 1. 领导干部要做尊法学法守法用法的模范；<br>2. 用制度保证领导干部发挥“关键少数”作用 | 法律职业，法律与政治，法律与意志 | |
| 第十六章　正确处理政治和法治的关系 | 1. 没有脱离政治的法律；<br>2. 党和法的关系是政治和法治关系的集中反映 | 现代政治的基本原理，法律与政治 | |

续表

| 课程章节 | 重要的课程思政元素 | 相关联的专业知识或教学案例 | 所属思政维度 |
|---|---|---|---|
| 第十七章　正确处理改革和法治的关系 | 在法治下推进改革，在改革中完善法治 | 政治体制改革的基本原理，法律与社会，法律与经济，法律与科技 | 全面从严治党、马克思主义法学基本原理、习近平法治思想 |
| 第十八章　正确处理发展和安全的关系 | 坚持总体国家安全观，加强国家安全法治建设 | 发展与安全，法律与秩序 | |
| 第十九章　正确处理依法治国和以德治国的关系 | 把社会主义核心价值观融入法治建设 | 社会主义核心价值观，法律与文化，法律与道德，法律价值论 | |
| 第二十章　正确处理依法治国和依规治党的关系 | 坚持依法治国与制度治党、依规治党统筹推进、一体建设 | 法律与政治，党内法规与国家法律 | |

（刘文会、张瑞）

# “法理学”课程思政教学指南

## 一、“法理学”课程简介

“法理学”是面向法学本科专业开设的一门核心课程。开设“法理学”课程的目的在于，为研究法律制度、推动法学发展提供方法论，提供研究法律现象的基本方法，培养学生形成法学专业理念与思维，并树立牢固的法治信念。

法理学主要研究法的一般概念和基本理论。“法理学”课程的主要内容有：

法学基本知识，即辨析法学学科性质，展示法学体系构成，准确界定法理学的对象、性质和方法，明确学习法理学的重要意义；

法律基本知识，即辨析“法”、“法律”及相关概念，帮助学生重点掌握法的本质、法的特征、法的作用、法的原则与规则、法的渊源、法律效力、法的要素、法律关系、法律主体、法律行为、法律权利、法律义务、法律责任、法律监督、法律意识、法系、法律体系、立法体制、司法体制、司法原则、行政执法等基础理论和基本范畴；

法治基本知识，即重点从“纸上”的法律转化为“行动”的法治这一视角，深入讲解中国社会主义立法理论并完善以宪法为核心的法律体系，讲解法治实施理论和司法、执法体制，法治监督理论和国家监察体制，法治保障理论和党内法规理论。

在法学体系中，法理学始终居于基础和主导地位。法理学通过反映和表达其所处时代的法理，为法律制度和法学体系的发展提供思想动力和学理支撑。

## 二、教学目标与教学内容

### （一）教学目标

“法理学”课程的教学目标在于通过该课程的学习，学生要掌握法学的基本知识体系，对法学的学科特点、学科划分、简要历史、基本概念、基本方法有准确理解，为各专业部门法知识的学习做好准备。同时，在“法理学”教学的课程思政当中，实现习近平法治思想的“三进”，实现三个基本目标，确保价值、知识与能力的同步发展。

(二)教学内容

1. 设计思路

一是学习资源混合。实现作为线下教学资源的《法理学进阶》教材和作为线上教学资源的微视频、扩展阅读材料、实时更新的案例和讨论题等的有机协调、相互适配、优势互补。

二是学习方式混合。实现线下教学的系统讲授及集中讨论和线上教学的分散式知识获取、即时性讨论相结合，实现线下教学的教师主导型和线上教学的学生自主型相结合。

三是学习环境混合。实现课堂教学环境和网络教学环境的相互结合，依托“慕课堂”系统打通线上线下两个教学环境，提高学生的实时参与性。

2. 教学重难点及对重难点的处理

一是实现线上教学和线下教学的内容区分和互补。根据线下教学和线上教学的不同特征，在教学内容设置上，使二者相互关联，但又不简单重复，实现优势互补。线下教学内容侧重于知识的体系性和整全性，强调对基本知识和通说观点的传授；线上教学更加突出知识的扩展性和延伸性，强调以问题为导向进行专题学习。

二是实现更加完备的“法理学”分阶段教学模式。将“法理学”课程划分“法理学(一)”和“法理学(二)”进行分阶段教学，是法理学教学独特的“西政特色”。由于两门课程间隔时间较长，部分学生在学习“法理学(二)”时难免遗忘了“法理学(一)”中的知识。“法理学”慕课的许多专题章节都对“法理学(一)”和“法理学(二)”的相关知识点进行了统合，成为连接“法理学(一)”和“法理学(二)”的桥梁，有助于学生在学习“法理学(二)”时对“法理学(一)”的知识进行回忆、巩固。

三是促进教学中的多学科交融，顺应“新文科”教学趋势。“法理学(二)”的学习是建立在对于各个法学分支学科尤其是部门法学科的相关知识的融会贯通之上的，并力图达到“以部门法实践理解一般法理，以一般法理指引部门法实践”的效果。在“法理学”慕课的专题学习中，引入《法理学进阶》教材之外的跨学科知识，不仅实现了各法学学科知识的相互融合、部门法知识和一般法理的相互印证，还在关于“法律方法论”和“法律社会论”的专题中引入了逻辑学、社会学、经济学、政治学、自然科学的相关知识和问题，有利于实现“新文科”建设关于打通学科壁垒的要求，更好地满足培养复合型人才的需求。

四是更好地实现“翻转课堂”教学方式。依托线上教学资源，使学生提前获取讨论主题，自主思考、充分准备，在线下教学中可节省讨论主题的讲授时间，使学生实现更加充分的讨论，并在讨论中主动地求取真知。

五是更好地实现“多师同堂”教学方式。依托线上教学资源，能够实现线下教学中线下老师、慕课老师和学生的三方互动，亦能够依托慕课平台的实时讨论板块，由多位老师与学生共同探讨问题，在线上教学中实现“多师同堂”。

六是更好地满足“课程思政”建设要求。在线上线下混合教学中，进行“专业知识点、思政映射点、学生兴趣点相结合”的“三点映射”课程思政教学，并依据慕课的独特属性，依托在线开放教学平台，面向社会公众传播“法理学”的思政因子。

## 三、课程思政教学方法与评价方式

课程思政教学方法与评价方式主要体现在“两相结合”与“三点映射”上。

### （一）两相结合

所谓“两相结合”就是要处理好“习近平法治思想”和“法理学”两门课程的关系。“课程思政”是“思政”，但不是一般的“思政”。它跟一般的“思政”区别何在呢？它必须实现思政知识点与专业知识点深度融合，以专业知识点的形式，而非思政知识点的形式呈现在学生面前。

在教学实践中，有的老师开展“课程思政”的方式就是把习近平法治思想当中的原文拿来给学生读一遍；或者，法理讲到哪个点，只要把习近平法治思想里面的对应点直接打在课件上念一遍，“课程思政”的任务就算完成了。

上述做法肯定是不合适的,不对在哪儿呢?就是没有处理好“习近平法治思想”和“法理学”的关系。

和其他部门法不同,“法理学”的课程思政有个独特的问题,就是“法理学”和“习近平法治思想”的关系要更加密切。当前“法理学”知识体系高度贯彻了习近平法治思想;两个学科还共享了大量知识点,比如,“法理学”中的“中国社会主义立法和法律体系”和“习近平法治思想”中的“科学立法”“完备的法律规范体系”,其在内容上的相同之处就很多。

但这两门课程不是没有区别,不仅教材是分开的,在法律职业资格考试的章节上也是分开的。从这几年司法部组织编纂的法律职业资格考试指导用书来看,这两门课程有一定分工:“习近平法治思想”的思政密度更高,讨论的是中国特色社会主义法治理论的基本立场和基本观点;“法理学”的专业密度更高,讲述的是法学的基础知识和一般理论。

“法理学”教材中的很多知识点在“习近平法治思想概论”的教材中是没有的,比如,“习近平法治思想”教材里面就不会专门谈法律关系、法律责任、法律行为,但是,这些领域里也可能有“课程思政”的元素。

“法理学”的“课程思政”既不是让法理和习近平法治思想完全分开,也不是让二者机械拼凑,是要让二者有机结合。怎么实现有机结合呢?我们教研室在集体备课过程中总结了一个办法,叫“三点映射”。

### (二)三点映射

所谓“三点映射”就是专业知识点、思政映射点、学生兴趣点三点之间的相互映射。其中,专业知识点的内容是固定的;思政映射点总量很大,需要我们按照专业知识点的特点去甄别和选择;学生兴趣点则更模糊,需要我们在学情调查和教学实践中去摸索。

例如,“习近平法治思想”中有个知识点为“依法治国的主体”,依法治国的主体是人民,或者说党领导下的人民;与之相对应,“法理学”中的知识点为“法律关系的主体”,一般包括三种:自然人、组织、国家。有学生就会有疑问:为什么法律关系的主体中没有“人民”呢?这就混淆了“依法治国主体”和“法律关系主体”。这就是一个学生的兴趣点,是由学生自己提出的问题。这同时也为“法理学”的教学指出了一个思政映射点,亦即“依法治国主体”

问题，或者说是“依法治国主体”和“法律关系主体”的关系问题。就如何处理这个问题，在集体备课时，教研室的老师们提出了两点意见：第一种意见本着从局部到整体的思路，把“法律关系主体”理解为一种具体、微观的主体，而把“依法治国主体”理解为一种抽象、宏观的主体；处理不好微观的具体关系，宏观的抽象关系也就无从建立。所以，我们必须先在每一个法律关系当中厘清自然人和组织的主体资格，保障其主体地位，只有这样，作为自然人和组织的集合的人民在依法治国当中的主体地位才能够得到明确和保障。第二种意见认为，具体法律关系当中的“主体”概念在奴隶或者封建时代就已经存在，而“人民”观念和“法治”观念在资本主义时代才开始走向成熟，作为大多数的“人民”真正成为“法治”的“主体”则是社会主义时代才形成的局面。社会主义法治是对资产阶级法治的超越，既包含有古典的“法律关系主体”，也包含有现代的“依法治国主体”。无论是按照第一种思路还是第二种思路，抑或是两种思路相结合，都使学生在“法律关系主体”这一专业知识点和“依法治国主体”这一思政知识点间厘清了关系，找到了平衡，并受到了教育。

## 四、课程思政教学资源及研究开发

近年来，综合过去的教学经验，“法理学”课程形成了如下的课程思政教学资源开发思路：

第一，依据《法理学进阶》教材设置线下教学课程内容，将其作为线上线下混合教学的主干知识体系。其具体内容为：第一编法律本体论，重点涉及法律与意志、权利与义务、法律与利益等章节；第二编法律价值论，重点涉及法律价值总论、法律与正义、法律与人权、法律与秩序等章节；第三编法律方法论，重点内容为法律解释和法律推理方法；第四编法律社会论，重点涉及法律与社会的一般关系、法律与经济、法律与政治、法律与道德、法律与科技等章节。

第二，以专题研讨为特色设置多样化的线上教学资源，即将“法理学”慕课作为主干知识体系的补充。其一，“微视频”板块，分为法学历史、法律基本问题、法律价值、法律与社会四个部分，共计22个教学视频；前两个部分主要是对“法理学(一)”知识的深化和提升，并作为“法理学(一)”向“法理学

(二)”的沟通和过渡;后两个部分则是针对“法理学(二)”中的重点知识进行专题讲解和延伸扩展;所有的“微视频”皆配有教学课件和讲义供学生下载学习。其二,“延伸阅读”板块,每一个“微视频”皆有慕课团队精选的3~5篇文献与之配套,扩展学生的阅读量,帮助学生自主进行深度学习。其三,“课程讨论”板块,慕课建设团队精选了15~20个案例和文献材料,并实时更新,供学生在线下学习和“微视频”学习后进行讨论。这些讨论材料既是帮助同学们理解相应知识点的重要例证,也用于检验同学们对于“法理学”各知识点的理解程度。其四,“课程测试”板块,通过线上测试,检验学生的学习效果,并将其作为成绩评定的重要依据。

## 五、教学实例

### (一)教学实例一:通过“法系”讲授建立马克思主义法律地理观和历史观

1.教学目的:明晰“法系”这一法学基础理论的重要概念,在横向和纵向建立马克思主义的世界法律地理观、历史观。

2.课程思政元素:马克思主义基本法律观、习近平法治思想“统筹推进国内法治和涉外法治”。

3.教学要点:

(1)大陆法系和英美法系的地理分布和基本特点。通过讲授其法律渊源体系与诉讼制度的差异,与宪法、诉讼法当中的相应知识点形成关联。

(2)法系思想史是如何产生的。“法系”概念是19世纪末由日本法学家穗积陈重提出的,其目的在于为世界各地法律比较确定参照系,同时宣扬其法律达尔文主义,要求日本脱离古典中华法系,转而学习西方法律体系。

(3)如何正确认识法系理论。按照马克思主义一分为二的基本方法论,对法系理论的起源要一分为二地看待:一方面,大陆和英美法系代表了资产阶级的生产关系,相比于封建时代形成的传统中华法系,具有历史性的进步意义,二者的东渐促进了中国法律的现代化。另一方面,法系理论最初带有浓厚的社会达尔文主义和文明优劣论色彩,对“死法系”文明持歧视态度,对此必须加以甄别和批判。

(4)我国属于什么法系？我国是一个四法域国家。我国香港特别行政区受英美法系影响较大；我国台湾地区、我国澳门特别行政区受大陆法系影响较大；我国内地(大陆)既非英美法系，也非大陆法系，而是在吸收两者优势的基础上，兼采苏联社会主义法系和中华民族优秀传统，同时在新中国法治建设实践基础上形成的有中国特色的社会主义法治体系。

(5)如何对待法系。按照习近平法治思想“统筹推进国内法治和涉外法治”的基本方法，必须从国内、国外两个视角对法系理论的性质进行定位。就国内视角而言，一方面要在具体法律制度中正确认识大陆法系或英美法系的影响，另一方面从公平、效率等价值出发，批判性地认识其作用和运行机理。就国外视角而言，在和大陆法系国家、英美法系国家进行国际交流的过程中，必须注意法系差异及其造成的正反两方面影响。

(6)重要参考案例：我国上海自由贸易试验区的信托法律实践。信托是英美法系的重要产权制度，优点是有利于加强资本流通的安全性和便捷性，缺点是监管难度大、容易造成债权人过度风险、影响金融安全；传统大陆法系的代理理论否认英美信托制度的合法性，这有利于交易安全，但不利于资本的快速安全流转；2012 年以后，我国在上海自由贸易试验区推行电子化的信托合同和信托受益权登记平台制度，兼采二者之优点，同时与国外的相应制度形成对接和协调，有效地促进了对外开放，实现了国内法治和涉外法治的统筹发展。

### (二)教学实例二：从“自由”看社会主义核心价值观

1. 教学目的：讲授“自由”这一概念在哲学、法学知识体系当中的不同层次和不同含义，明晰作为法律价值的“自由”与社会主义核心价值观当中的“自由”“法治”等概念的关系。

2. 课程思政要素：社会主义核心价值观、资产阶级法权局限性。

3. 教学要点：

(1)自由的概念之一：意志自由。在哲学层面上，“自由”可以从意志和行动两方面理解。意志层面的自由即“意志自由”或“自由意志”，是不受外界干预的思想活动，只要不诉诸行动即不受法律调整，引入马克思的原著表述：“对于法律来说，除了我的行为以外，我是根本不存在的。”此外必须强调，马克思主义经典理论认为，人的意识受到时代所述生产力和生产关系发展水平的决定性影响，不存在彻底脱离物质资料生产方式的“意志自由”。

（2）自由的概念之二：法律自由和法学的自由价值。行动层面的自由亦即规范范围内不受约束的行动，行动自由必须以一定规范为前提，这一规范可以是道德，也可以是法律，法律规范范围内的自由亦即“法律自由”。18 世纪近代自然法兴起以后，自由开始被视为法学追求的基本价值，法律应该保护自由、确认自由逐渐成为法学界的共识，我国亦将自由列入社会主义核心价值观。

（3）法律自由的部门法现象：自由构成了法律范围内不受干涉的无因行动范围，亦即权利当中的“权能”；在除法律外不受干涉这一含义上，自由与权利经常混同使用。法律上的自由还经常体现为“自治”，其中既包括公法意义上的群体自由（如宪法上的基层群众自治），也包括私法意义上的个体自由（如民法上的意思自治）。

（4）资产阶级自由思想的局限性。近代自然法上宣扬的自由是一种“消极自由”，亦即个人拒绝外界干涉而形成的自由。资本主义生产方式走向成熟以后，这种绝对的个人主义本位理论在实践中造成了大量问题，一味强调自由，拒绝国家监管和以社会公共利益为目的的二次分配，造成了社会的混乱和不公正。

（5）社会主义核心价值观意义上的自由：社会主义的自由既包括“消极自由”，还发展出了“积极自由”，亦即通过国家以社会公共利益为目的干预经济社会，推行社会福利、劳动保障、义务教育等方式形成的自由。社会主义核心价值观层面的自由是积极自由和消极自由对立统一的产物。

（6）重要参考案例：洛克纳诉纽约州案。1905 年，纽约州制定法律，将面包店和糖果店工人的劳动时间限制为每天 10 小时，该法律最终被美国联邦最高法院推翻，推翻的理由是，立法限制劳动时间侵犯了雇员和雇主的“缔约自由”，以此为参照，美国联邦最高法院推翻了各州禁止童工、限制妇女重体力劳动等一系列法案，这充分暴露了“消极自由”的阶级局限性。在各地社会主义工人运动的持续推动下，直至第二次世界大战以后，国家干预下形成的劳动者的“积极自由”才在世界各地以法律形式完全形成。

### （三）教学实例三：从“责任公正原则”看“抓住领导干部这个‘关键少数’”

1. 教学目的：在讲解法律责任归结理论中的“责任公正原则”的过程中，通过法律法规对党政领导干部及其家属设置的特殊责任形式，理解习近平法治思想“抓住领导干部这个‘关键少数’”的具体制度形式。

2. 课程思政要素：习近平法治思想“抓住领导干部这个‘关键少数’”。

3. 教学要点：

（1）“责任公正”原则的含义。该原则包含三个方面的内容：一是有责必究原则，只要违反相应的法定义务，都应当承担相应责任。二是责任平等原则，同等的违反法定义务的行为应承担同等的法律责任。三是责任自负原则，行为人仅对自身的违反法定义务的行为负责，保证未实施违反义务行为的主体不承担责任。

（2）责任自负原则并不是绝对的，存在多种例外。例如，在连带责任和替代责任中，在有法律特别规定的情况下，没有过错的一方也可能因其他人的行为而承担责任。

（3）上述例外是针对法律的特别规定而设置的，或者是因为行为主体不具备行为能力，或者是因为第三人没有举证能力，而且不妨碍承担责任的主体向实际过错方追责，因此总体上并不违反责任公正原则。

（4）领导干部的未履行上报义务而承担的特殊责任。2017 年，《领导干部报告个人有关事项规定》在党内法规中建立了一种新的责任形式，就领导干部近亲属的相关事项必须依规向党组织报告，违反该义务的领导干部将承担党纪政纪责任。该责任采用无过错责任形式，即便领导干部可以证明自己对近亲属的相关活动毫不知情，亦需承担相关责任。这就给领导干部及其近亲属创设了一种新的党规义务，如果近亲属违反该义务，那么责任将由领导干部承担。领导干部掌握巨大权力，必须对其个人及其近亲属加强监管，因此有针对性地设置了远高一般主体标准的党规责任。

（5）重要参考案例：2022 年的党内法规《领导干部配偶、子女及其配偶经商办企业管理规定》将领导干部及其近亲属的上报义务在“经商办企业”这一具体事项中进行了进一步明确。对领导干部不如实报告配偶、子女及其配偶经商办企业情况,配偶、子女及其配偶违反禁业规定经商办企业和以委托代持、隐名投资等形式虚假退出,以及利用职权为配偶、子女及其配偶经商办企业提供便利、谋取私利等行为,依规依纪依法进行严肃处理,对管理不力造成严重后果或不良影响的责任单位和责任人员进行严肃问责。

## 六、“法理学”课程思政元素总览表

| 课程章节 | 重要的课程思政元素 | 相关联的专业知识或教学案例 | 所属思政维度 |
|---|---|---|---|
| 导论　法理学的对象、性质和方法 | 1. 习近平法治思想的理论逻辑、理论意义;<br>2. 坚持以人民为中心 | 1. 法理学的对象、性质和方法;<br>2. 马克思主义法理学的中国化 | 习近平法治思想的重大意义 |
| 第一章　法的概念和本质 | 1. 习近平法治思想形成的时代背景;<br>2. 习近平法治思想的理论逻辑、理论意义 | 1. 法的概念;<br>2. 法的本质 | 习近平法治思想的时代背景 |
| 第二章　法的产生、发展与历史类型 | 1. 习近平法治思想形成的时代背景;<br>2. 西方资产阶级法治的局限性 | 1. 两种对立的法的起源观;<br>2. 法的历史类型;<br>3. 法系 | 马克思主义法学基本原理 |
| 第三章　法的价值 | 1. 社会主义核心价值观融入法治建设;<br>2. 西方资产阶级法治的局限性;<br>3. 法治与安全的关系 | 1. 法的价值的概念;<br>2. 法与安全;<br>3. 法与自由;<br>4. 法与公平正义;<br>5. 法与人权 | 习近平法治思想的核心要义 |
| 第四章　法的渊源与效力 | 1. 中国特色社会主义法律体系;<br>2. 坚持统筹推进国内法治和涉外法治 | 1. 法律渊源;<br>2. 国内法与国际法 | 习近平法治思想的核心要义 |
| 第五章　法律关系 | 1. 法治国家、法治政府、法治社会一体建设;<br>2. 坚持依法治国、依法执政、依法行政共同推进 | 1. 法律关系的概念;<br>2. 法律关系的主体和客体;<br>3. 权利与义务 | 中国特色社会主义法治道路 |

续表

| 课程章节 | 重要的课程思政元素 | 相关联的专业知识或教学案例 | 所属思政维度 |
|---|---|---|---|
| 第七章　法律责任 | 1. 形成严密的法治监督体系；<br>2. 抓住领导干部这个"关键少数" | 1. 法律责任的概念；<br>2. 法律责任的承担方式 | 全面从严治党 |
| 第八章　法律方法 | 习近平法治思想的科学方法 | 1. 法学方法与法学思维；<br>2. 法律解释的方法 | 马克思主义法学基本原理 |
| 第十三章　立法和法律体系 | 1. 坚持依宪治国、依宪执政；<br>2. 形成完备的法律规范体系 | 1. 中国的立法体制；<br>2. 中国的立法程序 | 依宪治国、依宪执政 |
| 第十四章　法律实施 | 1. 形成高效的法治实施体系；<br>2. 公正司法；<br>3. 依法行政、法治政府 | 1. 法律执行；<br>2. 法律适用 | 中国特色社会主义法治体系 |

（杜苏、朱林方）

# “宪法学”课程思政教学指南

## 一、“宪法学”课程简介

“宪法学”课程是全国高等教育法学专业核心课程，也是西南政法大学法学专业本科人才培养方案中的专业必修课。宪法是国家根本大法，是社会主义法治体系的核心，学习“宪法学”，有助于增强宪法观念，树立尊崇宪法、遵守宪法、维护宪法和运用宪法的自觉意识；有助于正确把握宪法同其他部门法之间的关系，为学习其他部门法打好地基。宪法学天然处在政治与法律之间，是将政治整合进法治框架的载体。在正确认识政治的基础上实现宪治，既是宪法的本质要求，也是课程思想的目标之一。在宪法学教学内容中应巧妙嵌入思想政治内容，既有效实现思想政治教育的目标，同时也实现宪法学的教学目标，力争“1+1大于2”的效果。

## 二、教学目标与教学内容

### （一）教学目标

1. 帮助学生掌握宪法学基本知识，形成完整的宪法学理论体系。通过对基本宪法学知识的讲授，使学生更好地了解和认识宪法的基本原则、国家制度、基本权利和义务等，增强学生的法律意识，提高其法治观念，有助于推动社会法治化进程。

2. 让学生形成正确的宪法思维和法治观念，具备基本的宪法适用能力。通过对宪法学知识的讲授，使学生了解宪法在国家法律体系中的地位和作用，掌握宪法的基本内容和法律程序，同时能够运用所学的知识分析现实生活中的宪法问题，提出合理的建议和解决方案。

3. 着力培养学生的政治认同、家国情怀和宪法法治意识。第一，宪法就是一门政治法,阐述国家的目标、任务以及国家权力运作。因此,和其他法律部门相比,宪法学教学更应该有坚定的政治立场以及正确的思想政治观念,引导学生对我国的国体、政体等国家制度产生政治认同。第二,宪法强调国家权力要保护公民权利、义务。由此,要激发学生内心深处的“修身齐家治国平天下”的忧国忧民情怀。第三,讲授宪法理论和知识,将专业与价值相结合,使学生自然萌发尊重宪法、实施宪法的责任感和使命感,形成人权意识和为宪治奋斗终身的理想。

### (二)教学内容

1. 设计思路

“宪法学”课程根据教学内容的不同和安排,按照其特色挖掘思想政治资源,融合思想政治内容,通过挖历史、讲政治、重情感三步骤,将思政元素无痕融入课堂教学中。(1)挖历史。事物的产生都有其历史性、根源性和文化性。中国宪法的产生和发展有其深刻的历史渊源。因此在讲授宪法规定的国家根本任务和建设目标、国家制度和公民权利时,注意从历史的角度让学生产生文化认同和对中国制度的理解与信任。(2)讲政治。宪法的很多内容与政治直接相关,需要充分挖掘中国性,即在课程中既要阐述党的指导思想,还要阐述社会主义原理、初级阶段、国体政体理论,宣扬党的文件精神等,由此产生政治认同。(3)重情感。宪法被誉为人权保障法,最能激发学生内心的权利意识、责任意识、规则意识,使学生产生为国家宪法和法治事业奉献一生的家国情怀,因此应该在教学中融入带有情感渲染的典型案例、政治事件等。通过以上三个步骤,在课堂教学中无痕融入思想政治内容,与原有的“宪法学”课程内容相融合,有利于实现德育元素的静态结合,实现课程思政目标与“宪法学”课程目标的双赢。

2. 教学重难点及对重难点的处理

(1)在社会实践中寻找课程思政教育元素。课程思政教育元素并不是凭空捏造的,需要从宪法学与社会实践的结合中去寻找,不是从理论逻辑出发来解释实践,而是从社会实践出发来解释理论的形成。比如,在讲到合宪性审查制度时,会从具体的实践案例引入,从案例中阐发合宪性审查制度的运行方式,而不是直接灌输给学生关于合宪性审查的各种知识,应让同学们参与进课堂，在比较中了解我国合宪性审查制度的发展以及独特优越性，实现课程思政的无痕融入。

(2)在教学内容上要注重中国性，让学生真正认识中国，与国家民族共命运。既要讲中国制度特色、制度优越性或制度的不断进步，使学生产生政治认同，提升民族自豪感；又要讲中国面临的问题和困境，分析其背后的原因，激发学生的学习动力和责任感。因此，在讲解中国问题时不能含糊，不能模棱两可，也不能泛泛地说中国就是好，必须结合相关的数据、案例，求真务实，有理有据，让同学们真正懂得、了解中国。

(3)在课程思政教育效果评价上存在着些许困难。课程思政教育效果评价主要以学生的角度进行，包括以学生的听课热情、学生的喜爱程度、学生的政治认同、学生的家国情怀、学生的宪法意识等进行综合评价。目前我们主要以问卷调查以及考试试题设计为主要的评价方式，上述评价模式存在局限性，只能在一定程度上反映出学生对具体知识的掌握程度，不能反映出学生的思想和精神境界的提高和转化，这种思想上的“考核”需要长期的观察。从这个意义上来讲，评价课程思政教育效果是一个亟须攻克的难关。

## 三、课程思政教学方法与评价方式

1. 课程思政教学方法

课程思政教学方法需要系统性和细腻性，应力争亲和力，做到方法无痕、余音绕梁。(1)情感教学法。学生大都难以接受直接的说教，因此要采用恰当的教学方法，以情感沟通为主，潜移默化地实现思想政治教育的渗入。教师应注重学生的内心感受，以饱满的教学热情把感情注入课堂中，让学生感受到、捕捉到，并深深地被吸引。(2)启发式、讨论式教学法。教师在课程讲述中应多问一些“为什么”，引起学生的兴趣和思考，并通过线上学生回答、互评，或分组讨论的模式，加深学生对问题的理解，使学生能够找出合理的答案。(3)灵活多样的教学技巧。教师可运用语言、肢体、道具、环境、眼神等细节，可运用运动式、舌战式、举手式、朗诵式，甚至是做游戏的方式来启发学生，调动气氛，激发热情；还可以采取换位思考教学法、情绪渲染教学法、实地观摩教学法、情景模拟教学法等。

2. 课程思政教学评价方式

在考核评价方面，根据该课程的基础目标、高级目标和课程思政目标来具体设计考核方式。(1)课程基础目标是对社会大众及大学本科学生进行宪法知识的普及；(2)课程高级目标是培养学生解决复杂问题的综合能力和高级思维，实现培养的个性化和分层化；(3)课程思政目标是以“政治认同、家国情怀、宪法法治意识”为三个培养方向和重点。

基于上述三个目标设计课程考核方式：课程问卷调查、课堂讨论参与度、传统卷面考核。(1)课程问卷调查方式是通过对比了解课堂效果。在学期的第一节课与最后一节课发放同样的试卷，试卷内容涉及政治认同、爱国主义、权利意识、宪法法治意识等，通过前后同学们的答题情况对课程思政效果予以评估。(2)参与课程讨论，分数占比10%。每期课程设置5～10个讨论题目，学生参与3次可获得满分，主要激发学生探讨宪法实践和学术前沿问题的热情，培养学生的宪法法治意识。(3)传统卷面考核分为期中和期末考试，期中考试倾向于宪法典的考核，期末考试则将综合分析题的分值拔高，将学生的法治思维、制度认同等融入题目当中，根据分析程度评估学生对课程的掌握程度。

## 四、课程思政教学资源及研究开发

“宪法学”课程在内容上具有政治性特点，蕴含着丰富的思政教育资源，它的研究对象主要包括宪法典(宪法文本)、宪法理论、宪法规范、宪法现象及宪法运行过程。依据课程特点与研究对象，为更好地挖掘其中的课程思政特色，可将课程内容分为三个部分：(1)宪法学基础概念及历史溯源：从毛泽东同志等有关“什么是宪法”的经典表述中可以挖掘出我国宪法在制定过程中的民主元素，可从对新中国的宪法史的解读中自然引发学生对中国宪法来之不易，中国宪法实施任重而道远的忧国忧民情怀。(2)宪法学基本理论：突出中国宪法原则的普遍性与特殊性，而它的特殊性就在于中国宪法独有的民主集中制原则、中国共产党领导原则等，这些普遍和特殊原则在宪法中被结合在一起，体现了党的领导、人民当家作主和依法治国的有机统一。(3)宪法学的重要知识领域：社会主义原理、国体政体理论、人民代表大会制度、社会主义人权理论等。这些宪法学内容与德育教材直接相关，学生在听讲的过程中无痕吸收了思政内容。

## 五、教学实例

### (一)教学实例一:我国的宪法监督制度

1. 本案例教学目标

包括:(1)了解宪法实施和宪法监督的含义;(2)理解违宪与违法的关系;(3)阐述我国监督制度与其他监督制度的区别。

2. 本案例思政教学目标

包括:(1)支持我国的宪法监督模式,相信该制度的优越性,产生政治认同、文化认同和制度认同,为宪法监督领域中国提供的解决方案和智慧油然而生出民族自豪感;(2)理解我国宪法监督制度的发展阶段与不足,崇敬在备案审查工作中持续努力的备审人及相关制度推动者、参与者,立志为中国的备审事业贡献力量。

3. 本案例教学的重点、难点

(1)教学重点:第一,清晰阐释我国目前实施的宪法监督制度全貌;第二,分析我国宪法监督制度的成因及其与其他国家宪法监督制度的异同;第三,评价我国宪法监督制度的优点和不足及可能的完善措施。

(2)教学难点:第一,判断某规范性文件是否合宪的方法;第二,让学生对我国的宪法监督模式产生制度认同,理解我国的制度现状,并产生强烈的宪法意识与社会责任感。

4. 本案例课程思政设计

| 专业知识点 | 思政元素点 | 教学设计 |
| --- | --- | --- |
| 我国的宪法监督模式 | 中国方案和中国智慧,让学生产生制度认同、政治认同和文化认同 | 与我国人民代表大会制度相联系,突出中国制度根源、历史发展和人民主权原则 |
| 我国的备案审查现状 | 对中国法治发展的理解和支持,为我国备审事业贡献力量的理想信念 | 突出备审人的坚守和努力,以及相关社会人士积极参与的事例 |

续表

| 专业知识点 | 思政元素点 | 教学设计 |
| --- | --- | --- |
| 如何进行合宪性审查 | 宪法意识和权利意识，工匠精神 | 通过最新的合宪性审查案例，学生小组讨论和展示，在训练能力的同时切身感受宪法的权威以及案例审查的精细度 |

5. 课程实施过程

(1)第一波情绪渲染：通过两个小案例激发学生的学习兴趣，使其产生宪法意识，为宪治事业而奋斗！(5分钟)

(2)历史铺垫：通过对历史的讲述，让学生了解我国宪法监督制度建立和发展的曲折性，感受国家几代领导集体、无数宪法学家的孜孜不倦的努力，珍惜当下蓬勃开展的合宪性审查制度。(10分钟)

(3)政治认同和制度自信：阐述具有中国特色的合宪性审查制度，以及我国的合宪性审查制度具有的优于其他国家制度的显著特征。(25分钟)

(4)第二波情绪渲染：合宪性审查也有风险，轻易不动用这个权力。(5分钟)

采取先扬后抑的方式，使课堂节奏有起伏，让同学们不要总想着审查是否违宪，要明白合宪才是常态。

(5)分组训练：如何审查一个规范性文件是否合宪？(30分钟)

列举实践中的典型案例，让同学们分组讨论所涉规范性文件是否合乎宪法，提升同学们的实践能力，让同学们亲身感受合宪性审查工作，激发同学们对合宪性审查工作的热情。案例为我国最新的备案审查报告中的案例，即有的地方性法规规定，“必须用本民族语言文字教学”和“条件允许时可以在几门课中采用普通话教学”，这是否违反我国《宪法》规定的“国家推广全国通用的普通话”。具体流程为：第一，各组需阐明宪法条文的含义——地方性法规规定为何违反了宪法——如果违反如何纠正；第二，组员讨论后推举一个代表作小组汇报；第三，老师总结。

6. 教学效果评估

寻找实践中真实发生的合宪性审查案例，选取合适案件发放给同学，由他们根据所学知识作出合宪性审查报告，完成后进行分组交叉评议，最后由老师对报告的撰写情况作出总结说明。

### (二)教学实例二:国家基本制度——人民代表大会制度

1. 本案例教学目标

包括:(1)让学生了解人民代表大会制度的历史发展进程;(2)让学生掌握人民代表大会制度的运行概况;(3)让学生切实领会人民代表大会制度的优越性。

2. 本案例思政教学目标

包括:(1)突出作为我国根本政治制度的人民代表大会制度的优越性,以及这种优越性在国家治理效能上所发挥的制度功效;(2)以习近平法治思想为指导,将“全面依法治国基本思想”深度融入课程教学环节中。

3. 本案例教学的重点、难点

(1)教学重点:第一,人民代表大会制度是我国的根本政治制度;第二,分析我国人民代表大会制度与西方议会制度的区别,从历史、比较的维度明确人民代表大会制度坚持人民当家作主,各制度环节充分体现民主集中制的优越性。

(2)教学难点:第一,人民代表大会制度的实质;第二,人民代表大会制度、中国共产党领导的多党合作和政治协商制度、民族区域自治制度、基层群众自治制度之间的关系。

4. 本案例课程思政设计

| 专业知识点 | 思政元素点 | 教学设计 |
|---|---|---|
| 人民代表大会制度的历史发展进程 | 突出人民代表大会制度的优越性,培养学生的制度认同、制度自信 | 与党史相结合,分为不同阶段。将学生分为不同小组,依次展示人民代表大会制度的发展历程,突出制度形成的必然性以及优越性 |
| 人民代表大会制度的运行概况 | 人民代表大会是行使国家权力的重要途径和最高实现形式 | 通过小组分配、角色扮演,模拟人民代表大会的立法流程 |
| 民主监督和参与机制 | 在教学中可以引导学生积极参与社会公共事务,关心国家大事,为国家发展和人民幸福贡献自己的力量 | 在选举日组织同学们统一参与选举活动,感受行使公民权利的神圣时刻 |

5. 课程实施过程

(1)课前一周:将同学分为2个立法小组、2个群众组、2个专家小组和1个观察小组。2个立法小组起草草案,草案包含4～5个条款,立法小组将草案发至课程群。

(2)课前三天:2个群众组及2个专家小组将对草案的意见整理成文档发至课程群,立法小组思考回应方案。

(3)课程当天:

征询稿1:本节课同学组建代表团,审议草案(15分钟)+全国人民代表大会宪法和法律委员会提出意见(10分钟)+全国人民代表大会全体会议投票表决(3分钟)。

征询稿2:本节课同学组建代表团,审议草案(15分钟)+全国人民代表大会宪法和法律委员会提出意见(10分钟)+全国人民代表大会全体会议投票表决(3分钟)。

观察小组同学上台,陈述整个立法流程,提出在观察过程中发现的问题。(5分钟)

课程老师讲解人民代表大会的权力以及运行情况。(7分钟)

6. 教学效果评估

“人民代表大会制度”这一章节的教学效果一方面体现在同学对人民代表大会制度知识架构的掌握上;另一方面体现在同学对国家根本政治制度的自信和认同上。因此,在教学评估中需要设计出能够体现上述两个因素的评价机制。具体来讲,教师可利用课堂测评与调查问卷两种方式进行,课堂小测验倾向于具体知识掌握度的测评;调查问卷则涉及对人民代表大会制度认知、认可程度的调研。

### (三)教学实例三:宪法的基本原则——尊重和保障人权

1. 本案例教学目标

包括:(1)让学生了解我国的人权事业发展历程;(2)让学生掌握2004年修宪“人权”入宪及其意义;(3)让学生了解中国共产党人权理念的历史发展。

2. 本案例思政教学目标

包括:(1)让学生了解《改革开放40年中国人权事业的发展进步》白皮书,看到我国人权事业的进步与发展,激发学生的爱国情怀和民族自豪感,促使学生对中国特色社会主义确立更加牢固的道路自信、理论自信、制度自信、文化自信。(2)让学生区分中国人权与西方人权,科学运用人权原则内容,评价现实现象和事件,树立正确的价值观。

3. 本案例教学的重点、难点

(1)教学重点:第一,中国宪法如何体现人权保障原则;第二,突出人权保障理念的新发展,以及近年来我国在人权保障事业上所作的具体贡献。

(2)教学难点:第一,中国人权与西方人权的区别:真实性、广泛性、首要人权、公民基本义务、实现条件;第二,理解不同类型宪法中人权原则的区别。

4. 本案例课程思政设计

| 专业知识点 | 思政元素点 | 教学设计 |
| --- | --- | --- |
| 人权原则的内涵要求、历史发展 | 以《改革开放40年中国人权事业的发展进步》白皮书和《为人民谋幸福:新中国人权事业发展70年》白皮书作为学习材料,激发爱国热情和自豪感 | 收集相关的新闻视频,对两份文件进行深入学习 |
| 我国宪法中的人权原则 | 阐释2004年我国《宪法》增加“国家尊重和保障人权”条款的历史背景,同时论述该条款在人权保障上作为概括性条款的功能特征,并通过观察现实揭示我国人权保障事业的发展进步 | 通过若干关涉人权的具体案例,让学生们探讨人权可能会受到侵害的场合以及相应的保障措施 |
| 中国人权与西方人权的区别 | 阅读《2019年美国侵犯人权报告》,使学生把握美西方国家干涉别国内政、推行霸权主义的实质 | 课前收集美国干涉他国内政的视频资料并进行整理,在课堂上分类讲解,让同学们深入了解美西方干涉的借口、途径等 |

5. 课程实施过程

(1)第一波情绪渲染:通过若干小案例激发学生的学习兴趣,引导学生

关注“人权”问题。(5 分钟)

(2)政治认同和制度自信:通过历史的讲述,让学生了解 2004 年“人权”入宪的重要意义以及中国共产党有关人权理念的发展,并借助相关文件、短片,让学生感受中国人权保障事业的发展进步。(10 分钟)

(3)第二波情绪渲染:通过图片、新闻视频等,联系到全球疫情、美国 2020 年爆发大型反种族歧视游行的事例,让学生们了解资本主义世界人权的虚伪性。(15 分钟)

(4)政治认同和制度自信:强调中国人权与西方人权的区别,即真实性、广泛性、首要人权、公民基本义务、实现条件等。使学生能够科学运用人权原则内容,评价现实现象和事件,树立正确的价值观。(10 分钟)

(5)小组讨论:以中国死刑的存废问题作为重点,将学生分为正反双方,由学生们进行讨论。(30 分钟)

我国是保留死刑的国家,学生们需要从死刑存废问题背后的价值、权利之间的衡量、人权的保障等多角度进行辩驳、论证,从而使学生们能够更加明晰我国现在保留死刑的必要性。

6. 教学效果评估

教学效果评估分为线上、线下两部分测评。线上通过慕课平台设置随堂问题,学生即做,教师即判并及时发现易错点,及时答疑解惑。线下通过课下作业实现延伸学习,要求学生阅读学习《为人民谋幸福:新中国人权事业发展 70 年》白皮书,撰写读后感。

## 六、“宪法学”课程思政元素总览表

| 课程章节 | 重要的课程思政元素 | 相关联的专业知识或教学案例 | 所属思政维度 |
|---|---|---|---|
| 第一章　宪法总论 | 1. 突出中国宪法的特色与取得的成绩:我国宪法在制定程序、修改程序中浓厚的民主元素;<br>2. 在宪法内容安排上的显著特征 | 1. 中西方古代“宪法”到近现代“宪法”词源的演变过程;<br>2. 具有中国特色的社会主义宪法的内涵以及其与其他宪法类型的区别 | 家国情怀、宪法法治意识 |

续表

| 课程章节 | 重要的课程思政元素 | 相关联的专业知识或教学案例 | 所属思政维度 |
| --- | --- | --- | --- |
| 第二章　宪法的历史发展 | 1. 宪法所反映的国家根本性质的转变；<br>2. 宪法确定我国社会主义国家形态；<br>3. 宪法的发展史是中国共产党领导人民的奋斗史，也是新中国的建设史，是改革开放史的缩影 | 1. 近代宪法的产生和发展；<br>2. 新中国成立后宪法的产生和发展；<br>3. 宪法修改原理 | 政治认同、家国情怀 |
| 第三章　宪法的指导思想和基本原则 | 1. 宪法的指导思想与党的指导思想之间的关系；<br>2. 马克思列宁主义以及毛泽东思想对宪法基本原则以及社会主义国家学说的论述；<br>3. 中国宪法原则的普遍性与特殊性 | 1. 宪法的指导思想是指体现统治阶级意识形态，并指导宪法制定修改和实施的思想原则和理论体系；<br>2. 宪法的指导思想和党的指导思想的关系；<br>3. 宪法基本原则在调整社会关系时的重要作用 | 政治认同、宪法法治意识 |
| 第四章　国家性质与国家形式 | 1. 国家与国家性质；<br>2. 国家性质的决定性因素；<br>3. 政权组织形式的类型 | 教学案例：以 1848 年《共产党宣言》以及 1871 年法国巴黎公社所主张的政权组织形式来探讨社会主义如何确立符合自己革命和建设目的的政权组织形式 | 政治认同 |
| 第五章　国家基本制度 | 1. 人民代表大会制度作为国家根本政治制度的优越性；<br>2. 中国共产党领导是中国特色社会主义最本质的特征 | 1. 社会主义公有制包括全民所有制和劳动群众集体所有制；<br>2. 人民代表大会制度是我国的根本政治制度；<br>3. 人民代表大会制度、中国共产党领导的多党合作和政治协商制度、民族区域自治制度、基层群众自治制度之间的关系 | 政治认同 |

续表

| 课程章节 | 重要的课程思政元素 | 相关联的专业知识或教学案例 | 所属思政维度 |
|---|---|---|---|
| 第六章　公民的基本权利与义务 | 突出人权保障理念的新发展，特别是自2004年《宪法修正案》中增加"国家尊重和保障人权"条款以来，我国在人权保障事业上所作的具体贡献 | 1. 基本权利的概念，与人权、法律权利的关系；<br>2. 基本权利的保障方式；<br>3. 我国各类型公民基本义务的含义。<br>教学案例：德国的吕特案 | 宪法法治意识 |
| 第七章　国家机构 | 国家机构的组织和活动必须坚持党的领导原则和民主集中制原则 | 1. 国家机构的一般原理；<br>2. 我国国家机构的体系和组织活动原则 | 政治认同、家国情怀 |
| 第八章　"一国两制"与特别行政区制度 | "一国两制"对维护国家统一和国家主权的重要意义 | 1. 宪法和基本法共同构成特别行政区的宪制基础；<br>2. 中央对特别行政区直接行使的权力。<br>教学案例：《香港特别行政区维护国家安全法》的颁布与实施 | 政治认同、家国情怀 |
| 第九章　宪法实施的监督 | 我国《宪法》"序言"第13自然段有关宪法实施主体的阐述，即全国各族人民、一切国家机关和武装力量、各政党和各社会团体、各企业事业组织，都必须以宪法为根本的活动准则，并且负有维护宪法尊严、保证宪法实施的职责 | 1. 三种宪法监督模式；<br>2. 宪法监督制度的历史发展及其功能；<br>3. 我国的合宪性审查制度 | 宪法法治意识 |

（梁洪霞、王柳）

# “中国法律史”课程思政教学指南

## 一、“中国法律史”课程简介

### (一)面向对象及开设目的

“中国法律史”课程面向法学专业本科生,以马克思主义为指导思想,以唯物史观作为理论和方法论的基石。开设目的在于科学地说明中国历史上各种类型的法制的性质,揭示其固有的规律,并且批判地汲取前人的经验,挖掘其中蕴藏的产生新智慧、创造新经验的深厚的文化底蕴,为健全和完善中国特色社会主义法治体系服务。

### (二)主要内容

本课程基于传统中国法律史研究范式,以中华文明发展史为主轴,主要内容涵盖夏商周至清末民国期间,中国各历史阶段的法律制度之沿革与法律思想之渊源,探究中华法系形成的基本脉络与主要特征。每章均讲授该时期的法律思想、法律制度、法律事件及代表性法制人物,并从中选择具有代表性的案例或故事,如大禹治水、周公治礼、子产治民、孝道文化、商鞅变法、唐律疏议、近代转型、马锡五调解方式等,形成“中国法律史”课程思政案例库,使思政元素与课程内容充分结合、水乳交融,达到课程思政的多维度育人目标。

### (三)课程特色

本课程突出思政引领,将中国法律文化精髓与社会主义核心价值观相结合,注重强化综合训练,强调文化育人,将中华优秀传统法律文化与现代法治精神相结合,引导学生深刻理解法律的历史渊源和文化底蕴,并结合现代社会的法治建设和道德建设进行思考和探讨，将思政元素有机地融入课程教学中。

## 二、教学目标与教学内容

### （一）教学目标

1. 价值目标

本课程的价值目标为引导学生立足于习近平法治思想，坚持本土观点，使学生具有爱国主义情怀和实现中华民族伟大复兴的使命感，养成正确的历史观，产生文化认同感。通过学习本课程，学生将感受中华优秀传统文化的魅力，领悟中国特色社会主义法治道路的历史维度；以学促思，坚定马克思主义信仰、坚定中国共产党的领导、坚定中国特色社会主义道路；以知促行，用马克思主义的世界观和方法论武装头脑，掌握运用马克思主义的理论武装产生的真理力量，分析和辨别各种错误思想，坚定道路自信、理论自信、制度自信、文化自信。

2. 知识目标

本课程的知识目标为引导学生客观、辩证地看待和评价历史上的中国法律的发展，尤其是各个时代具有代表性的法律思想、重大的法律事件以及重要的法律制度，使学生具有包容的思想、批判性思维及问题意识、求实严谨的科学态度。使学生能以辩证唯物主义和历史唯物主义的思想观点和方法论为指导，总结历史上中国法律的成功经验与失败教训，以古鉴今，为当今的法律现象与法律问题提供启示和借鉴。

3. 能力目标

本课程的能力目标为引导学生进行自主、合作与探究式学习，培养学生的历史思维和思辨能力、人文素养和综合素质，提升学生的阅读、思考与表达能力，鼓励其行学术研究和创新，为其终身学习和职业发展奠定基础。

### （二）教学内容

1. 设计思路

“中国法律史”课程将传统法制史内容与社会主义核心价值观有机结

合,通过知识传播、能力培养与价值引领同频共振的有效途径,创新课程思政教育模式。课堂教学注重学生的独立思考,将社会主义核心价值观教育贯穿法治人才培养全过程。因此课堂教学内容不应仅限于中国历史上的法律思想与法律制度,还需对法律现象进行分析与评判,以中华优秀传统文化的传承与创新为主线,延展至中国共产党的社会治理创新与取得的成就等,使学生的道路自信、理论自信、制度自信、文化自信油然而生,并潜移默化地培养学生的法治精神,围绕"是什么？为什么？怎么做?"进行课程思政建设,坚持以文化人、思政先行,树立"1234"核心理念。

第一,围绕一个根本:坚持以立德树人为导向,深入推进课程思政教育教学改革,探索知识传播、能力培养与价值引领同频共振的有效途径,创新课程思政教育模式。

第二,抓住两个关键点:"厚德"和"重法"。通过讲授优秀传统法律文化,培养学生的法治素养与家国情怀。同时,引导学生深刻领会习近平法治思想的核心要义。

第三,坚持三个原则:以道驭术、盐溶于汤、守正创新。注重学术逻辑与需求逻辑相结合,深挖课程隐性存在的育人元素,将其融入课程教育教学实践中,打破条块分割,推进课程思政教育教学过程的科学化、规范化建设。

第四,整合四个维度:确定"一体两翼"的课程思政建设目标;营造"学生为主体、教师为主导"的教学环境;运用新媒体教学手段促进专业课程与思政教育同向同行;融入思政价值向度,编制基于 OBE 理念的教学评价报告。从教学环境、教学手段和教学评价等维度进行知识传授和能力培养的"兼修"设计,建构课程思政新模式。

2. 教学重难点及对重难点的处理

本课程的教学重点在于深入挖掘思政元素、正确认识并弘扬中华优秀传统法律文化、注重思政理论与法律实践的结合、强化思政教学的价值引领;难点则在于调动学生的积极性、创新教学方式、培养思政教学人才。对此,本课程提出以下应对措施:

第一,优化教学内容与课程体系,及时根据法律史学领域的新资料、新方法更新充实教学内容。

第二,创设"三讲三说"方法实施教学内容。"三讲"即以故事讲制度,以制度讲文化，以文化讲人性。“三说”即以近说远、以熟说生、以小说大。

第三，落实人才培养目标，立足经济社会发展需求，由国家“万人计划”教学名师、全国新时代最美法律服务人、重庆市教书育人楷模、首届“西政名师”担任课程的主讲教师。

## 三、课程思政教学方法与评价方式

### （一）教学方法

1. 案例教学法

充分利用中国法律史上的大量案例（制度、故事），“以案例讲法制，以法制讲文化，以文化讲思政”，将案例作为贯穿课堂的主线索，把大量枯燥乏味的法学理论和法律制度融汇在案例之中，由浅入深、由点及面，做到知识性、理论性和趣味性的三结合。

2. 启发式教学法

通过教师布置课前预习与课堂讨论，引导学生思考中国历史上重大法律事件的发生原因，评析重要法律现象的影响，启发学生认识法制发展历史规律，并以史为鉴审视评价当下社会事件，启发学生深层次领悟中华优秀传统文化的传承性特征。

3. 互动式教学法

把课堂分为紧密相连的学生准备、教师讲授、学生讨论并回答、教师总结板块，让学生充分参与课堂，提高学生的学习兴趣，提升课堂教学效果。教师应注重课程重点内容的讲解与引导，特别是在课程思政内容讲解中充分发挥教师的潜移默化作用。

### （二）评价方式

“中国法律史”课程教学考核贯彻“将课程思政融入教学”的总体目标，对标知识传授、能力培养、价值塑造三重目标，按照“全面考核、准确考察、公平公正”的考核要求，注重过程考察，采取综合考核：平时成绩（出勤、课堂表现、课堂小论文等）占 20%，中期考试成绩占 10%，期末考试成绩占 70%。

## 四、课程思政教学资源及研究开发

### (一)教学资源

1. 教材资源:(1)《中国法制史》编写组主编:《中国法制史》,高等教育出版社2018年版。(2)龙大轩主编:《中国法律史》,法律出版社2020年版。

2. 教学辅助资源:(1)“学习强国”平台上的文章、视频。(2)中国共产党员网上的相关文章、视频。(3)习近平总书记的重要讲话及采访实录等。(4)包括中国传统法文化、中国传统法律思想等相关内容的视频。

### (二)研究开发

1. 论文发表:教学团队成员在《中国法学》《法律科学》《华东政法大学学报》《西南政法大学学报》等学术刊物上公开发表了法律史教学改革的系列研究成果。

2. 内容转化与开发:教学团队成员与中央电视台合作录制法文化节目近300集,成功实现教学成果转化传播。组建中国法文化研究传播中心和央视《法律讲堂》西部拍摄基地,提出“睿思以究法理,妙语而传文化”的研究宗旨,录制《弟子规》视频音频节目,在主流平台播放。2014年录制的“中国法制史”课程入选第五批国家级“精品视频公开课”,并在爱课程、网易等网站播放,并被中宣部“学习强国”平台收录。

## 五、教学实例

### (一)教学实例一:礼法合一的完成与古代法制的完备

1. 课程内容:隋唐时期礼法合一逐渐完成、古代法制逐渐完备的具体内容及特点,中华法系的影响。

2. 课程思政:融入习近平法治思想中“法安天下,德润人心”的重要论述,加强民族自信心教育,引导学生树立文化自信的自豪感,使学生加深对德法关系的进一步理解,坚定建设社会主义文化强国的信心与担当。

### (二)教学实例二:元代多民族法制融合

1. 课程内容:元代继承发展了唐宋以来的法律传统,融入草原民族法律文化元素，制定兼具蒙汉民族特征的《元典章》。

2. 课程思政：突出民族法制融合对于“铸牢中华民族共同体意识”的积极影响，指出多元一体的中华民族文化是共同体意识的坚实基础，启发学生通过比较宋元法制异同，发现元代法制对于前代法制的吸收融合，从而对中华民族文化形成直观、具体的认识。

### （三）教学实例三：新民主主义政权的婚姻法制改革

1. 课程内容：结合教学电影《小二黑结婚》讲解该时期的土地制度、司法制度与婚姻制度。

2. 课程思政：将中华民族共同体意识、社会主义核心价值观以及“四史”内容融入课堂教学内容，再现社会场景，引发学生共鸣，使学生在潜移默化中感受历史，养成家国情怀。

## 六、“中国法律史”课程思政元素总览表

| 课程章节 | 重要的课程思政元素 | 相关联的专业知识或教学案例 | 所属思政维度 |
| --- | --- | --- | --- |
| 绪论　中国法律起源与特点 | 1. 运用马克思主义唯物史观看待中国法律的起源，启发学生以历史的眼光客观看待传统的法律制度。<br>2.《商君书·画策》：“刑政不用而治，甲兵不起而王。”<br>3. 中华法文化的起源“礼”与“刑”，从中探究传统道德，深化学生对于优秀传统道德的认知。<br>4. 通过古代中国法律“诸法不分，民刑不分”的特点，引导学生认识到法律是社会发展的主观结果，不是任何个人主观意志的产物。 | 1.“刑起于兵”与“兵狱同制”。<br>2. 黄帝“五刑”，皋陶象刑。<br>3. 礼的产生与定义 | 1. 指引学生理解马克思主义关于法律起源的经典论述：法律随阶级的产生、国家的出现而产生；法律是统治阶级利益的体现，集中反映统治阶级根本利益要求。<br>2. 理解“把马克思主义基本原理同中国具体实际、同中华优秀传统文化相结合是必由之路” |

续表

| 课程章节 | 重要的课程思政元素 | 相关联的专业知识或教学案例 | 所属思政维度 |
|---|---|---|---|
| | 5. 从古今中西法律观念差异的比较中突出中华法文化生发的独特性 | | |
| 第一章　夏商周的法律 | 1. 总结夏商周时期的立法特点。<br>2. 从“不孝罪”中提炼中国传统孝道文化。<br>3. 从“三风十愆罪”探究夏商周时期的廉政文化。<br>4. 从“礼不下庶人,刑不上大夫”探究礼与刑的阶级属性。<br>5. 从周代“明德慎罚”的司法原则探讨中华法系的“慎刑”思想 | 1. 禹刑、汤刑。<br>2. 商朝有“三风十愆”的规定:巫风、淫风、乱风。<br>3. 西周立法指导思想:“明德慎罚”。<br>4. 西周宗法制。<br>5. 礼刑关系 | 1. 引导学生认识中华孝道文化,体悟习近平总书记指出的“在家尽孝、为国尽忠是中华民族的优良传统”的精神内涵。<br>2. 发掘“礼治”的文化价值,弘扬社会主义核心价值观,贯彻习近平总书记关于“要建立和规范一些礼仪制度,组织开展形式多样的纪念庆典活动,传播主流价值,增强人们的认同感和归属感”的指示。<br>3. 引导学生正确认识“德”“法”关系,将坚持依法治国和以德治国相结合作为推进全面依法治国必须坚持的重要原则 |
| 第二章　春秋战国时期法制 | 1. 介绍子产“铸刑鼎”的历史事件,引导学生探究公布成文法的历史原因,并提炼出改革创新的精神。<br>2. 运用唯物主义历史观分析春秋时期礼崩乐坏的根本原因,深化对于马克思主义的认识。 | 1. 春秋时期公布成文法:郑国“铸刑鼎”;晋国“铸刑书”。<br>2. 春秋时期“百家争鸣”。<br>3.《法经》六篇。<br>4. 商鞅变法 | 1. 春秋时期公布成文法活动中子产、赵鞅与叔向、孔子的论争,揭示出新兴地主阶级与没落奴隶主阶级之间的利益冲突。 |

续表

| 课程章节 | 重要的课程思政元素 | 相关联的专业知识或教学案例 | 所属思政维度 |
|---|---|---|---|
| | 3. 研习儒家“大一统”思想与民本思想，强化对中华民族共同体的认同。<br>4. 通过《法经》的主要内容及意义，理解坚持依法治国和以德治国相结合。<br>5. 介绍商鞅变法与法家学派，引入制度创新与法治保障 | | 2. 春秋战国礼崩乐坏，孔子修订《春秋》，标榜“大一统”。“大一统”的思想传统强调中华民族多元一体、和合统一，对形成和丰富中华民族精神、增强中华民族的凝聚力和生命力发挥了重要历史作用。<br>3. 孟子提出，“民贵君轻，政在养民”，体现出中华传统文化中悠久的民本思想，是中华传统文化最宝贵的元素，与中国共产党全心全意为人民服务的宗旨和立党为公、执政为民的方针相一致。<br>4. 毛泽东《商鞅徙木立信论》指出：“法令者，代谋幸福之具也。法令而善，其幸福吾民也必多，吾民方恐其不布此法令，或布而恐其不生效力，必竭全力以保障之，维持之，务使达到完善之目的而止。” |

续表

| 课程章节 | 重要的课程思政元素 | 相关联的专业知识或教学案例 | 所属思政维度 |
| --- | --- | --- | --- |
| 第三章　秦朝法制 | 1. 介绍秦灭六国后，统一法制，推行郡县制，引出学生对于国家统一的认同感。<br>2. 引导学生自主探究秦朝的法律制度，总结秦朝二世而亡的原因，深化学生对于法律与道德关系的认知 | 1. 秦国的立法指导思想:法令由一统;事皆决于法，以刑杀为威。<br>2. 秦代法制统一之措施 | 1. 引导学生辩证看待秦代“法治”，正确认识法家思想中的“以刑去刑”“法不阿贵”等观点与当今“依法治国”方略的共通之处。<br>2. 秦代法制“海内为郡县，法令由一统”，是铸牢中华民族共同体意识的历史实证 |
| 第四章　汉代法制 | 1. 以“缇萦救父”的故事为引，探究汉文帝时期的刑制变革，总结中国古代法律文明的进步。<br>2. 学生独立分析张释之判决犯跸案，解读关于“长陵一抔土”的言论，让学生亲身感受中华民族传统文化的博大精深。<br>3. 系统性探究汉武帝“罢黜百家，独尊儒术”的原因，领略儒家思想的独特之处，儒家思想中的仁义礼智信等优秀传统道德在当代仍然值得坚守，引导学生形成良好的道德观念。<br>4. 启发学生对于“春秋决狱”的独立思考，其是否真的完全“避开律令”，培养学生的创新思维，深化学生对于法律儒家化的认识。 | 1. 汉文帝时期刑制变革。<br>2. 汉武帝时“罢黜百家，独尊儒术”。<br>3. 汉代礼法结合 | 1. 培养学生理解并认同“依法治国和以德治国相结合，使法治和德治在国家治理中相互补充、相互促进、相得益彰，推进国家治理体系和治理能力现代化”。<br>2. 引导学生树立正确的法治发展观，科学识别深刻变动中的国际国内形势，坚持“实践是法律的基础，法律要随着实践发展而发展”，不断深化对全面依法治国规律性的认识，以确立把握中国法治发展问题的理论基点。<br>3. 吸收、转化传统法律文化中的优秀思想，使之为法治建设提供有益借鉴，充分领悟“注意 |

续表

| 课程章节 | 重要的课程思政元素 | 相关联的专业知识或教学案例 | 所属<br>思政维度 |
| --- | --- | --- | --- |
|  | 5. 引导学生自主探究“亲亲得相首匿”原则在现代法律中的体现,使学生深刻把握中华传统法文化的特质,深化对于中华优秀传统法律文化的认知 |  | 研究我国古代法制传统和成败得失,挖掘和传承中华法律文化精华,汲取营养、择善而用” |
| 第五章　三国两晋南北朝法制 | 1. 总结概括魏晋南北朝时期中国古代法律的发展变化,对当时的“名法”思潮进行深刻分析。<br>2. 以当代“浦东机场弑母案”为切入点,引导学生以现代刑法文化理解“准五服以制罪”原则的合理性。<br>3. 总结魏晋南北朝时期法典编纂体例的进步,分析其法典编纂体例变革的合理性,对当今社会主义法律的编纂提出建议 | 1. 礼法合一发展的主要表现。<br>2. 三国两晋南北朝时期法制“南北朝诸律,北优于南” | 1. 引导学生认识传统法制“准五服以制罪”的合理性因素,使学生立足历史角度,抛开文化偏见,弘扬传承其中蕴含的法治思想、亲情伦理思想和正义观念。<br>2. 通过魏晋律学发展,考察古代律学人才培育,进而认识到法治人才培养工作应始终坚守为党育人、为国育才的根本立场,应以树人为核心,以立德为根本,旗帜鲜明加强思想政治教育、品德教育,加强社会主义核心价值观教育,以立德树人的成效作为检验工作的根本标准 |

续表

| 课程章节 | 重要的课程思政元素 | 相关联的专业知识或教学案例 | 所属思政维度 |
| --- | --- | --- | --- |
| 第六章　隋唐法制 | 1. 总结隋朝二世而亡的原因，探究贤明君主应当具备的品质。<br>2. 以隋唐时期的法律为例，引导学生自主探究以成文法典为主干的法律体系的构建，及对于当下社会主义法律体系构建的意义。<br>3. 以展示隋唐时期繁荣的影像资料为切入点，探究中华法系，增强学生的民族自信心和自豪感。<br>4. 引导学生将隋唐时期的法律与前代法律进行比较，使学生自主总结“为何隋唐法律集历代王朝立法之大成”，培养学生的系统性思维。<br>5. 以唐文化的世界影响视频导入新课，以案例设问，引导学生思考唐律的特点，采用互动式、讨论式教学，探究中华法系的影响 | 1. 隋朝法制建设的成就、经验教训。<br>2. 隋唐时期法制完备的历史环境。<br>3. 以成文法典为主干的法律体系的构建 | 1. 由王朝兴衰，引导学生思考国家治理理念，坚持以人民为中心的发展思想，把增进人民福祉、促进人的全面发展作为发展的出发点和落脚点。<br>2. 隋唐律典为中国传统法律之集大成者，学生应认识到只有植根本国、本民族历史文化沃土，马克思主义真理之树才能根深叶茂。中华法系是世界五大法系之一，中华优秀传统法律文化是中华民族的突出优势，“显示了中华民族的伟大创造力”，其中蕴含的“中华文明的深厚底蕴”理应成为中国特色社会主义法治的重要组成部分。<br>3. 中华法系在隋唐时代熠熠生辉，重视中华优秀传统法律文化有助于“提升国家文化软实力”，实现“文化自信”。中华优秀传统文化是中华民族的文化根脉，是提升国家文化软实力的重要载体，是实现文化自信的“灵魂” |

续表

| 课程章节 | 重要的课程思政元素 | 相关联的专业知识或教学案例 | 所属思政维度 |
|---|---|---|---|
| 第七章　宋元法制 | 1. 以“黄袍加身”“杯酒释兵权”等历史典故导入新课，以宋的冗兵冗员冗费的问题，引导学生思考宋代法治的特点。<br>2. 辩证看待“理学”的思想，探究理学中关于个人修养的方面对于维持社会稳定的作用，并倡导学生提高个人的品德修养。<br>3. 就宋代法制指导思想“义利并重”进行商榷，对当下“舍义取利”现象进行思考，以文天祥、岳飞等民族英雄，激发学生的爱国主义情感。<br>4. 引导学生对于元代的民族异法进行讨论，加深学生对于社会新型民族关系的理解。<br>5. 探究少数民族法文化对于中华法系发展的贡献，培养民族共同体的意识 | 1. 宋代民事、经济立法的发展。<br>2. 宋代政治、司法制度方面的重大改革，程朱理学成为官方的意识形态。<br>3. 蒙元对唐宋法制的援用。<br>4. 蒙元法制的民族特色。<br>5. 少数民族法文化对中华法系发展的贡献 | 1. 研读宋代理学思想的发展，突出意识形态的重要性，领会“坚定文化自信，秉持开放包容，坚持守正创新，着力加强党对宣传思想文化工作的领导，着力建设具有强大凝聚力和引领力的社会主义意识形态，着力培育和践行社会主义核心价值观，着力提升新闻舆论传播力引导力影响力公信力，着力赓续中华文脉、推动中华优秀传统文化创造性转化和创新性发展”。<br>2. 充分发挥宋代法律思想对当代法治文化的正向作用，以中华民族的民族精神、价值观念、优秀文化为体，以实践为用，实现“明体达用、体用贯通”。<br>3. 通过解读少数民族对中华法系的历史贡献，体悟“以铸牢中华民族共同体意识为主线，坚定不移走中国特色解决民族问题的正确道路”。 |

续表

| 课程章节 | 重要的课程思政元素 | 相关联的专业知识或教学案例 | 所属思政维度 |
| --- | --- | --- | --- |
| | | | 4. 从元代各民族法律文化的交融中感悟“中华文明具有突出的包容性，从根本上决定了中华民族交往交流交融的历史取向，决定了中国各宗教信仰多元并存的和谐格局，决定了中华文化对世界文明兼收并蓄的开放胸怀” |
| 第八章　明朝法制 | 1. 发放《明大诰》影印本，对明初的全民普法进行讨论，发散学生思维，引导学生探索新科技背景下的新型普法方式。<br>2. 从明太祖朱元璋的“重典治吏”及明朝的监察体制变化中，探索当下的廉政文化建设新路径 | 1. 明朝法制的时代特点：专制主义中央集权制度的极端强化对明朝立法的重大影响。<br>2.“重典治吏”及其现实借鉴意义 | 1. 从明代律诰在民间的推广，突出普法在法治国家建设中的重要作用，体认“坚持把全民普法和全民守法作为依法治国的基础性工作，使全体人民成为社会主义法治的忠实崇尚者、自觉遵守者、坚定捍卫者”。<br>2. 从明代“重典治吏”发掘廉政文化的历史资源，体会“抓住领导干部这个‘关键少数’，坚持思想建党和制度治党紧密结合，全方位扎紧制度笼子，更多用制度治党、管权、治吏” |

续表

| 课程章节 | 重要的课程思政元素 | 相关联的专业知识或教学案例 | 所属思政维度 |
|---|---|---|---|
| 第九章　清朝法制 | 1."天下兴亡,匹夫有责"培养学生爱国主义情感。<br>2.清代完善民族立法,根据各民族不同特点编纂法典,体现了法律因地制宜的特色,促进学生深刻理解中国当下基本国情。<br>3.对于清代秋审制度进行分析讨论,培养学生的批判思维,引导学生思考会审制度的完善举措 | 1.清代法制作为晚期封建法制的特色。<br>2.清代法制作为少数民族占主导地位政权法制的特色 | 1.由明末清初实学思想体认"实事求是"的"四个坚持"。<br>2.由秋审制度延伸到司法的价值追求,体悟"以人为本""慎刑"与"公正""公平"等观念的联系 |
| 第十章　清末法制变革 | 1.以清末法律的革新,探讨传统道德与现代法律的冲突,探索二者相融合的新路径,引导学生以发散思维解决当下法律问题。<br>2.以"戊戌六君子"的事例引导学生树立坚定且远大的理想信念,坚定自己的信仰 | 1.清末法制变革的历史环境。<br>2.清末仿行立宪、修订法律和进行司法改革 | 1.由清末法制改革的失败教训反思本土法律资源与外来法治文明之间的取舍关系,坚持不忘本来,坚定文化自信,对中华优秀传统文化、革命文化、社会主义先进文化高度认同、倍加珍惜、大力弘扬。<br>2.由晚清变法思考改革、发展、稳定三者间的关系,体会"必须处理好改革、发展、稳定三者之间的关系,以更大的政治勇气和智慧,进一步解放思想、解放和发展社会生产力、增强社会创新活力" |

续表

| 课程章节 | 重要的课程思政元素 | 相关联的专业知识或教学案例 | 所属思政维度 |
|---|---|---|---|
| 第十一章　民国时期的法律 | 1. 以孙中山“辛亥革命”“护法运动”“护国运动”导入课堂,引导学生思考其屡败屡战的原因,培养学生坚持不懈、勇往直前的品质。<br>2. 探讨北洋军阀时期的法律,使学生深刻理解旧中国对人的迫害,理解当下幸福生活来之不易,培养学生居安思危的精神。<br>3. 对民国民事立法活动进行评析,引导学生思考《民法典》的价值,深化学生对于中国特色社会主义法律体系的认识。<br>4. 以案例分析民国的监察制度,通过民国监察制度探讨当下监察体制的完善,提高国家治理体系和治理能力现代化 | 1. 中华民国时期的制宪活动及主要的宪法性文件。<br>2. 中华民国时期的刑事立法。<br>3. 中华民国时期的民事立法及其主要内容特点 | 1. 从民国时期移植西方法律制度,探讨对不同文化的态度,体会“不同国家、民族的思想文化各有千秋,只有姹紫嫣红之别,而无高低优劣之分。每个国家、每个民族不分强弱、不分大小,其思想文化都应该得到承认和尊重”。<br>2. 由民国时期国民党政治腐败、司法无能,联系到“全面从严治党”的必要性,引出“推进强国建设,必须坚持中国共产党领导和党中央集中统一领导,切实加强党的建设” |
| 第十二章　新民主主义时期的法律制度 | 1. 探索新民主主义政权法律中的“红色基因”,引导学生树立艰苦奋斗,求实创新的信念。<br>2. 总结新民主主义法律的指导思想,深刻把握我国法律是人民的法律,代表人民的利益,增强学生对于中国特色社会主义法律体系的信念感。 | 1.《中华苏维埃共和国宪法大纲》。<br>2. 马锡五审判方式。<br>3. 革命根据地婚姻家庭法制建设。<br>4. 土地改革 | 1. 通过革命根据地法制建设的成功经验,引导学生学习革命传统,认同“红色文化”,领悟“一定要牢记红色政权是从哪里来的、新中国是怎么建立起来的,倍加珍惜我们党开创的中国特色社会主义,坚定道路自信、理论自信、制度自信、文化 |

续表

| 课程章节 | 重要的课程思政元素 | 相关联的专业知识或教学案例 | 所属思政维度 |
| --- | --- | --- | --- |
| | 3. 探讨马锡五审判方式的意义，总结中国共产党对于审判方式的创新 | | 自信。革命理想高于天。理想信念之火一经点燃，就永远不会熄灭”。<br>2. 从根据地法制建设经验中，总结出“思想建党”“理论强党”的重要性，“回顾党的奋斗历程可以发现，我们党之所以能够不断历经艰难困苦创造新的辉煌，很重要的一条就是我们党始终重视思想建党、理论强党，坚持用科学理论武装广大党员、干部的头脑，使全党始终保持统一的思想、坚定的意志、强大的战斗力”。<br>3. 从马锡五审判方式联系到红色法律文化的传承与弘扬，“新中国成立初期，我们党在废除旧法统的同时，积极运用新民主主义革命时期根据地法制建设的成功经验，抓紧建设社会主义法治，初步奠定了社会主义法治的基础” |

（张伟、何舟宇）

# “刑法学总论”课程思政教学指南

## 一、“刑法学总论”课程简介

西南政法大学法学院开设的“刑法学总论”课程是法学本科专业的A类核心主干课程之一，旨在通过教学使学生理解和掌握刑法学的基础知识及理论，锻炼其解决实际问题的能力，本课程对于构建学生法学核心知识体系，培养新时代一流法治人才，发挥着举足轻重的作用。经过不断传承与努力，本课程于2019年获评教育部首批“国家级（线下）一流本科课程”、2021年获评重庆市教育委员会“重庆市高校一流本科课程”、2022年获评重庆市课程思政示范课程，所在教学团队入选“第二批重庆市高校黄大年式教师团队”。目前，“刑法学总论”课程继续坚持“立德树人”“德法兼修”的理念，以习近平新时代中国特色社会主义思想为指导，不断推进和完善课程建设，全力打造成为课程目标明确、建设理念先进、课程内容合理、教学运行规范、课程资源丰富、教学效果良好的本科法学“金牌”课程。

## 二、教学目标与教学内容

### （一）本课程思政创新理念

坚持“扎根中国大地办教育”的基本方针，坚持“四个统一”，以马克思主义和习近平新时代中国特色社会主义思想为指导，立足世情国情党情民情来传知识、育人才；继承但不守旧、借鉴但不照搬、追赶但不追随，“以我为主、兼收并蓄”，在教学过程中着力构建具有中国特色的刑法学科体系、学术体系、话语体系。

把“四个服务”作为人才培养的根本要求，通过课程思政，培育和践行社会主义核心价值观、加强中华优秀传统文化教育、深入开展宪法法治教育、深化职业理想和职业道德教育，不断增强学生的政治认同、厚植其家国情怀、提

升其文化素养、牢固其宪法法治意识、陶冶其道德修养，培养出德法兼修的高素质法治人才。（见图 1）

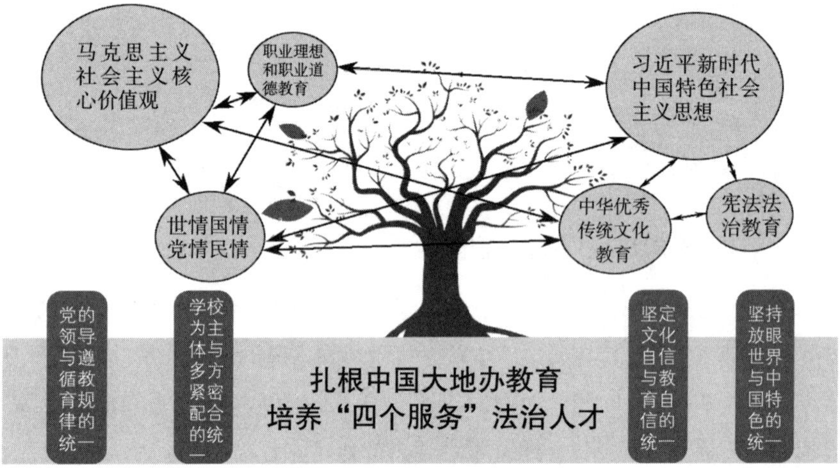


**图 1　本课程思政创新理念**

（二）本课程思政目标体系

本课程思政对标“金课”建设标准，针对“刑法学总论”教学过程中的真实问题，以学生为主体，全面升级教学内容、丰富教学手段，将立德树人摆在首位，寓价值观引导于知识传授和能力培养之中，在课前、课中、课后全教育流程中树立循序渐进的阶梯式、立体化思政目标体系。（见图 2）

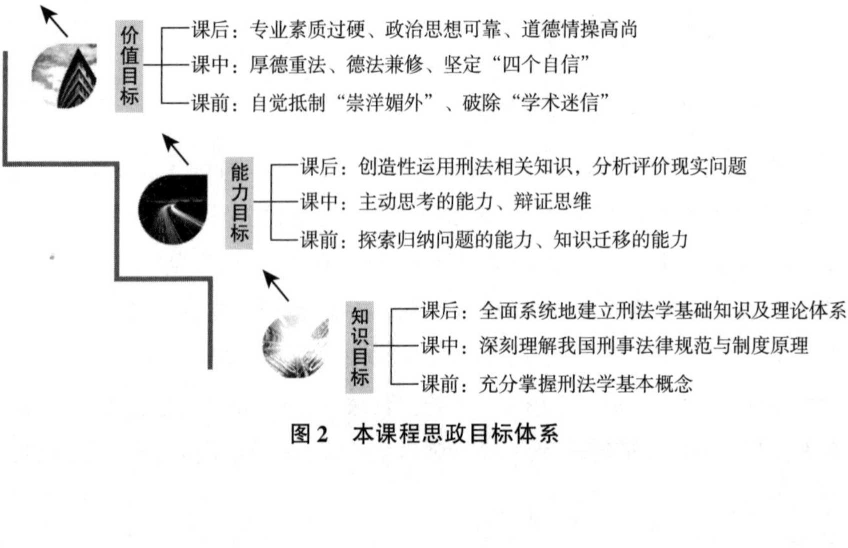


**图 2　本课程思政目标体系**

1. 价值目标

使学生形成学习与实践的中国问题意识，破除对域外理论的“学术迷信”；践行社会主义核心价值观、重视道德培养在法治实践中的重要作用；深刻领悟习近平新时代中国特色社会主义思想，厚植家国情怀，把爱国情、强国志、报国行自觉融入实现中华民族伟大复兴的奋斗之中，立志成为专业素质过硬、政治思想可靠、道德情操高尚的新时期复合型法治人才。

2. 能力目标

通过课前自主学习、课中答疑研讨、课后总结提高的学生主体型教学模式，从历史思维、辩证思维、体系思维、创新思维四个维度全面提高学生的思维水平，使学生能够创造性运用所学刑法规范以及基础理论，基于我国国情和现实情况分析评价刑法问题；增强学生的知识探索能力、归纳问题能力、知识迁移能力。

3. 知识目标

通过“情理法三融合”教学模式，使学生充分掌握刑法学基本概念，深刻理解我国刑事法律规范与制度原理；全面系统地建立刑法学基础知识及理论体系，激发学生的学习热情与潜力，实现课程内部的知识贯通、课程之间的知识融通。

### （三）课堂设计思路

针对传统课堂中教学方法陈旧、教学难度偏低、教学互动较差、教学效果欠佳等突出问题，探索推行“课前学生自主学习—课上师生交流解惑—课后学生总结提高”的学生主体性和探究性教学模式。该模式将学生可以自己掌握消化的基础内容放置于课前自主学习阶段完成，而将课堂时间集中用于对所存疑惑以及课程重难点问题的交流讨论，并通过课后学习总结、书面答疑等方式，促进和帮助学生消化巩固课堂学习内容，进而使学生再次提高。本课程教学的三个阶段彼此衔接、紧密配合，并辅以集体备课形成的丰富课程资料（如集体教案、课前预习题集、精品案例链接、实务报刊推介等）。以严格有效的课程管理制度提高教学质量与水平，消除网络信息时代课堂中的“低头族”现象。

### （四）思政聚焦问题

1. 重专业教学轻思政建设

刑法作为重要的部门法学，由于其规定内容和调整手段的特殊性而具有浓厚的教义学色彩，特别强调规范解释、逻辑演绎和法理讨论；在课时量有限且教学任务繁重的情况下，课程教学难以充分挖掘和融入课程思政元素；在政治认同、家国情怀、文化素养、宪法法治意识和道德修养等思政内容方面的供给明显不足，呈现出“课堂教学无思政”、“课堂教学少思政”或者“专业、思政‘两张皮’”的现象，课程思政目标欠清晰、重点欠突出、体系欠完善、推进欠方法。

2. 重域外理论轻本土传承

由于近年来学术交流活动的频繁和刑法学知识的整体转型，我国刑法学理论研究及实践受到大陆法系国家的影响，在理论结构、话语概念、学术传承、关注焦点、实践方式等方面呈现出“言必谈德日”“例必举域外”等重域外轻本土现象，缺乏中国问题意识和实践思维，忽视对传统优秀法律文化思想价值和精神内涵的传承与借鉴，在道路自信、理论自信、制度自信、文化自信方面亟待加强。

3. 重学理探讨轻情理阐释

刑法学有着丰厚的理论积淀，学术争论热烈且持续繁荣，在此情况下的刑法学教学容易将重心放置于知识点本身的学理探讨方面，而忽略对知识点背后价值追求、人文关怀、精神理念、文化传承、社会伦理等内容的深入阐释，课程思政内容缺乏切入点和衔接面，学生难以在知识的学习中陶冶情操、温润心灵、激发创新活力，也限制了专业教学“两性一度”目标的达成，影响教学效果。

## 三、课程思政教学方法与评价方式

### （一）思政教学方法

作为法学专业核心课程，刑法学所包含的司法公正、罪刑法定、人权保障、宽严相济等专业知识以及中国刑事司法改革与发展的丰富实践，本身便是大学教育所希望引导学生形成的积极世界观、人生观和价值观的重要组成部分,具有极为丰富的思政教育元素。本课程思政以教育学“支架理论”(scaffolding)为构建原理,以学生已有知识储备和正常情感为依托,针对“刑法学”课程思政面临的“重专业教学轻思政建设”“重域外理论轻本土传承”“重学理探讨轻情理阐释”等痼疾,以“情理法三融合”的创新模式,结合中国实际阐释刑法问题,引导学生将刑法学知识学深、学透。

所谓“情”,是指“国情”“感情”“常情”。其中,“国情”,即强调刑法学理论学习的中国问题意识和本土化思维,用以解决过度“德日化”所带来的脱离中国实际、缺乏文化自信及制度自信等问题;“感情”,即强调理论教学过程中应当重视学生道德情感的培养,将规范法条背后所体现出的人文关怀、价值追求、精神理念讲深讲透,从而激发其对正义、公平、自由的信念与热爱,提高其道德修养和水平;“常情”,即从实务角度出发,提醒学生重视刑法理论学习和运用中社会共识、一般经验、是非标准、共同准则的重要作用,避免以后工作中逾情悖理、僵化机械适用法条现象的出现。

所谓“理”,是指“法理”“伦理”“常理”。其中,“法理”,是指刑法学基础理论,要结合“刑法学总论”课程改革的具体要求,在教学中“以学生为主体”,实现知识掌握的“高阶性”“创新性”“挑战度”,使学生融会贯通、举一反三地体系化掌握规范背后的学理知识;“伦理”,是指人伦道德,在课程教学中强调人伦既是现代刑法宽严相济、谦抑人道的精神的要求,也是彰显文化底蕴、培养文化自信、树立家国情怀的重要手段;“常理”,是指社会生活中长期存在、实践证明有效的道理和准则,其中体现了老百姓朴素的正义观和道德感,是刑事法治建设获得公众认同的观念保障,在课程教学中强调常理,并以此作为重要的理论分析工具具有显著的现实意义。

所谓“法”,是指“宪法”“刑事实体法”“刑事程序法”。在传统刑法教学中,较少谈及其与宪法的关系,这需要被纠正,以宪法为例,刑法的根本任务、主要目的均直接来源于宪法规定,罪刑法定、罪刑均衡、人人平等的刑法基本原则也是宪法要求的具体表现,因此,课程教学中结合宪法相关规定和立法精神讲解刑法具体知识,培养其宪法法治意识;“刑事实体法”,是指刑法典、司法解释、立法解释、单行刑法等所有刑事实体法律规范,传统刑法教学中有“唯理论轻法条”“唯法典轻体系”的不良倾向,要全面地把握刑法规范,避免盲人摸象、机械适用法律；“刑事程序法”，是指确保刑事实体法运行的程序法总称，传统教学忽视实体法和程序法之间的交叉融合，各说各话，造成了知识点的割裂，对此应当予以纠正。

需要注意的是，上述“情、理、法”的内容不是相互割裂的，而是“融情于理、通理于法、解法于情”相辅相成的“三位一体”有机整体，“情”“理”“法”的结合贯穿于整个教学过程，融贯于每一条法律规范的解读、每一次经典案例的研析、每一回学派之争的阐释、每一个现实问题的探讨，最终达到“时时尊法、刻刻有情、每每有理”的教学效果。（见图3）

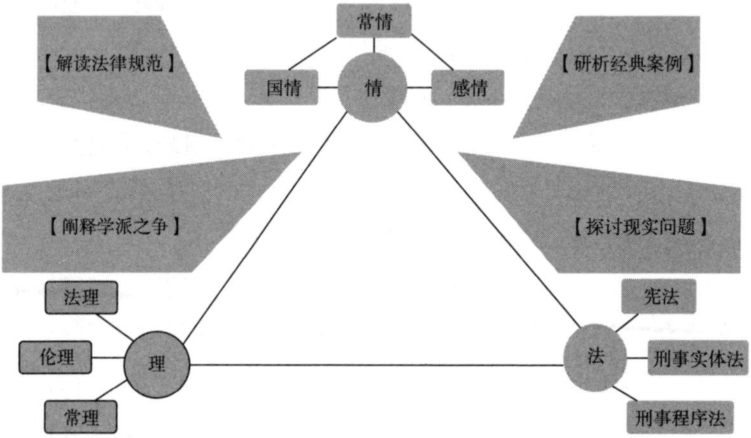


**图3 融情于理、通理于法、解法于情**

## （二）思政评价方式

本课程总成绩由平时成绩和期末考试成绩组成。期末考核和平时考核的总分均为100分，分别按60%和40%的权重计入课程总成绩，旨在激活学习动机、鼓励学习行为、测评学习效果。平时考核采取全流程动态化的评价机制，由线上线下两部分构成，课前在线视频自主学习、课前学习笔记、课堂表现（含课堂考勤）、课后学习总结等的考核，由各班授课教师和教学助理在课程管理团队的指导下按规则进行。

## 四、课程思政教学资源及研究开发

### （一）思政内容供给

作为法学专业核心课程，刑法学所包含的司法公正、罪刑法定、人权保障、宽严相济等专业知识以及中国刑事司法改革与发展的丰富实践，本身便是大学教育所希望引导学生形成的积极世界观、人生观和价值观的重要组成部分，具有极为丰富的思政教育元素。通过集体备课，深入挖掘“刑法学总论”的思政元素，形成较系统的课程思政资源体系。

### （二）思政教学资源

本课程思政充分运用信息网络技术和各种教学资源，拓展教学手段、丰富教学内容，目前本课程采用吸纳的教学资源及平台包括：中国国家数字图书馆、网易公开课、大学生慕课平台、超星学习通、腾讯课堂、威科先行、Westlaw China 等。

## 五、教学实例

### （一）刑法的基本原则

1. 课程和案例基本情况

刑法基本原则问题是刑事立法和刑事司法中一个带有全局性、根本性的问题。随着我国社会主义法治和人权保障制度的不断完善，“国家尊重和保障人权”被正式写入《宪法》，由于刑法直接关涉公民基本权利和自由，因此刑法基本原则在刑事立法和司法中发挥着不可替代的指导、制约和限定作用。在教学中，应向学生介绍刑法基本原则的确立过程，展示我国刑事法治建设的进步和成就，特别是要结合具体案例，让学生明确我国刑法中的罪刑法定原则、罪责刑相适应原则以及刑法面前人人平等原则在尊重保障人权、避免公权力滥用、坚持人人平等、维护公平正义等方面的重要作用，引导学生树立公正、自由、平等的社会主义法治思想和法治理念。

本讲案例节取自赵某华非法持有枪支罪案［天津市第一中级人民法院(2017)津01刑终41号刑事判决书］。

［基本案情］

2016年8月至10月，被告人赵某华在天津市河北区李公祠大街亲水平台附近摆设射击摊位进行营利活动。2016年10月12日，公安机关在巡查过程中发现赵某华的上述行为将其抓获归案，当场查获涉案枪形物9支及相关枪支配件、塑料弹。经天津市公安局物证鉴定中心鉴定，涉案9支枪形物中的6支为能正常发射、以压缩气体为动力的枪支。天津市河北区人民法院以非法持有枪支罪判处赵某华有期徒刑3年6个月。之后，赵某华提出上诉。天津市第一中级人民法院认为，上诉人赵某华违反国家枪支管理制度，非法持有枪支，情节严重，其行为构成非法持有枪支罪。但综合考虑赵某华非法持有的枪支均刚刚达到枪支认定标准，犯罪行为的社会危害相对较小，其非法持有枪支的目的是从事经营，主观恶性、人身危险性相对较低，认罪态度较好，有悔罪表现等情节，对赵某华酌情予以从宽处罚并适用缓刑，最终判处有期徒刑3年，缓刑3年。

［关联法条］(1)《刑法》第128条；(2)最高人民法院《关于审理非法制造、买卖、运输枪支、弹药、爆炸物等刑事案件具体应用法律若干问题的解释》(2009年)。

［案例分析思路］

要判断赵某华的行为是否构成非法持有枪支罪，关键在于如何认定其摆设摊位时所使用的枪形物的性质，换言之，本案中赵某华用来打气球的气枪是否属于刑法中规定的枪支呢？当前，我国《刑法》第128条及相关司法解释均未就枪支规定具体的认定标准，只有《枪支管理法》对其进行了规定。《枪支管理法》第46条规定，“本法所称枪支，是指以火药或者压缩气体等为动力，利用管状器具发射金属弹丸或者其他物质，足以致人伤亡或者丧失知觉的各种枪支”。虽然本条规定了枪支的定义，但在实务中却缺乏可供操作的具体标准，因此，本案法官最终以公安部制定的《枪支致伤力的法庭科学鉴定判据》与《公安机关涉案枪支弹药性能鉴定工作规定》作为认定枪支的依据。以上两份文件均规定，若枪口比动能达到1.8焦耳/平方厘米，即认定为具有枪支的致伤力。本案中，赵某华持有的6支枪形物的枪口比动能达到了2.17～3.14焦耳/平方厘米，因此，法院最终认定赵某华的行为构成非法持有枪支罪。然而，将摊位上用于玩乐的枪形物认定为刑法中的枪支，似乎不符合社会公众的一般理念，这样的裁判结果也未必能为社会接受。事实上，法官以公安部制定的规范性文件作为认定刑法中枪支的依据是有待考究的：在刑法对枪支没有规定的情况下，法官是否必须依照公安部的规范性文件去认定赵某华有罪或无罪呢？

要回答该问题，前提是正确认识刑法与行政法等其他部门法之间的关系。对此，理论上的法秩序统一性原则认为，刑法与民法、行政法等其他部门法在整个法律体系中须协调、统一。刑法所规定的犯罪行为，在其他部门法中也应是违法行为，因此，刑法具有从属于其他法律部门的属性。尽管刑法必须恪守对其他部门法的从属性以及自身的谦抑性，但是，这并不意味着刑法在确定概念时必须从属于行政或民事法律规范，刑法没有对枪支作出界定，不等于必须以行政法律规范作为认定被告是否构成犯罪的依据，即法秩序统一性不要求概念的统一性，立法技术矛盾不违反法秩序统一性原则。

目前，刑法学界的主流观点认为，对刑法中“枪支”的认定，不必然以行政规范为依据。非法持有枪支罪所保护的法益是公共安全，只有当行为人“非法持有枪支”的行为在个案中对不特定或多数人的生命、健康或财产具有抽象危险，或者至少在类型上一般具有危及不特定或多数人的生命、健康或财产的可能性时，才能肯定行为人构成该罪。本案中，赵某华持有气枪的行为在客观上并不存在危及公众安全的杀伤力，其行为不具有危害公共安全的性质，因此，不宜将其认定为非法持有枪支罪。

2. 思政资源分析

（1）思政元素融入的理念及思路

第一，将罪刑法定原则保障人权功能融入思政教学中，树立制度自信。通过案件梳理可以发现，初审所认定的赵某华非法持有枪支罪的罪名定性和社会百姓对犯罪的直观认识存在巨大差异，这种差异一方面源自刑事司法的专业性，另一方面也同司法实践中片面理解罪刑法定原则、机械解释规范概念有较大的关系。事实上，罪刑法定原则的“法定”，不仅是刑法分则条文及其司法解释的相关规定，还应当包括总则在内的所有和该犯罪认定相关的刑事法律渊源，其实质侧面的理解应当遵循现代刑法谦抑人道、理性保守的基本精神和宽严相济的刑事政策。具体而言，在构成要素的解释上，除要兼顾法秩序统一原理外，还应当注意刑事违法的特殊性，对某个行为的评价一定要符合“犯罪是严重危害社会的行为”的本质标准，只有这样，才能充分发挥罪刑法定原则保障人权的基本功能。

第二，将司法为民的基本精神融入思政教学中，树立文化自信。本案中二审法院的判决虽然并未达到出罪的法律效果，但是其改判所贯彻的罪刑均衡原则，彰显了司法为民的社会主义法治精神，体现出“让人民群众在每一个司法案件中感受到公平正义”的时代要求。对于赵某华案中枪支认定细节的讨论，可以围绕形式正义与实质正义的关系、指引规范与裁判规范的联系、专业判断和常识判断的结合、法律效果和社会效果的统一等问题来展开，使学生在辩论中深刻领悟宪法法律至上、法律面前人人平等、权由法定、权依法使等基本法治观念，保持对社会主义法治建设的信心、树立文化自信。

(2)案例的思政教学目标

本案例的思政教学目标在于让同学们树立社会主义法治的制度自信、理论自信，并形成司法为民的理念。

## (二)刑法的效力范围

1. 课程和案例基本情况

刑法效力包括空间效力和时间效力，是指刑法在何时何地对何人能够产生强制适用效果的问题。在刑法空间效力的教学中，应当向学生阐明属地原则、属人原则、保护原则以及普遍管辖原则的基本内涵，揭示其优劣之处并适当介绍域外刑法空间效力的相关规定，引导学生从国家主权的维护、人民权益的保障、司法协作的落实、国际外交的博弈等方面，深入理解我国刑法就空间效力的立法规范和司法实践，感受我国刑法在维护国家主权和民族尊严、维护公民合法权益方面的切实作用，增强国家认同感和自豪感，树立把国家、社会、公民的价值融为一体的家国情怀。

本讲案例选取自“10·5湄公河惨案”。

[基本案情]

糯康犯罪集团长期盘踞在湄公河流域散布岛一带实施犯罪活动。2011年9月27日，糯康得到消息，有两艘中国籍船只称自己没有运输毒品，拒绝支付保护费，并曾同意与缅甸军方合作，协助清剿糯康集团的部分据点。糯康甚为气愤，决心教训这两艘中国船只上的船员。随后，他召集了其集团的二号人物桑康与三号人物依莱到缅甸散布岛的糯康集团基地内，密谋把一些毒品放在这两只中国船上进行栽赃，并杀害全部船员，之后再买通一些泰国军人来查处毒品。

2011 年 10 月 5 日，根据之前的情报，糯康得知这两艘中国船只将会于当日驶经湄公河上糯康集团所掌握的区域，遂指示手下实施之前的杀人栽赃计划并安排桑康监督。于是，糯康手下的犯罪分子截停了“华平号”与“玉兴 8 号”两艘中国船只，将船只上的 13 名中国船员全部绑好集中于一船，并将两船驶往泰国清莱府清盛县的湄公河水域。随后，犯罪分子残忍地杀害了 13 名中国船员。杀害中国船员后，这些犯罪分子又依照糯康的犯罪计划将从附近运来的大量毒品藏于中国船只上，并通知埋伏在附近且已被收买的泰国军人上船查毒。泰国军人再次用枪械对船只进行了扫射，并将大部分中国船员的尸体抛入水中，将现场伪造成两艘船只运毒并抗拒抓捕，遂与泰国军方发生交火冲突。

案件发生后，糯康集团的犯罪分子流窜多国。经过数月的严密布局，涉案嫌犯被一一抓获。随后，包括糯康在内的几名嫌疑人被引渡至中国接受刑事追诉和审判。2012 年 11 月 6 日下午，昆明市中级人民法院对该案作出一审宣判，法院判决认定被告人糯康、桑康、依莱三人成立故意杀人罪、运输毒品罪、绑架罪、劫持船只罪，依照数罪并罚的原则对其判处死刑立即执行。被告人上诉后，云南省高级人民法院二审裁定维持原判。最高人民法院依法核准了对糯康等被告人的死刑判决。至此，震惊中外的“10·5 湄公河惨案”的审判尘埃落定。

[争议问题]我国法院基于何种管辖原则享有对本案的管辖权？

[关联法条]《刑法》第 6 条、第 7 条、第 8 条、第 9 条。

[案例分析思路]

根据我国《刑法》第 6 条的规定，凡在中华人民共和国的船舶内犯罪的，适用我国刑法。由于糯康等人的劫持行为和故意杀人行为发生在中国船只内，该船只既是犯罪行为发生地，也是犯罪结果发生地，而一国的船舶属于该国领土的延伸领域，其内部的犯罪应受该国的刑事管辖，因此我国基于属地管辖原则享有对本案的管辖权。同时，由于被害人均为中国公民，其行为严重侵害了我国公民的利益，根据我国《刑法》第 8 条的规定，外国人在中华人民共和国领域外对中华人民共和国公民犯罪,按照我国刑法规定的最低刑为3年以上有期徒刑,并且犯罪地法律也认为是犯罪的,可以适用我国刑法,据此,我国基于保护原则也享有对本案的管辖权。

由于杀人沉尸的地点位于泰国领域,泰国依据属地原则主张对本案的管辖权。此外,不法泰国军人与糯康犯罪集团事前进行了通谋,客观上实施了共同犯罪行为,主观上具有共同犯罪故意,这些泰国军人与糯康等人构成共同犯罪。且犯罪集团的二号人物桑康为泰国籍,因此,泰国同时基于属人原则享有对本案的管辖权。

糯康犯罪集团在缅甸散布岛进行了犯罪的谋划,缅甸是其犯罪预备行为地,因此,缅甸基于属地原则享有对本案的管辖权。犯罪集团首要分子糯康为缅甸籍,缅甸还依据属人原则主张对案件的管辖。

同时,老挝作为《联合国打击跨国有组织犯罪公约》缔约国,负有打击跨国有组织犯罪的义务,而糯康最终在老挝被抓获,因此,老挝基于普遍原则享有对本案的管辖权。

综上所述,本案涉及多个国家之间刑事管辖权的竞合,中国、缅甸、泰国都向老挝提出了引渡申请。基于中国是主要受害国,且案件的主要受害人为中国国籍,被劫持的船只为中国籍船只,第一案发现场位于中国船只内以及其他因素,依据《中华人民共和国和老挝人民民主共和国引渡条约》,老挝方面最终将糯康移交中国管辖。

[延伸阅读](1)赵远:《糯康案件所涉刑事管辖权暨国际刑事司法合作问题研究》,载《法学杂志》2014年第6期;(2)谭堃:《犯罪地的确定》,载《国家检察官学院学报》2014年第3期。

2. 思政资源分析

(1)思政元素融入的理念及思路

第一,通过对我国《刑法》的属地原则和保护原则的阐释,将我国保障人民群众合法利益、维护司法主权和国家尊严的思政元素融入课堂,厚植学生的家国情怀、激发其爱国热情。“湄公河惨案”是震惊中外的重大刑事案件,曾经引起了国际社会的广泛关注,中国能不能将罪魁祸首捉拿归案、替民申冤一时成为人们关注的焦点。在讲授的过程中,应当向学生阐释清楚我国《刑法》的属地、属人、保护、普遍管辖原则,特别是从国家法治统一、保障公民合法权益、维护国家司法主权等角度揭示《刑法》第 6 条、第 7 条、第 8 条、第 9 条的深层次含义，激发学生的爱国热情，使学生感受我国刑法在维护国家主权和民族尊严、维护公民合法权益方面的切实作用，增强其国家认同感和自豪感，树立其把国家、社会、公民的价值融为一体的家国情怀。

第二，将区域间司法协作内容融入课程教学，彰显大国风范，激发爱国热情。本案的另一个思政价值在于其全面地展现了我国维护地区繁荣稳定、积极打击跨国犯罪、努力开展区域间司法协作、竭尽全力保障本国公民人身财产权益的一面，其负责任的大国形象巍然树立。讲授过程中，还可以对《中华人民共和国和老挝人民民主共和国引渡条约》、《中华人民共和国、老挝人民民主共和国、缅甸联邦共和国、泰王国关于湄公河流域执法安全合作的联合声明》、“中老缅泰湄公河联合巡逻执法机制”等条约、机制的达成背景及意义进行适当展开，展现我国刑事司法对习近平总书记所强调的构建人类命运共同体、“要加快涉外法治工作战略布局，协调推进国内治理和国际治理，更好维护国家主权、安全、发展利益”①的有力实践，从而培养既熟悉中国国情又深具世界眼光，既坚持中国立场又具有国际视野，具有新时代“家国情怀”的社会主义法治人才。

(2)案例的思政教学目标

本案例的思政教学目标在于激发学生的爱国热情、厚植家国情怀、增强制度自信；同时，开阔学生学法用法的国际视野和眼光。

### (三)正当防卫

1. 课程和案例基本情况

我国《刑法》关于正当行为的规定主要包括正当防卫和紧急避险，在教学中应引导学生立足中国实际、秉持中国立场，全面客观深入地理解正当行为在我国刑法理论中的体系定位、实质内涵和实践标准。可以通过《尚书·舜典》中的“眚灾肆赦”、《唐律·贼盗》中的“格杀勿论”等古代立法例，使学生感受到我国传统法律文化的悠久和丰富，培养学生的文化自信；可以

---

① 《习近平在中央全面依法治国工作会议上发表重要讲话》，载中国政府网，https://www.gov.cn/xinwen/2020-11/17/content_5562085.htm?ivk_sa=1024320u&wd=&eqid=835e3b310025d15f000000026464708d。

通过“赵某见义勇为案”“于海明案”“唐雪案”等近年来的典型案例，向学生展示新中国刑法理论及实践在正当防卫问题上的巨大进步，使学生切实感受到我国刑法在匡扶正义、保障权益方面的重要作用，增强学生对社会主义法治事业建设的信心；可以揭示防卫目的之广泛性（特别是规定了特殊防卫）在体现与贯彻社会主义核心价值观等方面的意义。

本讲案例节取自赵某正当防卫案（2020 年最高人民法院发布 7 起涉正当防卫典型案例）。

［基本案情］

2018 年 12 月 26 日晚，李某（男）和邹某（女）在酒后一同前往邹某在福州市晋安区某公寓 4 楼的住处，李某想随邹某一同上楼遭到拒绝，二人便开始争吵。随后李某被关在门外，其用脚踹门，强行进入了邹某住处，见屋内还有其他女子，便提出与邹某出去过夜，再次遭到拒绝后便开始打骂邹某，即刻引来了邻居围观。此时，住在 5 楼的赵某听到了邹某的呼喊，便下楼以探究竟，见到邹某正在被李某掐脖，便立刻上前制止，赵某与李某一同倒地。二人起身后发生肢体冲突，李某打了赵某两拳，于是赵某将李某推倒，还了两拳。随后，赵某尝试与邹某一同逃脱，不幸被李某紧紧地抓住了三根手指，情急之下他向李某的腹部踹了一脚，并拿起屋内的凳子欲砸向李某，被邹某拦下，最后在其妻子的劝说下离开了现场。不久后，警察赶到现场，李某的腹部剧烈疼痛，警察将其送往医院，最后李某被法医鉴定为重伤二级。邹某的伤情属于轻微伤。

2018 年 12 月 29 日，赵某因涉嫌故意伤害罪被警方刑事拘留。2019 年 1 月 4 日，福州市公安局晋安分局以赵某涉嫌故意伤害罪向晋安区人民检察院提请批准逮捕。1 月 10 日，晋安区人民检察院以事实不清、证据不足为由，作出不批准逮捕决定，同日公安机关对赵某取保候审。2019 年 2 月 20 日，福州市公安局晋安分局以过失致人重伤罪向晋安区人民检察院移送起诉。次日，检察院认定赵某的行为构成防卫过当，并作出了相对不起诉的决定。在此之前的 2 月 17 日，赵某在社交媒体微博上以“被冤枉的赵某”为用户名发布了一则求助信息，在说明事情经过后，请求大家转发微博，将此事宣传出去。此案因此受到了网友们的关注和热议。大部分人认为赵某行为系见义勇为，不应该受到处罚。3 月 1 日，在最高人民检察院的指导下，福建省人民检察院指令福州市人民检察院对该案进行审查。福州市人民检察院经审查认为，原不起诉决定适用法律错误,遂指令晋安区人民检察院纠正。同日,晋安区人民检察院撤销原不起诉决定,以正当防卫对赵某作出绝对不起诉决定。3月19日,赵某获得见义勇为确认证书。

[争议问题]晋安区人民检察院第一次作出不起诉决定的依据是什么?为什么后来改变了案件的定性?防卫过当和正当防卫的区别是什么?

[关联法条]《刑法》第13条、第20条、第37条。

[案例分析思路]

赵某案共出现两次不起诉决定。

晋安区人民检察院第一次对赵某作出的是相对不起诉决定,其处理逻辑是,赵某之所以与李某发生缠斗,是为了制止李某对邹某实施的不法侵害,且赵某的行为客观上也解救了邹某。因此,赵某的行为具有防卫性质。但是,在缠斗的过程中,赵某踹了李某腹部一脚,导致李某腹部横结肠破裂。经法医鉴定,李某的伤情属二级重伤,而赵某所保护的邹某仅受轻微伤。两相对比,赵某的防卫行为明显超过必要限度,造成了重大损害,故赵某构成防卫过当,依据《刑法》第20条第2款规定“正当防卫明显超过必要限度造成重大损害的,应当负刑事责任,但是应当减轻或者免除处罚。”应负刑事责任,但应当减轻或者免除处罚。赵某对李某腹部的踢踹侵害了李某的生理机能,属于刑法意义上的伤害行为,且其主观上有伤害的故意,只是对李某重伤二级的后果持过失态度,依据《刑法》第234条第2款,赵某构成故意伤害罪(致人重伤)。鉴于赵某有自首和防卫过当的情节,为弘扬社会正气,鼓励见义勇为,依据《刑法》第67条第1款、第20条第2款、第37条的规定,检察院认定赵某犯罪情节轻微,不需要判处刑罚,并根据《刑事诉讼法》第177条第2款规定:“对于犯罪情节轻微,依照刑法规定不需要判处刑罚或者免除刑罚的,人民检察院可以作出不起诉决定。”对其作出不起诉决定。

此处需要注意作为上述不起诉决定的法律根据之一的《刑法》第37条与第13条的区别。从表面上看,第37条的“情节轻微”与第13条的“情节显著轻微”似乎只是程度上、量的区别,但实际上两者存在质的不同。第37条的“情节轻微”以行为已经构成犯罪为前提,指犯罪行为侵犯法益的程度较轻,犯罪人的主观恶性较小;而第13条的“情节显著轻微”是非罪的情节,指行为本身微不足道,即便其形式上符合构成要件,实质上也根本不具有犯罪所要求的社会危害性。

后来,经过最高人民检察院的指导,晋安区人民检察院撤销了第一个不起诉决定,认为赵某的行为属于正当防卫而非防卫过当,故依据《刑事诉讼法》第177条第1款(《刑事诉讼法》第177条第1款规定:"犯罪嫌疑人没有犯罪事实,或者有本法第十六条规定的情形之一的,人民检察院应当作出不起诉决定。")的规定,重新对赵某作出绝对不起诉决定。虽然两个决定都是对赵某不予起诉,但两者对赵某行为的定性是截然不同的,因为防卫过当与正当防卫具有质的差异。第一,从犯罪概念出发,两者存在罪与非罪的区别。防卫过当虽然具备防卫性质,但事实上侵犯了公民的人身权利、民主权利和其他权利,属于危害社会的行为,且行为人主观上对危害结果存在罪过,所以成立犯罪;而正当防卫不是"以暴制暴",而是"以正对不正",属于对国家、公共利益、本人或者他人有利的行为,不具有社会危害性,所以不是犯罪。第二,从刑法规范来看,我国《刑法》第20条分别规定了正当防卫和防卫过当,两者的区别就在于防卫限度。根据该条第2款的规定,成立防卫过当必须同时具备"明显超过必要限度"和"造成重大损害"两个条件。"明显超过必要限度"指显著的超过而不是一般的超过,这种超过是一目了然、没有争议的;"造成重大损害"指损害结果显然不是制止不法侵害所必需的,不是一般的损害。刑法理论将这两个方面归纳为行为过当和结果过当,只有在两者同时具备的情况下,才能认定行为是防卫过当。

本案中赵某的行为分为两个阶段:第一个阶段是赵某制止了李某对邹某实施的不法侵害,第二个阶段是赵某制止了李某对自身实施的不法侵害。第一个阶段的行为属于见义勇为、正当防卫,对此不存在争议。赵某在第二个阶段的行为是否属于正当防卫,需要比照正当防卫的构成要件。通说认为,正当防卫的成立必须同时具备以下五个要件:一是存在现实的不法侵害;二是不法侵害正在进行;三是防卫人必须对不法侵害人本人实行防卫行为;四是防卫人必须出于防卫的意图;五是防卫行为没有明显超过必要限度造成重大损害。在第二个阶段中,李某对邹某的不法侵害已经结束,但李某又要对赵某进行殴打,故存在现实的李某对赵某的不法侵害,且该不法侵害正在进行。此时,赵某为保护自己,针对李某本人实行了防卫行为。故赵某已满足成立正当防卫的前四个条件。需要讨论的是,赵某在第二个阶段的行为是否符合正当防卫的限度条件？案情显示，赵某为防卫自身，将李某推倒，还了李某两拳，情急之下向李某的腹部踹了一脚。从防卫手段、打击部位以及因被李某紧抓住三根手指、李某躺在地上威胁赵某等情节来看，立足于当时的情境，一般人都会认为赵某的行为仍然是为了制止不法侵害所必需的防卫行为，不存在行为过当。就重伤结果而言，在李某没有明显要重伤赵某的情况下，赵某的防卫行为致其重伤二级，确实超过了必要限度。然而前述防卫行为本身并不过当，唯结果过当不能成立防卫过当。晋安区人民检察院起初将赵某的行为认定为防卫过当，显然是受了在正当防卫认定问题上长期盛行的“唯结果论”的影响。综上，赵某的行为符合正当防卫的成立要件，因此晋安区人民检察院以正当防卫为由，对其作出的第二个不起诉决定是合理的。

[延伸阅读]（1）陈兴良：《正当防卫的司法偏差及其纠正》，载《政治与法律》2019 年第 8 期；（2）高铭暄：《正当防卫与防卫过当的界限》，载《华南师范大学学报（社会科学版）》2020 年第 1 期。

2. 思政资源分析

（1）思政元素融入的理念及思路

第一，将见义勇为等社会主义核心价值观融入思政教学中，培养德法兼修的法治人才。通过案件梳理可得知，赵某的行为是典型的见义勇为行为，应当从社会舆论、经济利益以及法治环境方面对其予以充分的保障和鼓励，弘扬社会正能量。党的十八大以来，在以习近平同志为核心的党中央坚强领导下，各地各有关部门大力弘扬见义勇为精神，全面加强宣传引导、评选表彰、权益保障等工作，推动见义勇为事业蓬勃发展，形成了全社会参与、关心、支持见义勇为事业的良好氛围。社会有正气，民族才会生生不息，国家才会兴旺发达。大力弘扬见义勇为精神，是培育和践行社会主义核心价值观、营造良好社会风尚的重要举措，是加强和创新社会治理、建设更高水平的平安中国的必然要求。因此，对赵某见义勇为案的改判，可以增强学生的制度自信、文化自信，坚定其建设社会主义法治国家的理想信念。

第二，将公平、正义的法治理念融入思政教学中，树立文化自信。正当防卫不但不具有社会危害性，而且是有利于社会的行为。正当防卫作为公民的权利，并非制止不法侵害的最后手段，即使在有条件采取逃跑、躲避、求助等方式避免不法侵害的情况下，法律仍然鼓励公民挺身而出，采用积极的正当防卫的手段与不法侵害作斗争，以震慑犯罪分子；执法者应勇于担当，坚决对正当防卫案件作出无罪裁判，弘扬社会正义。因此，在本案例的讲授中，应当将公平、正义等社会主义法治理念融入其中，培养学生社会主义法治观念与法治思维；强化其社会责任感，使其勇于向不法行为说“不”，引导其弘扬社会正气，做社会主义法治的忠实崇尚者、自觉遵守者、坚定捍卫者。

（2）案例的思政教学目标

本案例的思政教学目标在于让同学们树立社会主义法治的制度自信、文化自信，并养成崇法尚法、弘扬正气、勇于担当的优秀品质。

## 六、“刑法学总论”课程思政元素总览表

| 课程章节 | 重要的课程思政元素 | 相关联的专业知识或教学案例 | 所属思政维度 |
| --- | --- | --- | --- |
| 第一章　刑法学概说 | 在刑法学的概念和研究对象的教学中，既要指出学科知识理论以及精神理念的共性，也要明确刑法作为部门法学和应用法学的本土个性，坚持中国实际、中国立场和中国信念，揭示刑法规范及理论背后的哲理基础、政策依据和现实背景；在我国古代和近代刑法演进历程的教学中，应本着尊重历史、辩证分析的态度，理性客观地评价传统刑法制度与思想，认真发掘“德主刑辅”“明刑弼教”“矜老恤幼”等传统法律文化中的积极因素，以史为鉴、古为今用；在新中国刑法学的沿革与发展的教学中，应揭示其背后深刻的政治、经济和社会原因，理性看待我国刑法及其理论在发展过程中遇到的问题，肯定其在惩罚犯罪、保护人民中所发挥的重要作用，激发学生的自豪感、认同感和使命感 | 1. 赵某华非法持有枪支案；<br>2. 方某某裸聊案 | 1. 中国特色社会主义法治建设；<br>2. 中国传统法律文化思想 |

续表

| 课程章节 | 重要的课程思政元素 | 相关联的专业知识或教学案例 | 所属思政维度 |
|---|---|---|---|
| 第二章 刑法概说 | 以马克思列宁主义、毛泽东思想、邓小平理论、“三个代表”重要思想、科学发展观和习近平新时代中国特色社会主义思想为指导，以刑法相关立法为例，阐述我国刑法的宪法根据、主要任务和价值追求，增强学生对中国特色刑法理论体系的理解和感悟。其中，在“刑法的性质”的教学中，需明确刑法的阶级性质和法律性质，突出我国刑法的社会主义本质；在“刑法的制定根据”的教学中，需突出我国刑法同犯罪作斗争的实际经验，结合典型案例，展现刑法作为部门法和应用法的个性特点；在“刑法体系和刑法解释等知识点”的教学中，应以中国特色社会主义法治理论为指导，理论联系实际，培养学生的辩证思维和全面分析问题的能力 | 1. 李某组织男性卖淫案；<br>2. 范某冰逃税案 | 1. 习近平法治思想；<br>2. 中国刑法学理论与实践的红色基因 |
| 第三章 刑法的基本原则 | 刑法基本原则问题是刑事立法和刑事司法中一个带有全局性、根本性的问题。随着我国社会主义法治和人权保障制度的不断完善，“国家尊重和保障人权”被正式写入宪法，鉴于刑法直接关涉公民基本权利和自由，因此刑法基本原则在刑事立法和司法中发挥着不可替代的指导、制约和限定作用。 | 1. 王某军非法经营案；<br>2. 非遗传承人制造爆炸物案；<br>3. 蒲某升帮助他人安乐死案 | 1. 宪法法治意识；<br>2. 人权保障理念；<br>3. 社会主义核心价值观 |

续表

| 课程章节 | 重要的课程思政元素 | 相关联的专业知识或教学案例 | 所属思政维度 |
|---|---|---|---|
| | 让学生明确我国刑法中罪刑法定原则、罪责刑相适应原则以及刑法面前人人平等原则在尊重和保障人权、避免公权力滥用、坚持人人平等、维护公平正义等方面的重要作用，引导学生树立公正、自由、平等的社会主义法治思想和法治理念 | | |
| 第四章　刑法的效力范围 | 应当向学生阐明属地原则、属人原则、保护原则以及普遍管辖原则的基本内涵，揭示其优劣之处并适当介绍域外刑法空间效力的相关规定，引导学生从国家主权的维护、人民权益的保障、司法协作的落实、国际外交的博弈等方面，深入理解我国刑法关于空间效力的立法规范和司法实践，感受我国刑法在维护国家主权和民族尊严、维护公民合法权益方面的切实作用，增强国家认同感和自豪感，树立其把国家、社会、公民的价值融为一体的家国情怀 | 1. 张某强管辖权争议案；<br>2. 糯康等贩毒、杀人案；<br>3. 特大跨国电信诈骗案 | 1. 厚植家国情怀；<br>2. 制度自信和文化自信；<br>3. 弘扬爱国精神 |
| 第五章　犯罪概念和构成 | 深入揭示犯罪概念所规定的犯罪成立的三个基本条件与具体犯罪法律规定的对应关系，既让学生明确域外犯罪概念以及犯罪构成的理论成果和学说争议，也要立足中国国情和法治建设实际，客观评价和分析我国犯罪概念以及 | 1. 陆某代购抗癌药案；<br>2. 福建赵某见义勇为案 | 1. 坚持理论自信与道路自信；<br>2. 树立刑法学理论与实践的中国话语、中国体系 |

续表

| 课程章节 | 重要的课程思政元素 | 相关联的专业知识或教学案例 | 所属思政维度 |
|---|---|---|---|
| | 犯罪构成的源起、沿革和发展变化的历史背景和社会原因，引导学生正确全面地认识四要件理论，明白其历史合理性和国情符合性，培养其学术本土意识和理论自信，使其理性认识到刑法的法律适用不是适用域外的刑法理论，而是适用我国的刑法规定，从而增强学生对我国刑法法律适用的自信，切实贯彻马克思主义法学中国化的基本立场 | | |
| 第六章　犯罪客体、犯罪客观方面(一) | 从我国刑法的立法规定实际，揭示犯罪客体在我国犯罪成立评价体系中的不可废弃和不可替代的地位，从而增强学生对我国刑法立法及其犯罪构成体系的尊重和自信。另外，通过揭示犯罪客体在刑法所保护的国家安全、政治制度、社会制度、公共安全、人身权利、财产权利、社会秩序等方面的意义和价值，引导学生深入理解刑法在我国法律体系和国家治理体系中的地位。在危害行为、犯罪对象、危害结果等内容的教学中，引导学生理解我国刑法客观主义的基本立场和立足实践的立法模式，并结合适当举例，展示我国犯罪客体以及犯罪客观方面立法及实践的逻辑优势和实践优势 | 1. 南京换偶案；<br>2. 徐某盗取自己被扣押的机动车案；<br>3. 陈某盗取 QQ 密保卡数据案 | 1. 社会主义核心价值观；<br>2. 职业理想与道德 |

续表

| 课程章节 | 重要的课程思政元素 | 相关联的专业知识或教学案例 | 所属思政维度 |
|---|---|---|---|
| 第七章　犯罪客观方面(二) | 适当介绍域外相关理论成果,特别是应对德国的客观归责理论以及日本的相当因果关系说有理性、客观、中肯的评价,切忌照抄照搬、生搬硬套地解决我国刑法中因果关系的实践问题。应根据马克思主义关于矛盾的普遍性和特殊性关系原理,坚持在因果关系教学中具体问题具体分析,具体是将定罪与量刑的因果关系分开考查,分别根据刑法就定罪和量刑规定的内容予以考查,不要将定罪与量刑的各自因果关系混在一起“眉毛胡子一把抓” | 1. 刘某涉嫌过失致人死亡案;<br>2. 佛山“小悦悦”案;<br>3. 宋某祥不阻止妻子上吊自杀案;<br>4. 颜某于等故意杀人案;<br>5. 快播公司传播淫秽物品牟利案;<br>6. 首例高空抛物危害公共安全案 | 1. 学术话语的中国体系、中国特色;<br>2. 中国特色社会主义法治理论及实践 |
| 第八章　犯罪主体 | 犯罪主体是构成犯罪的必备要件之一,包括自然人犯罪主体和单位犯罪主体,是犯罪论的重要内容。在“自然人犯罪主体”的教学中,以习近平法治思想为指导,结合典型案例,从未成年人保护、社会实质公平、尊重和保障人权、宽严相济的刑事政策等角度,深入阐释我国刑法有关刑事责任年龄以及刑事责任能力的相关规定,促进学生对我国刑法指导思想、根据和任务的深层次理解;在“单位犯罪主体”的教学中,通过对单位犯罪主体立法演进历程的教学,展示我国刑法与时俱进、兼容并蓄的优秀品质,树立学生的制度自信和文化自信,进一步激发其学习刑法的兴趣与热情 | 1. 大连 13 岁男孩杀人案;<br>2. 姜某某涉嫌抢劫案;<br>3. 抑郁症患者滕某杀人案;<br>4. 彭某吸毒后杀人案 | 1. 宪法法治意识;<br>2. 社会主义核心价值观;<br>3. 文化自信 |

续表

| 课程章节 | 重要的课程思政元素 | 相关联的专业知识或教学案例 | 所属思政维度 |
|---|---|---|---|
| 第九章　犯罪主观方面(一) | 犯罪主观方面,是指行为人对其实施的行为所必然或可能引起的危害社会的结果所持的心理态度。犯罪主观方面包括犯罪故意和犯罪过失、犯罪目的和犯罪动机等因素。本讲内容的教学,可以充分挖掘本土法律文化资源,以“德主刑辅”“明刑弼教”“原心论罪”“亲亲相隐”等立法例和传统法律故事,展现我国古代刑事法律对犯罪主观方面的重视和独特理解,汲取其有益成分,启发学生思考道德与法律、制度与秩序之间的关系,增强学生的文化自信和历史自豪感;同时,结合我国同犯罪作斗争的实际经验,揭示我国刑法主观方面规定的历史原因、现实效果和发展方向,培养学生的社会主义法治理念 | 1. 天价葡萄案;<br>2. 孙某铭以危险方法危害公共安全案;<br>3. 于某平爆炸案 | 1. 传统优秀法律文化思想;<br>2. 历史责任感、使命感;<br>3. 树立文化自信 |
| 第十章　犯罪主观方面(二) | 犯罪动机、目的以及认识错误是犯罪主观方面的重要内容。在本讲讲解过程中,可以结合典型案例展示犯罪动机、目的对定罪量刑产生的重要影响,体现我国刑法坚持罪刑法定、坚持责任主义的优秀品质,增强学生的认同感;可以适当介绍域外有关认识错误的理论观点,开阔学生视野,但切忌“学术迷信”,脱离中国立法和司 | 1. 莫某晶放火案;<br>2. 梁某涉嫌盗窃案 | 1. 坚持学术研究的本土化思维;<br>2. 中国特色社会主义法治理论及实践;<br>3. 创新思想 |

续表

| 课程章节 | 重要的课程思政元素 | 相关联的专业知识或教学案例 | 所属思政维度 |
| --- | --- | --- | --- |
| | 法实践去讨论现实问题；通过对主客观相一致原则的教学，客观评价传统理论在处理认识错误疑难案件中的效率优势和逻辑不足，培养学生的中国问题意识和理论联系实际的能力 | | |
| 第十一章　正当行为 | 我国刑法关于正当行为的规定主要包括正当防卫和紧急避险，应在教学中引导学生立足中国实际、秉持中国立场，全面客观深入地理解正当行为在我国刑法理论中的体系定位、实质内涵和实践标准。可以通过《尚书·舜典》中的“眚灾肆赦”、《唐律·贼盗》中的“格杀勿论”等古代立法例，使学生感受到我国传统法律文化的悠久和丰富，培养学生的文化自信；可以通过“于海明案”“唐雪案”等近年来的典型案例，向学生展示新中国刑法理论及实践在正当防卫问题上的巨大进步，使其切实感受到我国刑法在匡扶正义、保障权益方面的重要作用，增强学生对社会主义法治事业建设的信心；可以揭示防卫目的之广泛性（特别是规定了特殊防卫）在体现与贯彻社会主义核心价值观等方面的意义 | 1. 于某刺死辱母者案；<br>2. 范某秀防卫过当案；<br>3. 昆山于某明“反杀”案；<br>4. 邓某娇防卫案；<br>5. 谢某强假想防卫过当案；<br>6. 王某兴破坏交通设施案 | 1. 自由、公正的社会主义核心价值观；<br>2. 对党的创新理论的政治认同、思想认同、情感认同 |

续表

| 课程章节 | 重要的课程思政元素 | 相关联的专业知识或教学案例 | 所属思政维度 |
| --- | --- | --- | --- |
| 第十二章　犯罪停止形态 | 应当注意对域外相关理论的介绍，开阔学生的学术视野，理性评价"印象说""客观危险说"等理论的优缺点，结合典型案例的教学，展示我国刑法在打击预防犯罪中谦抑人道的基本精神和宽严相济的政策理念；通过对预备、未遂、中止等情节在量刑功能上的区分与比较，体现我国刑法对罪刑均衡原则和责任主义的贯彻与遵守，培养学生的马克思辩证唯物主义思想 | 1. 黄某勇等入户抢劫案；<br>2. 孙某财破坏交通设施案；<br>3. 李某容抢劫、杀人案；<br>4. 徐某盗窃案 | 1. 社会主义核心价值观；<br>2. 刑法谦抑人道的基本精神；<br>3. 中国"仁义礼智信"传统文化 |
| 第十三章　共同犯罪 | 我国刑法中共同犯罪的内容主要包括共同犯罪的成立标准、共同犯罪的基本类型、共同犯罪人的刑事责任等。在本讲教学中，可以适当介绍域外理论成果和司法实践，但切忌"生搬硬套"，而是应当结合中国立法及司法实际，理性评价和客观分析我国刑法中共同犯罪的相关内容，通过典型案例，贯穿犯罪主体、未完成形态、因果关系、刑罚功能等知识要点，培养学生理论联系实际、解决现实问题的能力 | 1. 雷某奇等在旅游区开枪射击致人死亡案；<br>2. 张某鸿涉嫌抢劫案；<br>3. 吴某友雇凶故意伤害案；<br>4. 易某春、周某兵抢劫案；<br>5. 岳某群利用不满14周岁的女儿投毒杀人案；<br>6. 朱某华等三人绑架案；<br>7. 王某帅、邵某喜抢劫、故意杀人案 | 1. 中国学术话语体系；<br>2. 习近平法治思想 |

续表

| 课程章节 | 重要的课程思政元素 | 相关联的专业知识或教学案例 | 所属思政维度 |
|---|---|---|---|
| 第十四章　罪数 | 罪数亦称罪数形态，其理论与实践是贯彻罪刑法定、罪刑均衡原则的重要体现。我国刑法学以马克思辩证唯物主义为指导思想，在全面剖析国外刑法学者关于罪数标准学说的观点，吸收借鉴某些学说的合理成分的基础上，公认以犯罪构成说（主客观一致说）作为区分一罪与数罪的标准。教学中，可以通过典型案例，分析不同罪数学说的优劣，展现犯罪构成说的理论优势和实践优势，帮助学生树立制度自信、文化自信 | 1. 彭某安破坏电力设备案；<br>2. 梁某珍招摇撞骗案 | 1. 制度自信、文化自信；<br>2. 职业道德 |
| 第十五章　刑事责任及其实现方式、刑罚制度（一） | 教学中应以习近平法治思想为指导，立足我国实际，对刑事责任的根据、阶段、实现方式等问题进行深入阐释，树立学生的制度自信和文化自信；在刑罚种类的讲解过程中，可以通过对死刑限制措施、罚金刑执行方式、没收限制条件等问题的教学，体现我国刑法谦抑人道的基本精神和社会主义价值理念，增强学生对我国刑法规定的认同感 | 1. 张某扣为母复仇案；<br>2. 丁某军强奸、抢劫、盗窃案 | 1. 厚植家国情怀；<br>2. 把国家、社会、公民的价值融为一体；<br>3. 学思践悟习近平法治思想 |

续表

| 课程章节 | 重要的课程思政元素 | 相关联的专业知识或教学案例 | 所属思政维度 |
| --- | --- | --- | --- |
| 第十六章　刑罚制度(二) | 在刑罚裁量及其制度规定的教学中,应当引导学生重点关注习近平法治思想关于刑事治理的相关论述,深刻体会运用刑罚惩治和预防犯罪的指导思想和基本立场。通过对刑罚功能、刑罚目的相关内容的教学,使得学生充分理解我国刑罚制度在惩治犯罪、维护秩序、伸张正义、恢复社会关系方面的重要作用;通过对刑罚裁量概念、基本原则、主要方法等问题的教学,帮助学生树立“三效果统一”的思维理念和基本立场,帮助学生理解“努力让人民群众在每一个司法案件中感受到公平正义”的现实意义;通过对自首、立功、坦白、认罪认罚等典型案例的教学,凸显我国刑罚制度的独特性和优越性,激发学生对社会主义核心价值观、中国特色社会主义法治建设的思想认同、情感认同 | 1. 陈某策故意伤害案;<br>2. 深圳王某出售鹦鹉案 | 1. 坚持不懈用习近平新时代中国特色社会主义思想铸魂育人;<br>2. 坚持实事求是,培养辩证思维、本土思维、历史思维、创新思维 |

（石经海、骆多）

# “刑法学分论”课程思政教学指南

## 一、“刑法学分论”课程简介

西南政法大学秉承“教学立校、科研强校、人才兴校、依法治校”的办学理念，将“以本为本”作为教学科研、人才培养的基本原则，按照“三全育人”“五育并举”的人才培养要求，以法学专业为核心，积极服务全面依法治国建设。

“刑法学分论”作为法学核心主干课程，内含极其丰富的课程思政元素。本课程不仅可以与其他法学核心课程一样，在塑造学生良好品格、道德伦理教育、法治教育、科学文化教育等方面发挥重要作用，更关键的是，还在爱国主义教育、社会责任教育等方面有着其他法学课程难以实现的独特功能。因此，本课程将“使学生自觉形成抵制犯罪、防止被害的意识，养成保护个人权利、集体利益、国家安全的良好习惯”作为课程思政建设的首要具体目标。

为了实现上述目标，本课程按照《刑法》分则的规定，深入挖掘和凝练每一讲课程内容所对应的具体课程思政元素。通过将理论争鸣，尤其是活生生的刑事案例“基因式”地渗透到教育教学全过程，对习近平法治思想进行科学有机的学理转化，将社会主义法治建设的成就经验转化为优质教学资源，增强学生的政治认同、思想认同、理论认同、情感认同，实现高质量法学教育的理论供给；使学生立足中国本土，把握当代中国的刑事政策走向，养成自主思辨、刑事一体的刑法思维，培养其创新研究能力，使其成为法治人才后备军。

本课程紧紧围绕刑法学分论重点难点，将刑法学分论的基础知识划分为16个专题形式，制定专门的行课方案，在基础知识、基本法律法规规定的基础上，精选典型疑难案例、精心设计研讨问题，帮助学生巩固、深化、扩展刑法学分论重难点的学习，培养和提高学生的刑法学理论阐释能力与实践应用能力；坚持知识、能力、素质的有机融合，服务新时代“德法兼修”一流法治人才培养建设目标。本课程 3 学分、48 学时，面向全校法学专业本科生开设。

本课程除概论之外，按照《刑法》分则的章节设计，根据各章重难点，总共设计为 16 个专题，分别是：刑法各论概述与危害国家安全罪，危害公共安全罪（一），危害公共安全罪（二），危害公共安全罪（三），破坏社会主义市场经济秩序罪，侵犯公民人身权利、民主权利罪（一），侵犯公民人身权利、民主权利罪（二），侵犯公民人身权利、民主权利罪（三），侵犯财产罪（一），侵犯财产罪（二），侵犯财产罪（三），妨害社会管理秩序罪（一），妨害社会管理秩序罪（二），妨害社会管理秩序罪（三），危害国防利益罪概述、贪污贿赂罪概述，渎职罪、军人违反职责罪概述。其中，破坏社会主义市场经济秩序罪与贪污贿赂罪内容非常多，但鉴于本课程课时有限，教研室综合考虑，主要由选修课“经济刑法学”承担上述内容，本课程对此仅简略涉及。

## 二、教学目标与教学内容

### （一）教学目标

1. 知识目标

包括：(1)巩固、深化对各专题所涉刑法基本理论、法律、司法解释规定，重点罪名及其认定的掌握；(2)加深对刑法分论重要罪名的认识和掌握程度；(3)深入理解情理法融合理念对正确处理刑事案件的重大理论与实践价值。

2. 能力目标

包括：(1)具备理论联系实际解决具体刑法适用问题的思考、论辩、表达、沟通能力；(2)形成解决实务问题的刑法思维；(3)具备能够触类旁通、创新思辨解析类案的高级思维能力、解决疑难刑事案件的法律综合应用能力。

3. 价值目标

本课程坚持知识、能力、素质有机融合，围绕政治认同、家国情怀、法治意识、道德修养和文化素养五大思政板块，努力培养造就更多具有坚定理想信念、强烈家国情怀、扎实法学根底的“德法兼修”高素质法治人才,实现法学专业为党育人、为国育才的根本教育目标。

(1)培养具有扎实法学根底的青年法治人才。刑法学分论是实践性很强的学科,以实现刑事司法公平正义为价值追求。本课程思政的首要目标,就是要培养刑法学专业知识掌握扎实、法学思维缜密和法律实践应用能力良好的青年法治人才,为实现司法公平正义提供优秀专业人才支持。

(2)培养具有强烈家国情怀的青年法治人才。家国情怀是根植于中华民族深层的文化基因。在首要目标的基础上,本课程思政意在培养青年学子建设法治中国的使命感与责任感,引领学生立志将个人成长自觉融入法治中国建设的时代洪流,为全面建设法治中国添砖加瓦,建功立业。

(3)培养具有坚定理想信念的青年法治人才。理想信念是法治人才的精神支柱。在前述目标的基础上,本课程思政意在培养坚持中国道路、致力于全面建设法治中国伟大事业的青年法治人才。

### (二)教学内容

1. 设计思路

本课程通过“课前自主学习”“课堂研讨”“课后总结提升”三环节一体化研讨式学习,培养强化学生的刑法学知识实践转化应用能力,培育德法兼修高素质法治建设人才。课堂设计以“育才、育人”为主旨展开,并借助有准备的课前讨论,课堂教学通过研讨式、论辩式讨论展开师生多维互动,从而实现课前自育、课堂互育、教师引领共育的效果。

2. 教学重难点及对重难点的处理

本课程研讨专题、案例选取和研讨问题都围绕刑法学总论重难点予以设计。以教案明确各专题重难点,通过针对性案例及问题,逐一展开对重难点的研讨、辨析。

## 三、课程思政教学方法与评价方式

“刑法学分论”课程思政示范课程在重庆一流本科课程建设的基础上,着力从以下三方面加强课程思政的建设:

### （一）深挖思政元素

1. 在思政内涵投射下理解规范要旨，引导学生胸怀“国之大者”。在本课程首要课程思政目标“使学生自觉形成抵制犯罪、防止被害的意识，养成保护个人权利、集体利益、国家安全的良好习惯”的指引下，根据《刑法》分则每一章的具体特色，凝练出每一讲的具体思政目标。例如，我们将“危害国家安全罪”一章的课程思政目标设置为：树立总体国家安全观；坚定维护国家统一、领土完整的信念；强化热爱祖国、拥护国家政权的理念。将“危害公共安全罪”一章的课程思政目标设置为：树立公共安全大局观；坚定勇于同危害公共安全违法犯罪行为作斗争的信念；确立保护人民大众生命、健康权利的使命。

2. 在专业理论剖析中增强价值认同，鼓励学生坚定“四个自信”。多年来，虽然我国刑法理论界对德日刑法理论多有参考，但是，我国刑法理论，尤其是刑法分则的相关理论，是建立在我国基本国情基础之上的，大陆法系刑法理论可能并不完全契合我国现实。因此，本课程的使命之一是使学生坚定中国特色社会主义道路自信、理论自信、制度自信、文化自信，学会用中国的规范、理论解决中国的问题。

### （二）完善教学环节层次衔接

本课程在教学环节的设计上，将思政元素从环节上的分野转变为环节递进式的层次衔接，将思政元素灌入全部教学环节，使思政教育与专业素养实现良性对话与深度联动、良性循环。

1. “规范解读”环节：主要采用规范分析法（注释研究法），在对条文规范的解读中，结合最高人民法院、最高人民检察院的司法解释，以法条目的为导向，在刑法规范的基础上，培养学生的规范思维、检索思维、系统思维等法治思维能力。

2. “价值认同”环节：主要采用历史研究法，通过对立法资料的分析让学生了解刑法的制定背景以及当时的思政之风况，熟悉刑法在维护社会秩序、人民群众生命财产安全等过程中取得的巨大立法进步，感悟社会主义刑法的人文关怀，坚定走中国特色社会主义法治道路的理想和信念。

3."实践输出"环节:主要采用案例研究法,通过疑难案例、社会热点研读,使学生反思现有理论,以新类型案例思考刑事立法趋势,避免高校与社会的脱节,将知识教学与实践教学有机融合是法学学科体系建设中的一项重要内容。

### (三)实现教学方法多维互动

1.利用翻转课堂优势,让学生成为课堂主体。本课程打破学生被动获取知识的模式,学生的课前自主学习成为实现教学环节创新的关键之举。在课堂上,教师不再就基础知识进行讲授,仅就主要疑难问题和需要进一步拓展的问题进行深化讲解。

2.疏通线上线下教学系统,实现多渠道教学互动。为使知识与思政教育的输出更具有吸引力和感召力,线下授课除集中讲解外,课堂上教师还会以大家喜闻乐见的形式展示法治思政教育等纪录片,并且每次将在课后以腾讯会议等形式通过视频、语音、文字进行答疑。

3.设立学生反馈通道,落实教学质量评价制度。学生可以对课堂的教学质量进行评价,并给出针对性建议,力促教师能够因人制宜,在教学备案上进行变通与改良,在教学方法改进上实现良性互动。

## 四、课程思政教学资源及研究开发

### (一)以课程思政为引领的教案

全面贯彻和体现课程思政目标、元素、融入点、融入效果的本课程教案,是开展本课程思政教学的核心资源。

### (二)教材、参考辅助资源

线上资源为中国大学慕课西南政法大学"刑法学分论"视频教学资料。线下资源包括参考教材和其他辅助资源。

1.参考教材:(1)《刑法学》编写组编:《刑法学》(下册·各论),高等教育出版社2023年版;(2)石经海、卢有学主编:《刑法分论导学教程》,法律出版社2023年版。

2. 辅助资源：与各研讨主题相关的重要著作、期刊论文等。

### (三)思政教学资源研究开发

本课程组织教学团队积极探索课程思政教学内容、方法，已经规划出20余个专题，并就每个专题设计出“课程思政样例”作为教学团队以后的课程思政教学指导。

## 五、教学实例

### (一)国家安全

1. 课程思政目标

(1)坚定学生对我国的国家安全、领土完整、政权稳固、社会主义国家政治制度、中国特色社会主义“四个自信”的认同，增强学生的爱国热情，增强学生完成统一祖国大业的信心，发挥其勇担民族复兴使命的精神，培养学生自觉践行社会主义核心价值观及社会主义职业道德规范；(2)帮助学生树立维护国家安全、国防利益，履行时代使命的责任担当，激发学生学习报国的理想情怀；(3)使学生正确认识和对待美国等西方国家泛用国家安全概念打压其他国家的现象。

2. 课程思政元素融入设计

| 专业知识点 | 思政元素点 | 教学设计 |
|---|---|---|
| 《刑法》分则关于危害国家安全犯罪立法的发展过程 | 马克思主义的中国化 | 通过讲解马克思主义中国化的内涵，使学生了解其与我国《刑法》分则关于危害国家安全犯罪立法的演变发展过程 |
| 危害国家安全、危害国防利益犯罪的严重危害性 | 总体国家安全观 | 通过讲授危害国家安全、危害国防利益犯罪的特殊严重危害性，树立学生的总体国家安全观 |
| 《刑法》分则关于危害国家安全犯罪立法的横向比较 | 中国特色社会主义“四个自信” | 通过横向比较国事犯罪立法，培养学生的自信与自豪感 |

### （二）公共安全

1. 课程思政目标

（1）通过“杭州保姆莫某晶纵火案”“复旦大学林某浩投毒案”“孙某铭以危险方法危害公共安全案”让学生认识到危害公共安全犯罪对社会、被害人造成的灾难，从而树立正确的三观。

（2）让学生在自主发现问题、解决问题的过程中理解教材知识和老师课前提示的重点问题，学生通过自己阅读、思考司法实践已经判决的热点案例，树立用中国的法律、中国的理论解决中国实际问题的意识，建立中国自信。

2. 课程思政元素融入设计

| 专业知识点 | 思政元素点 | 教学设计 |
| --- | --- | --- |
| 危害公共安全犯罪的社会危害性 | 理解刑法在建设平安中国，确保人民安居乐业、社会安定有序、国家长治久安方面的重要作用 | 讲解危害公共安全犯罪的社会危害性，刑法打击危害公共安全犯罪的特殊性 |
| 公共安全的内涵 | 树立安全发展观，弘扬生命至上、安全第一的理念 | 讲解“不特定多数”的含义及其表现形式 |
| 危害公共安全罪与故意杀人罪的界限 | 树立勇于同危害公共安全违法犯罪行为作斗争的信念和防范被害的意识 | 通过具体案例分析危害公共安全犯罪与侵犯公民人身权利罪的界限 |

## 六、“刑法学分论”课程思政元素总览表

| 课程章节 | 重要的课程思政元素 | 相关联的专业知识或教学案例 | 所属思政维度 |
| --- | --- | --- | --- |
| 第一讲　刑法各论概述、危害国家安全罪 | 1. 对于刑法分论概述，需要以马克思列宁主义、毛泽东思想、邓小平理论、“三个代表”重要思想、科学发展观和习近平新时代中国特色社会主义思想为指导，既要介绍域内外刑法分 | 美国籍案犯彼德·吴为境外机构、组织窃取、刺探、收买、非法提供国家秘密和冒充国家工作人员招摇撞骗案 | 总体国家安全观、政治认同 |

续表

| 课程章节 | 重要的课程思政元素 | 相关联的专业知识或教学案例 | 所属思政维度 |
|---|---|---|---|
| | 则条文的共性，也需要引导学生认识到刑法典作为一个国家的部门法在文化传统、社会背景法律制度、民族性格方面的独特性。<br>2. 对于危害国家安全罪，在教学过程中，应当坚持总体国家安全观，结合危害国家安全罪的具体案例，阐释国家安全的极端重要性，筑牢国家安全思想长城，展现刑法在维护国家安全和社会稳定过程中的重要作用；将国家安全教育与厚植国家情怀和课程内容结合起来，引导学生始终将祖国和人民放在内心深处 | | |
| 第二讲　危害公共安全罪（一） | 1. 引导学生牢固树立安全发展理念，自觉把维护公共安全放在维护最广大人民根本利益中来认识。使学生树立安全发展理念，弘扬生命至上、安全第一的思想。<br>2. 通过典型案例和刑法修正案中危害公共安全相关罪名的修改完善，体现刑法在建设平安中国，确保人民安居乐业、社会安定有序、国家长治久安方面的重要作用。培养学生形成公共安全大局观，帮助学生树立勇于同危害公共安全违法犯罪行为作斗争的信念 | 1. 杭州保姆纵火案；<br>2. 复旦投毒案 | 公共安全、生命至上 |
| 第三讲　危害公共安全罪（二） | 1. 公共安全是最基本的民生，公共安全一头连着经济社会发展，一头连着千家万户，在讲授本讲相关罪名的过程中，引导学生要把维护公共安全放在维护最广大人民根本利益中来认识，放在贯彻落实总体国家安 | 1. 赵某华非法持有枪支案、"仿真枪"获刑系列案；<br>2. 非遗传人制造爆炸物案 | 公共安全、集体安全 |

续表

| 课程章节 | 重要的课程思政元素 | 相关联的专业知识或教学案例 | 所属思政维度 |
| --- | --- | --- | --- |
| | 全观中来思考，放在推进国家治理体系和治理能力现代化中来把握。<br>2. 在对恐怖主义相关罪名的教学过程中，可重点阐释我国在打击和治理恐怖主义犯罪中的基本立场，应从我国同恐怖活动犯罪斗争的实际情况出发，揭示恐怖活动犯罪对公共安全具有的巨大破坏力，引导学生探讨刑法与前置法的关系，令学生深切体会国家在保障人民群众生命财产安全、维护社会秩序和稳定方面的不懈努力，强化学生自觉抵制恐怖主义、极端主义的思想意识，激发学生爱国、爱党、爱人民的道德情怀 | | |
| 第四讲　危害公共安全罪（三） | 1. 可以从犯罪主观方面的相关内容、不作为犯罪的相关理论出发，引导学生分析交通肇事罪与其他罪名的界限。<br>2. 可以结合犯罪的基本特征、犯罪的附随后果等内容，启发学生思考危险驾驶罪条文设置的适正性问题，培育学生道路交通安全防范意识，深化学生社会主义法治理念。<br>3. 在对重大责任事故罪等安全生产类犯罪的讲授中，还可以重点阐释刑法在安全生产领域的保障法作用，树立学生公共安全意识和责任感，弘扬其工匠精神，培养其爱岗敬业的时代品格 | 1. 孙某铭交通肇事案；<br>2. 胡某交通肇事案 | 公共安全、人民利益、谨言慎行 |

续表

| 课程章节 | 重要的课程思政元素 | 相关联的专业知识或教学案例 | 所属思政维度 |
| --- | --- | --- | --- |
| 第五讲　破坏社会主义市场经济秩序罪 | 1. 应当突出党中央不断完善中国特色社会主义法治体系，加快法治经济和法治社会建设，把经济社会发展纳入法治化轨道的战略决策，强调刑法作为保障法为经济社会发展保驾护航的重要作用。<br>2. 在对生产、销售伪劣商品罪的讲授中，应当弘扬诚实守信的社会主义核心价值观，同时展现国家在产品质量监督等方面的不懈努力，使学生体会党的十九大报告突出强调的大力提升发展质量和效益，坚持质量第一、推动经济发展质量变革、增强我国经济质量优势、建设质量强国、转向高质量发展的重要要求。<br>3. 在讲授侵犯知识产权罪的过程中，应向学生强调保护知识产权就是保护创新，通过典型案例的剖析，凸显刑法在知识产权保护中的法治保障作用，应从国家战略高度和进入新发展阶段要求出发，全面加强知识产权保护工作，从而使学生体会到我国社会经济发展的巨大进步以及社会主义法治建设的显著成就，激发学生的自豪感、自信心 | 1. 浙江金华新型地沟油案；<br>2. 影视明星范某冰逃税案 | 经济安全、社会主义市场经济秩序、产品质量安全 |
| 第六讲　侵犯公民人身权利、民主权利罪(一) | 1. 将重点放置于国家尊重和保障人权方面，通过对重点罪名的讲解，加强法治宣传教育，弘扬社会主义法治精神，建设社会主义法治文化，增强全民法治观念，形成全民守法的氛围和习惯。 | 1. 王某宇故意杀人案；<br>2. 乐某饿死亲生女儿案；<br>3. 蔡某祥故意伤害案 | 生命至上、权利保护 |

续表

| 课程章节 | 重要的课程思政元素 | 相关联的专业知识或教学案例 | 所属思政维度 |
| --- | --- | --- | --- |
| | 2. 在人身伤害类犯罪中，可通过对指导性案例和典型案例的讲解，结合刑法总论中正当防卫、紧急避险等知识要点，从鼓励同犯罪作斗争、积极保障合法权益、坚持司法公正等角度展开课程思政。<br>3. 在对限制人身自由类犯罪的讲解中，可以从法治文化建设、国家治理能力现代化等角度展开课程思政。<br>4. 在对侵犯宗教权利以及民族权利的犯罪的讲解中，可以从国家保障宗教信仰自由、维护民族团结等角度展开课程思政。<br>5. 通过我国相关刑事立法的演变，展现我国刑法与时俱进的优秀品格，特别是负有照护职责人员性侵罪的增设，体现了刑法对未成年人特殊性的重视，从根本上保障了未成年人特别是未成年女性的利益 | | |
| 第七讲　侵犯公民人身权利、民主权利罪(二) | 1. 对于刑法分则具体罪名的学习，需要以马克思列宁主义、毛泽东思想、邓小平理论、“三个代表”重要思想、科学发展观和习近平新时代中国特色社会主义思想为指导，既要使学生掌握分则条文罪名的具体内容，也需要引导学生了解具体罪名的立法沿革，使学生体会到我国刑法具有的承前启后、与时俱进的显著特色。<br>2. 可以立足我国国情，结合近年来我国在打击治理拐卖类犯罪方面的典型案例和取得的具体成就，促使学生认识到我国 | 1. 孙某珍、卢某涛拐卖儿童案；<br>2. 白某良等绑架案；<br>3. 辜某平非法拘禁案 | 法治意识、道德修养、保护妇女儿童 |

续表

| 课程章节 | 重要的课程思政元素 | 相关联的专业知识或教学案例 | 所属思政维度 |
|---|---|---|---|
| | 在依法治国道路上的决心和毅力，同时体会到国家在充分尊重和保障人权方面的种种努力，坚定学生的道路自信、制度自信 | | |
| 第八讲　侵犯公民人身权利、民主权利罪(三) | 1. 对于刑法分则具体罪名的学习，可以适当结合政治认同和家国情怀的思政供给。引导学生了解分则条文的变迁，使学生认识到现有刑法是对本民族优良法文化传统的继承和对国外先进合理文明成果的参考。引导学生在了解国情、世情和民情的基础上，对刑法的历史变迁和刑事罪名的变化给予深切的认同。<br>2. 应在对犯罪成立条件进行理论分析的同时，结合相关知识点、运用案例给予学生价值引导。应以生动、现实的案例阐明刑事法治理念和法治规则的变化，使学生通晓刑法理念和刑法规则背后的常识、常理、常情，在丰富学识的同时，增加对世界的认知，塑造正确的世界观、价值观和人生观 | 1. 南京养母李某琴管教养子被控虐待案；<br>2. 郎某、何某诽谤案；<br>3. 熊某恒等侵犯公民个人信息案 | 法治意识、家庭观念、人格尊严 |
| 第九讲　侵犯财产罪(一) | 1. 刑法中侵犯财产相关犯罪的规定，既是对宪法保护合法公私财产规定的贯彻落实，也是坚持罪刑法定原则、维护包括犯罪人合法权益在内的合法权益的典型体现，彰显了我国社会主义刑法在积极惩治犯罪与保障人权之间的微妙平衡。<br>2. 可以结合司法解释，从相对刑事责任年龄人实施转化型抢 | 1. 赵某波、赵某故意杀人、抢劫案；<br>2. 包某芹等故意伤害、抢劫案 | 财产安全、权利意识、预防受害 |

续表

| 课程章节 | 重要的课程思政元素 | 相关联的专业知识或教学案例 | 所属思政维度 |
|---|---|---|---|
| | 劫行为是否构罪的理论争议入手，阐释我国刑法宽严相济的刑事政策以及对未成年人犯罪以教育为主、惩罚为辅的司法方针，体现出刑法谦抑人道的侧面，增强学生对社会主义法治的认同。<br>3. 在挪用型侵财犯罪的讲授过程中，可以结合监察全覆盖的监察体制改革内容，彰显我国反腐倡廉的坚定决心，增强学生建设中国特色社会主义事业的信心。<br>4. 在毁坏型侵财犯罪的讲授过程中，应当体现国家对不同性质经济主体的平等保护，突出刑法在维护社会生产经营秩序方面的重要作用 | | |
| 第十讲　侵犯财产罪(二) | 1. “刑法学分论”课程不仅要培养学生解释刑法和运用刑法的技术，还要培养学生的中国特色社会主义法治理论素养和情怀。应以马克思主义为指导，使学生信服并接受蕴含于刑法中的“公平、公正”等价值理念，实现思政课程显性教育和隐性教育的有机结合。<br>2. 可以通过部分典型案例切入，可从盗窃罪的类型完善以及法定刑的轻缓化等立法变化角度，揭示我国刑事法治在保障公民财产权益、积极回应社会需求、贯彻落实人人平等、重视强调罪刑均衡等方面的重要作用，使得学生真切体会“让人民群众在每一个司法案件中感受到公平正义”的深刻含义，从而激发其爱国爱家的深厚情怀，增强课堂的育人效果 | 1. 叶某言、叶某语等盗窃案；<br>2. 叶某红等放火案 | 法治意识、财产安全 |

续表

| 课程章节 | 重要的课程思政元素 | 相关联的专业知识或教学案例 | 所属思政维度 |
|---|---|---|---|
| 第十一讲 侵犯财产罪(三) | 1.“刑法学分论”不仅是一门关于判断罪与非罪、此罪与彼罪以及刑罚裁量的精细的技术课程,还应探索犯罪与刑罚背后的人性因素。对于学生,所给予的引导不能仅限于专业知识的传授,还应包含对人生价值的思索和对社会、对国家的深切关注。<br>2. 应阐释刑法作为保障法在维护社会秩序、保障基本权益方面的针对性、限缩性和功能性,展现宽严相济的刑事政策和谦抑人道的刑法精神。<br>3. 可以结合典型案例,教育学生树立正确的人生观、价值观,使学生自觉排斥“拜金思想”,爱国敬业、诚信友善,厚植社会主义核心价值观,应将法学教育和立德树人紧密结合起来 | 1. 林某明等敲诈勒索案;<br>2. 偷换二维码案 | 集体主义、国家利益、公共财产 |
| 第十二讲 妨害社会管理秩序罪(一) | 1. 妨害社会管理秩序罪,是指妨害国家机关对日常社会生活的管理活动,破坏社会秩序,达到严重程度,依法应当受到刑罚处罚的行为。平稳良好的社会秩序以及国家对社会的有效管理,是开展其他各项事业的基础和保证,也是国家赖以存在和发展的前提条件。<br>2. 在寻衅滋事罪的教学中,应从刑法基本原则出发,引导学生把握刑法安定性与灵活性之间的关系。<br>3. 在组织、领导、参加黑社会性质组织罪的教学中,应启发学生思考黑社会性质组织与其他组织的联系与区别,并积极展 | 1. 周某宝妨害公务案;<br>2. 俞某扰乱公共场所秩序案 | 秩序安全、集体观念、法治意识 |

续表

| 课程章节 | 重要的课程思政元素 | 相关联的专业知识或教学案例 | 所属思政维度 |
| --- | --- | --- | --- |
| | 现我国扫黑除恶斗争的显著成果,让学生切实体会到刑法在打击震慑黑恶势力犯罪过程中的巨大威力。<br>4. 同时,充分阐释扫黑除恶专项斗争的重大现实意义和历史意义,使学生深刻理解扫黑除恶对社会主义事业建设和人民群众幸福生活的重要意义,体现刑法在夯实建设更高水平的平安中国,进一步保障人民安居乐业、社会安定有序、国家长治久安方面的重要作用 | | |
| 第十三讲 妨害社会管理秩序罪(二) | 1. 在妨害司法类犯罪的讲授过程中,应结合我国新时期社会主义法治建设的本质特征、价值功能、内在要求、基本原则、发展方向等进行讲解,阐明刑法在维护司法秩序、巩固社会主义法治方面的重要作用,激发学生的使命感、责任感、荣誉感。<br>2. 在环境污染类犯罪的教学过程中,结合习近平生态文明思想,使学生充分理解生态环境保护的重要意义。从刑法修正案着手,突出刑法在保护环境、维护生态安全方面的积极努力和重要作用。此外,通过分析新时期生态环境保护的新举措和新成就,帮助学生树立保护生态环境必须依靠制度、依靠法治的内在思想 | 1. 孙某某伪证案;<br>2. 孟某超医疗事故案 | 司法安全、医疗安全 |

续表

| 课程章节 | 重要的课程思政元素 | 相关联的专业知识或教学案例 | 所属思政维度 |
|---|---|---|---|
| 第十四讲 妨害社会管理秩序罪(三) | 1. 毒品犯罪社会危害性大，极易造成对社会秩序的破坏，是我国重点打击的犯罪。在我国最高法定刑为死刑的罪名中，走私、贩卖、运输、制造毒品罪的死刑适用率排名前列。在走私、贩卖、运输、制造毒品罪的教学中，可以从运输毒品罪的既遂标准，走私、贩卖、运输、制造毒品罪与非法持有毒品罪的关系等方面开展教学。<br>2. 毒品犯罪的教学应当加强思政内容的融入，可结合晚清时期鸦片曾经带给中国人民的巨大侮辱和国人反抗斗争等史实，提高学生对毒品危害的认识，进而延伸到新中国成立后在党的领导下所取得的禁毒成就，辩证看待当前国内毒品犯罪的发展情势。<br>3. 从禁毒问题出发，展现我国作为一个负责任的大国在国际事务中的重要地位和突出贡献，深刻领悟习近平总书记“构建人类命运共同体”的重要讲话精神 | 1. 佟某非法持有毒品案；<br>2. 唐某珍运输毒品案 | 防止毒品危害、人民利益至上 |
| 第十五讲 危害国防利益罪概述、贪污贿赂罪概述 | 1. 以习近平新时代中国特色社会主义思想为指导，深入贯彻习近平强军思想，通过讲授危害国防利益罪，启发学生维护国防利益和军人军属合法权益，为实现党在新时代的强军目标提供支持。<br>2. 贪污贿赂罪，是指国家工作人员实施的贪污、受贿，或者国有单位实施的受贿、私分国有资产等侵犯国家廉政建设制度，以及其他人员或单位实施 | 1. 李某英贪污受贿案；<br>2. 陈某杰等贪污案 | 国防安全、预防腐败 |

续表

| 课程章节 | 重要的课程思政元素 | 相关联的专业知识或教学案例 | 所属思政维度 |
| --- | --- | --- | --- |
| | 的与受贿具有对向性的情节严重的行为。可以通过重大典型案例的剖析、监察体制改革、刑法修改演进等角度,向学生阐释反腐倡廉的极端重要性,展现党的十八大以来反腐败斗争所取得的伟大成就,体现出我党自我净化、自我完善、自我革新、自我提高的能力,永不动摇的信仰,永不脱离群众的优良政治品质。<br>3. 可以将反“四风”、群众路线、中央八项规定等反腐败措施的理论依据同刑法相关条文的解释理解相结合,使学生对反腐倡廉具有更加真切深刻的体会,树立学生正确的世界观、人生观、价值观,使学生建立良好的政治思想品德,培养其勇于担当的历史责任感和使命感 | | |
| 第十六讲　渎职罪、军人违反职责罪概述 | 1. 渎职罪的讲授,可从国家治理体系现代化和治理能力现代化切入,深刻阐释打击治理渎职犯罪的重要意义,可从有法可依、有法必依、执法必严、违法必究的法治精神着手,明确打击治理渎职犯罪的内在逻辑,可从典型案例的讲解,彰显我国在打击治理渎职犯罪方面的重要成就,培养学生的道路自信、文化自信。<br>2. 通过军人违反职责罪的讲授,深刻阐释打击军人违反职责罪的重要意义,培养学生严守法纪的自觉性,维护国家军事利益 | 1. 崔某某环境监管失职案;<br>2. 李某鹏、李某南玩忽职守案 | 职责意识、军事安全 |

（卢有学、贾健）

# “民法学”课程思政教学指南

## 一、“民法学”课程简介

1. 面向对象：本课程面向西南政法大学全体学生开设。

2. 开设目的：在民法学理论学习的基础上融入习近平新时代中国特色社会主义思想与社会主义核心价值观，将民法学的专业学习和思想政治教育相结合，帮助学生掌握《民法典》的核心内容，引导学生深入社会实践、关注现实问题，培育学生经世济民、诚信服务、德法兼修的职业素养。

3. 主要内容：《民法典》是新时代我国社会主义法治建设的重大成就。本课程将以《民法典》为基础，将“民法学”教学章节的核心知识点与习近平新时代中国特色社会主义思想有机融合，点拨和讲授民事法律规定当中最能够引起正向道德共鸣、最能够促进社会法治建设的教学案例和专业知识。帮助学生开阔视野、坚定立场，寓教于政。

4. 课程特色：《民法典》中蕴含着丰富的思想政治教育资源，是开展思想政治教育的绝佳载体。本课程将“民法学”专业课程思政与思政课程同向同行推进，协同实现全过程全方位育人目标，在“民法学”专业课程教学环节和教学设计中有意识、有目的地融入思政教育，使学科知识与思想政治教育之间交叉融合，从而构建和创造新的知识生长点，使学生所接受的民法知识内涵更加丰富。

## 二、教学目标与教学内容

### （一）教学目标

1. 知识目标：在知识层面上，使学生理解《民法典》总则编及各分编的核心制度和基本原则的内涵和表现。

2. 价值目标：在思政层面上，帮助学生掌握平等、自由、和谐、文明等社会主义核心价值观，情势变更原则，产业转型等重要热点的重要内容，将其同民法的基本原则相结合，使学生理解社会主义核心价值观、新发展理念、家风建设等重要内容在司法实践当中的重要意义。使学生认同中国特色社会主义法治体系所蕴含的价值及其所主张的意识形态，培养社会主义的法治人才。

3. 能力目标：在专业层面，通过案例教学的模式引导学生从思政角度深入理解和体会《民法典》的基本原则和重要规定，培养学生运用理论与实践相结合的思维，在法治语境中提高学生的政治素养。

### （二）教学内容

1. 设计思路：包括：（1）结合《民法典》梳理并讲授民法学教材知识点。通过《民法典》总则编及各分编基本规定的阐述及相关知识点的讲解，为后面分析每一原则同思政的关联结合打下知识基础。（2）通过案例教学具体分析每一原则同思政的结合之处。在明确《民法典》总则编与各分编法律规范基本内涵的基础上，通过民法学专业知识与思政的结合，将理论融入身边鲜活的时事中，激发学生的学习兴趣。通过教学案例引出对于思政的相应内容的介绍，为二者之间搭起桥梁，分析二者之间的结合关联。（3）组织学生们讨论每一原则与时政热点相结合的其他体现。在前述流程的基础上，为进一步提高学生们的法学素养和思政素养，可以组织课堂讨论，即讨论是否还存在上述例子以外的学科知识与思政相结合的体现。

2. 教学重难点及对重难点的处理。

（1）教学重点。

梳理民法基本原则的基本内涵和民法基本原则与思政的关联性。教学过程中既要讲清《民法典》总则编与各分编的体系关联和民法学科理论知识，也要分析上述内容与思政的关联性，通过对思政的考察分析让学生从民法规定中理解社会主义核心价值观的要义，从而丰富教学内容，提高学生学习的积极性。

（2）教学难点。

教学难点主要体现在如何将民法的基本原则同思政相结合。民法的基本原则是集中反映民法之社会与经济基础，贯穿于民事立法、司法、守法以及民法学研究始终,具有普遍适用效力和衡平作用的指导思想和基本准则,是高度抽象的民事行为规范和价值判断准则,是民法精神实质之所在。正是因为如此,民法的基本原则本身具有高度的抽象性,在教学过程中如何将其同时政热点结合起来,引导学生进行联系性的思考,是教学中的一大难点。对此,可以通过针对性制作微课件、搜集关联案例,以案说法、以案思政,以达到更好的融合教学效果。

## 三、课程思政教学方法与评价方式

### (一)课程思政教学方法

1. 嵌入式教学:在传授专业知识的过程中,将思政教育嵌入专业知识的教学过程中,使思政教育与专业知识相互整合、相得益彰。

2. 翻转式课堂:通过鼓励和引导学生自觉收集和探究《民法学》教材中的热门时政与思政内容,调动学生对课程进行自主学习,培养学生的适应性学习能力,调动学生自我学习的积极性。

3. 案例分析教学:通过展开关联案例讲解的方式引导学生转换视角,使学生全方位体会专业理论知识与思政教育的关联。

### (二)课程思政评价方式

1. 课堂反馈:通过课堂互动式问答的方式考查学生对于课堂内容的吸收程度,通过设问引导学生主动思考。

2. 课后作业:通过针对性地布置专题作业来检验学生对于所讲授内容的理解程度,激发学生自主学习的能力。

## 四、课程思政教学资源及研究开发

立足于《民法典》的核心内容与指定教材,溯源马克思主义法学理论,凝结中华优秀传统文化,结合《民法学》教材内容中能够突出时代主题、彰显时代法治精神的元素,针对性地展开分析讲解,并由浅入深采用通俗易懂的方式结合案例教学的形式让学生深刻体会民法中的公序良俗、家国情怀和正向价值观。

## 五、教学实例

### （一）教学实例一：《民法典》总则编中的社会主义核心价值观

《民法典》第1条明确了立法目的，即“为了保护民事主体的合法权益，调整民事关系，维护社会和经济秩序，适应中国特色社会主义发展要求，弘扬社会主义核心价值观，根据宪法，制定本法”。弘扬社会主义核心价值观成为《民法典》立法目的之一，这也是在我国社会主义立法史上的一个创举。在“法典”名义的立法中，这是第一次，体现了坚持依法治国和以德治国相结合的鲜明中国特色。

### （二）教学实例二：诚实信用

《民法典》合同编充分体现契约自由、诚实守信。合同是进行市场交易的主要形式，是民事主体实现意思自治的重要工具，是优化营商环境的重要方式，是促进社会主义市场经济健康有序发展的重要保障，更是推进国家治理体系和治理能力现代化的重要手段。《民法典》合同编结合我国实际，在《合同法》规定的15类合同的基础上增加了保证合同、合伙合同、保理合同和物业服务合同。坚持合同自愿，兼顾公平、诚信、生态环境保护等多元价值。

### （三）教学实例三：以人为本

《民法典》人格权编坚持以人为本，尊重人格尊严。人格权独立成编彰显了新时代对人格权的重视，突出对人的生命权、健康权、名誉权、隐私权、个人信息等重要权益的保护；同时规定人体基因、人体胚胎等研究活动不得危害人体健康、违背伦理道德等内容，强调对人的尊严和人的自由要充分尊重和保护，维护每个中国人向往美好生活的权利。

## 六、“民法学”课程思政元素总览表

| 课程章节 | 重要的课程思政元素 | 相关联的专业知识或教学案例 | 所属思政维度 |
|---|---|---|---|
| 第一章　民法概述 | 1. 中国共产党的根本宗旨是全心全意为人民服务；<br>2 社会主义市场经济是法治经济，以及市场经济在中国的发展历程 | 1. 回顾中国《民法典》的编纂历史，凸显中国共产党领导的作用；阐释《民法典》编纂中以人民利益为中心的指导思想。<br>2. 从民法是市场经济的基本法的角度进行分析 | 政治认同、宪法法治意识、情感维度、知识维度 |
| 第二章　民法基本原则 | 1. 中国式现代化是全体人民共同富裕的现代化，并回顾包括脱贫攻坚战、全面建成小康社会在内的历史性成就；<br>2. 践行绿水青山就是金山银山的理念，加强生态环境保护，建设美丽中国；<br>3. “诚信”是中华民族的传统美德之一，是社会主义核心价值观个人维度的内容之一 | 1. 聚焦“共同”二字，主要讲述民法的平等原则。<br>2. 主要讲解民法的绿色原则。<br>3. 主要讲解民法的诚实信用原则 | 情感维度、知识维度 |
| 第三章　民事法律关系 | 推进全面依法治国的根本目的是依法保障人民权益 | 讲解权利的概念，“权利”和“权益”的异同，让学生对《民法典》保障人民权利的价值、对法治的根本目的有更清醒的认识 | 知识维度、能力维度 |
| 第四章　自然人 | 尊老爱幼、助残扶弱是中华民族传统美德 | 从监护制度切入，分析监护制度的文化与社会基础 | 情感维度、知识维度、能力维度 |
| 第五章　法人 | 2023 年 7 月，中共中央、国务院印发了《关于促进民营经济发展壮大的意见》 | 在讲解营利法人、私营企业法人的概念时，延伸分析其在中国经济社会发展中的重要地位和作用 | 知识维度、能力维度 |

续表

| 课程章节 | 重要的课程思政元素 | 相关联的专业知识或教学案例 | 所属思政维度 |
|---|---|---|---|
| 第六章　非法人组织 | 小微企业存续问题 | 非法人组织的分类 | 知识维度、能力维度 |
| 第七章　民事法律行为 | 1. 社会主义核心价值观之自由；<br>2. 社会主义市场经济体制；<br>3. 社会主义核心价值观之诚信 | 1. 民法基本原则中的意思自治原则以及诚实信用原则。<br>2. 权利不得滥用原则。<br>3. 民事权利的救济——民事责任以及侵权责任编相关知识点 | 情感维度、知识维度、能力维度 |
| 第八章　代理 | 1. 社会主义核心价值观之自由；<br>2. 禁止代理人和被代理人恶意串通损害国家社会公共利益；<br>3. 时效制度符合道德精神，推动法治与德治相结合 | 1. 民法基本原则中的意思自治原则、诚实信用原则、公序良俗原则。<br>2. 权利推定的相关知识点 | 情感维度、知识维度、能力维度 |
| 第九章　时效和期间 | 1. 社会主义核心价值观之平等、公正；<br>2. 及时行使权利，维护社会公共利益和社会秩序安定 | 1. 诉讼时效的中止。<br>教学案例：陈某桦诉林某英民间借贷纠纷案。<br>2. 诉讼时效中断。<br>教学案例：陈某霞诉牛某中民间借贷纠纷案 | 情感维度、知识维度、能力维度 |
| 第十章　人格权总论 | 1. 以人民为中心的发展思想；<br>2. 人文情怀（人的尊严和基本人权，人的生存、发展和幸福）；<br>3. 传统伦理道德；<br>4. 社会主义核心价值观（文明、和谐） | 1. 人格权独立成编，体现出我国人格权立法秉持以人格尊严为中心的价值理念，构建起完整的人格权规则和制度体系。<br>2. 人格权的内容和人格权的民法保护，体现出社会公序良俗和对人格利益的保护。<br>3. 死者人格利益的保护，是社会主义核心价值观在民法中的体现，有助于维护良好社会风尚，树立文明价值观，促进社会进步 | 宪法法治意识、情感维度、知识维度、能力维度 |

续表

| 课程章节 | 重要的课程思政元素 | 相关联的专业知识或教学案例 | 所属思政维度 |
|---|---|---|---|
| 第十一章　一般人格权 | 1. 以人民为中心，党的二十大报告指出，必须坚持人民至上；<br>2. 死者人格利益保护与中华优秀传统文化和美德一脉相承；<br>3. 英雄烈士名誉及近亲属利益的保护 | 死者人格利益保护。<br>教学案例：祭奠人格利益保护及精神损害赔偿之司法认定——杨某平诉杨甲华、杨乙华人格权案 | 政治认同、宪法法治意识、情感维度、知识维度、能力维度 |
| 第十二章　具体人格权 | 1. 以人民为中心；<br>2. 大数据时代个人信息权益的保护；<br>3. 禁止人体器官买卖，维护生命伦理 | 个人信息保护。<br>教学案例：人脸识别第一案 | 情感维度、知识维度、能力维度 |
| 第十三章　物权总论 | 1. 社会主义核心价值观之文明；<br>2.《民法典》的中国特色；<br>3. 立足中国实际；<br>4. 坚定“四个自信”；<br>5. 新发展理念、可持续发展观、绿水青山就是金山银山 | 1. 物权编基本原则与民法基本原则的关系。物权编所体现的民法的基本原则与社会主义核心价值观是一致的，能体现我国《民法典》的中国特色。<br>2. 我国在基于法律行为的物权变动中的形式主义立足我国实际，为我国的基本经济制度服务。<br>3. 坚定“四个自信”。加强对具有我国本土特色的物权变动的区分原则的关注。<br>4. 物权编体现物尽其用的基本思想。符合社会主义核心价值观之文明、新发展理念、可持续发展观、绿水青山就是金山银山的观念 | 政治认同、宪法法治意识、情感维度、知识维度、能力维度 |
| 第十四章　所有权 | 1. 以人为本、以人民为中心；<br>2. 践行文明、和谐、平等、友善等社会主义核心价值观； | 1. 国家所有权、集体所有权和私人所有权的平等保护原则。平等保护物权原则是民法平等原则在物权编中的具体化。 | 情感维度、知识维度、能力维度 |

续表

| 课程章节 | 重要的课程思政元素 | 相关联的专业知识或教学案例 | 所属思政维度 |
| --- | --- | --- | --- |
| | 3. 对中华优秀传统文化的吸收与传承,如中华民族拾金不昧的道德传统 | 2. 不动产相邻关系。分享清代“六尺巷”的故事,让学生从故事中感受邻里相处之道。树立互帮互助、互谅互让的良好道德风尚。<br>3.《民法典》中有关所有权取得的法律制度规定,在拾得遗失物时必须将遗失物交还给失主 | |
| 第十五章　用益物权 | 1. 坚定“四个自信”;<br>2. 贯彻合同自由;<br>3. 坚持以人为本、以人民为中心;<br>4. 鲜明的中国特色、实践特色和时代特色;<br>5. 脱贫攻坚(全面小康、共同富裕、城乡差距);<br>6. 以史为鉴、关注中华优秀传统文化 | 1. 农村土地“三权分置”制度、农村集体经济组织的法律地位。加强对具有我国本土特色的物权变动的区分原则的关注与探讨,坚定“四个自信”。<br>2. “三权分置”凸显了社会主义制度的优越性,体现了改革创新的时代精神。<br>3. 物权编中的居住权制度有利于维护社会稳定、充分保障民生。<br>4. 如建设用地使用权制度是符合我国历史的,与我国的传统文化和国情现状是一致的。<br>5. 了解我国乡村振兴战略中的农村土地制度的改革,了解我们的党和国家为实现全民脱贫致富付出的努力和作出的改革 | 政治认同、宪法法治意识、情感维度、知识维度、能力维度 |
| 第十六章　担保物权 | 1. 坚持与时俱进;<br>2. 坚定“四个自信”;<br>3. 促进市场经济发展 | 《民法典》中的担保制度为社会主义市场经济的发展提供了强有力的支撑。在社会主义市场经济体制下,法律在坚持和完善社会主义基本经济制度、推动经济高质量发展方面坚持与时俱进。我国《民法典》将非典型担保引入立法中,为金融交易提供了更加广泛的担保手段 | 情感维度、知识维度、能力维度 |

续表

| 课程章节 | 重要的课程思政元素 | 相关联的专业知识或教学案例 | 所属思政维度 |
| --- | --- | --- | --- |
| 第十七章 占有 | 1. 维系社会秩序;<br>2. 保护交易安全 | 1. 通过赋予占有以权利推定的效力,来维系社会秩序与和平。<br>2. 动产善意取得制度体现占有保护交易安全的功能 | 知识维度、能力维度 |
| 第十八章 债与合同的一般原理 | 1. 强化平等意识;<br>2. 市场在资源配置中起决定性作用,构建高水平社会主义市场经济体制 | 债是权利人与义务人之间的法律约束关系。债权关系作为调解经济活动的法律手段在社会主义市场经济体制中发挥着重要作用 | 情感维度、知识维度、能力维度 |
| 第十九章 合同的订立 | 1. 社会主义核心价值观之自由(契约自由);<br>2. 有效市场与有为政府;<br>3. 营商环境法治优化 | 1. 合同具有法律约束力的前提包括合同当事人必须表明同意受合同拘束,并且该合意明确具体足以强制执行。<br>2. 交易当事人只有根据自己的利益需要,依自己的真实意愿进行交易,才能真正达到"共赢",实现资源的优化配置。<br>3. 有效市场与有为政府需要各类经济活动中的各类合同共同构建 | 知识维度、能力维度 |
| 第二十章 债的履行 | 1. 社会主义核心价值观之诚信;<br>2. 传统契约精神助力社会诚信体系建设;<br>3. 社会主义核心价值观之平等、公正(情势变更) | 1. 合同规则的核心精神——契约精神,包括契约自由、契约平等、契约信守等精神内涵,与我国倡导的社会主义核心价值观的基本内容不谋而合。<br>2. 合同解释不得违反诚实信用原则。<br>3. 情势变更突破了合同严守规则,追求的价值目标是公平与公正 | 情感维度、知识维度、能力维度 |

续表

| 课程章节 | 重要的课程思政元素 | 相关联的专业知识或教学案例 | 所属思政维度 |
|---|---|---|---|
| 第二十一章 债务不履行及其救济 | 1. 树立规则意识、法治意识与责任意识；<br>2. 坚持在法治轨道上推进国家治理体系和治理能力现代化 | 在市场经济中，合同当事人必须遵守、履行其自愿订立的合同，这是法治社会的应有之义 | 知识维度、能力维度 |
| 第二十二章 合同的保全 | 构建社会主义和谐社会 | 债权人的代位权与撤销权是法律为了保护债权人利益，避免权利人财产遭受损失而规定的制度，该制度有利于公民通过法律手段维护个人利益，化解矛盾与纠纷，助力和谐社会建设 | 知识维度、能力维度 |
| 第二十三章 合同的变更和转让 | 1. 第三人的利益保护与社会主义市场经济下的交易安全；<br>2. 买卖不破租赁对住房权益的保障 | 1. 债权让与和债务承担中的第三人保护。<br>2. 债的概括转移 | 知识维度、能力维度 |
| 第二十四章 合同的权利义务终止 | 1. 社会主义核心价值观之诚信；<br>2. 市场经济秩序 | 合同的权利义务终止 | 情感维度、知识维度、能力维度 |
| 第二十五章 典型合同 | 1. 消费者权益保护；<br>2. 社会公益、道德义务性质的赠与合同的撤销问题；<br>3. 养老问题；<br>4. 弘扬友善的社会主义核心价值观；<br>5. 居民住房保障；<br>6. 弱势群体保护；<br>7. 社区建设；<br>8. 债权人保护 | 1. 买卖合同。<br>2. 赠与合同的任意撤销。<br>3. 赠与合同的法定撤销。<br>4. 自然人之间的借贷。<br>5. 承租人的优先权。<br>6. 建设工程价款优先权。<br>7. 物业服务合同。<br>8. 担保合同 | 知识维度、能力维度 |
| 第二十六章 准合同 | 1. 社会主义核心价值观；<br>2. 乐于助人的优良传统；<br>3. 社会公平 | 1. 无因管理。<br>2. 不当得利 | 情感维度、知识维度、能力维度 |

续表

| 课程章节 | 重要的课程思政元素 | 相关联的专业知识或教学案例 | 所属思政维度 |
| --- | --- | --- | --- |
| 第二十七章 婚姻家庭法概述 | 1. 婚姻自由；<br>2. 一夫一妻制；<br>3. 弱势群体保护 | 1. 婚姻自由包括结婚自由和离婚自由。<br>2. 禁止重婚，禁止有配偶者与他人同居。<br>3. 强调保护妇女、未成年人、老年人、残疾人的合法权益是为了维护其合法权益，实现法律公正，这也反映了社会主义制度的优越性。《民法典》还规定：“禁止家庭暴力。禁止家庭成员间的虐待和遗弃。” | 情感维度、知识维度、能力维度 |
| 第二十八章 结婚 | 1. 意思自治原则；<br>2. 公序良俗；<br>3. 社会主义核心价值观之诚信 | 1.《民法典》：“实行婚姻自由、一夫一妻、男女平等的婚姻制度。”“结婚应当男女双方完全自愿，禁止任何一方对另一方加以强迫，禁止任何组织或者个人加以干涉。”“结婚年龄，男不得早于二十二周岁，女不得早于二十周岁。”<br>2.《民法典》规定：“直系血亲或者三代以内的旁系血亲禁止结婚。”这直接体现了人伦正义思想和公序良俗精神。<br>3.《民法典》规定，一方患有重大疾病未如实告知的，另一方可撤销婚姻。这体现了人际诚信和人本秩序的核心法理思想 | 情感维度、知识维度、能力维度 |
| 第二十九章 家庭关系 | 1. 诚信夫妻关系；<br>2. 互爱家庭观；<br>3. 家风建设 | 夫妻双方应当互相忠诚，互相尊重，互相关爱；家庭成员应当敬老爱幼，互相帮助，维护平等、和睦、文明的婚姻家庭关系。这是婚姻家庭法律的伦理属性要求，也有利于维护社会和谐稳定 | 情感维度、知识维度、能力维度 |

续表

| 课程章节 | 重要的课程思政元素 | 相关联的专业知识或教学案例 | 所属思政维度 |
| --- | --- | --- | --- |
| 第三十章 离婚 | 婚姻自由 | “离婚冷静期”反映了新中国离婚立法一贯坚持的指导思想：“保障离婚自由、反对轻率离婚。” | 情感维度、知识维度、能力维度 |
| 第三十一章 收养 | 1. 平等原则；<br>2. 社会主义核心价值观之自由；<br>3. 和谐亲子关系 | 1. 养子女和婚生子女的身份、地位相同，享有与婚生子女相同的权利与义务。<br>2. 养子女可以保留原姓氏，也可以随养父或者养母的姓氏。这不仅体现了男女平等，还有利于增进养子女和养父母之间的感情，有利于家庭稳定和谐 | 情感维度、知识维度、能力维度 |
| 第三十二章 继承制度概述 | 1. 传统美德及家庭伦理；<br>2. 社会主义核心价值观（自由、和谐、法治）；<br>3. 家风建设（仁爱、诚信、和谐、友善）；<br>4. 社会公义和人伦道德 | 1. 国家突出对公民合法私有财产的保护，对于被继承人遗嘱自由的尊重，以及对传统美德和家庭伦理的维持。<br>2. 法定继承、遗嘱继承和遗赠扶养协议的适用顺序突出对民事主体意思自治的尊重，同时对遗嘱自由划定合理边界，体现社会主义核心价值观之自由、法治。<br>3. 继承的放弃和遗赠的接受或放弃体现法律对权利人自由意志的尊重。<br>4. 继承权丧失与恢复维持社会公义和人伦道德，避免继承秩序混乱，保障遗嘱自由，同时体现社会公平正义的底线要求 | 情感维度、知识维度、能力维度 |
| 第三十三章 法定继承 | 1. 保护妇女权益；<br>2. 传统美德和家庭伦理观念（孝道）；<br>3. 社会主义核心价值观（法治） | 1. 继承权男女平等突出平等保护女性合法权益，防止封建陋习限制、剥夺女性继承权，降低女性社会地位。 | 情感维度、知识维度、能力维度 |

续表

| 课程章节 | 重要的课程思政元素 | 相关联的专业知识或教学案例 | 所属思政维度 |
|---|---|---|---|
| | | 2. 法定继承人的范围与顺序体现在传统儒家孝道的基础上，法律作出的政策判断和价值选择。<br>3. 赋予对公婆或岳父母尽了主要赡养义务的丧偶儿媳、女婿第一顺位继承人资格，弘扬了中华民族养老育幼、照顾病残的传统美德和社会主义核心价值观，同时体现权利义务对等原则 | |
| 第三十四章 遗嘱继承、遗赠及遗嘱信托 | 1. 保护弱势群体；<br>2. 社会主义核心价值观之自由、平等；<br>3. 保护私有财产权 | 1. 必继份体现对缺乏劳动能力又没有生活来源的继承人的保护，立法保护其基本生存权益，体现现代民法保护弱者利益原则的要求。<br>2. 遗嘱的撤回和变更体现尊重个人自由的价值取向。<br>3. 附义务的遗嘱继承和遗赠充分实现当事人意思自由，保护私有财产权 | 情感维度、知识维度、能力维度 |
| 第三十五章 遗产的处理 | 1. 社会主义核心价值观之和谐；<br>2. 家风建设（仁爱、诚信、和谐、友善） | 1. 根据权责利一致原则，赋予遗产管理人报酬请求权，同时形成正向激励，导人向善。<br>2. 继承开始的通知规定通知义务人及通知要求（及时通知），有助于弘扬家风建设之诚信、和谐 | 情感维度、知识维度、能力维度 |
| 第三十六章 侵权责任法概述 | 1. 人文关怀精神；<br>2. “以人为本”的理念；<br>3. 有助于全民普法，推动法治社会建设 | 1. 侵权责任的功能。<br>2. 侵权责任单独成编的意义。<br>3. 侵权责任编的实践运用 | 情感维度、知识维度、能力维度 |

续表

| 课程章节 | 重要的课程思政元素 | 相关联的专业知识或教学案例 | 所属思政维度 |
| --- | --- | --- | --- |
| 第三十七章 侵权责任的构成 | 1. 社会主义核心价值观之公正；<br>2. “让司法有力量、有是非、有温度”的新理念；<br>3. 自然正义的彰显 | 1. 公平分担损失规则。教学案例：(1)私自上树摘杨梅坠亡案。(2)医生电梯内劝阻吸烟案。<br>2. 不可抗力抗辩事由。<br>3. 私力救济行为 | 情感维度、知识维度、能力维度 |
| 第三十八章 侵权责任方式 | 1. 社会主义核心价值观之平等；<br>2. 充分保障人民权利，坚持法治为了人民；<br>3. 保护环境基本公德 | 1. 对“同命同价规则”适用的探讨。<br>2. 精神损害赔偿的适用范围。<br>3. 惩罚性赔偿的适用范围。<br>教学案例：公益诉讼起诉人浮梁县人民检察院与被告浙江海蓝化工集团有限公司环境污染民事公益诉讼一案 | 情感维度、知识维度、能力维度 |
| 第三十九章 共同侵权责任 | 1. 社会主义核心价值观之公正；<br>2. 诚实守法 | 1. 共同侵权中的连带责任。<br>2. 共同危险行为无法确定具体侵权人时的责任承担 | 情感维度、知识维度、能力维度 |
| 第四十章　特殊的侵权责任 | 1.《民法典》对数字文明的回应；<br>2. 社会主义核心价值观之敬业；<br>3. 弱势群体保护：保护未成年人在校安全；<br>4. 社会主义核心价值观之文明，重视人与自然的和谐关系；<br>5. 社会主义核心价值观之友善；<br>6. 公共安全与公共道德；<br>7. 工匠精神；<br>8. 家训家风 | 1. 网络侵权责任。<br>教学案例：美宜佳控股有限公司与常州斯设电子科技有限公司、朱某、北京百度网讯科技有限公司侵害商标权纠纷案。<br>2. 对医疗机构紧急救治权、不得过度诊疗等的规定。<br>3. 教育机构侵权责任的承担。<br>4. 环境污染和生态破坏责任。<br>5.“好意搭乘”发生交通事故时驾驶人减责。<br>6. 物件致人损害侵权责任。<br>7. 产品责任中生产者对外承担无过错责任。<br>8. 监护人责任 | 知识维度、能力维度 |

（谭启平、黄忠）

# “民法学(一)(总论)”课程思政教学指南

## 一、“民法学(一)(总论)”课程简介

### (一)面向对象与开设目的

本课程是重庆市课程思政示范课程,是“民法学”课程中以民法(典)总则(编)为基本教学内容的课程首位阶段,计 4 学分 64 学时,面向本科学生,于大一下学期开设。课程上承“法理学”“习近平法治思想概论”等前导课程,为学生后续学习“民法学(二)”“民法学(三)”等其他民商法课程奠定认知背景与理论基础。课程立足本校办学定位和人才培养要求,旨在培养善于体系思维、富有实践精神、饱含家国情怀的高素质卓越法治人才。

### (二)主要内容

课程讲授围绕《民法典》总则编的内容具体展开,包括:导论、民法概述、民法基本原则、民事法律关系、自然人、法人、非法人组织、民事法律行为代理、时效与期间、民法的适用、人格权等。

### (三)课程特色

本课程遵循成果导向教育(OBE)理念,通过民法体系与价值诱导下的学生认知建构性学习与情景体验性学习,促进学生系统把握民法规则融贯与价值融贯属性的自我动机(self - motivated)与知行转化能力的早期形成。相关教学设计:通过“穿透—启发教学”将法学理论知识与生活中真实法律问题相连接,强化学生体系思维,锻炼学生解决实际法律问题的思维与能力;寓社会主义核心价值观于指导型案例教学,引导学生在家国场景中领悟—认

同—践行社会主义核心价值观及优秀传统文化的“场景—情境教学”;引导学生提升对学习资源的甄别与运用能力,进行信息化资源分级分类运用训练与自建运行训练;分别聚焦规则融贯、价值融贯能力的“二元任务驱动实训流程”及“二元三阶分布式评价体系”;等等。

## 二、教学目标与教学内容

### (一)教学目标

1. 价值目标

课程推动习近平法治思想、党史学习进课堂、入头脑,引导学生忠诚于中国特色社会主义法治道路和法治体系。课程深挖中国元素、社会主义元素,通过民法典制度创新的阐释、民法典制定历程的讲述与民法典时代意义的剖析,强化学生对“以人民为中心”的社会主义民法精神的理解,使学生进一步坚定“四个自信”。课程使最高人民法院所发布的“弘扬社会主义核心价值观典型案例”全面融入教学计划,引导学生在家国场景中领悟中华优秀传统文化,完成“个人—家人—国人”身份互认互化的法律职业人格塑造。

2. 知识目标

课程穿透民法总论和分论间的知识及教学壁垒,加强学生对规范目的的理解与规范文义的把握,帮助学生养成规范科学之思维方法;引导鼓励学生自建、运行教辅资源库,使其在体验法律人的角色感与责任感的同时,强化对海量信息化资源的甄别选择、理解运用等建构性学习能力,进而能够与时俱进地娴熟运用现代信息技术提升法律知识。

3. 能力目标

课程通过“二元任务驱动实训流程”,聚焦学生“规则融贯”与“价值融贯”两大能力的培养。一方面,课程鼓励学生以项目制学习小组形式参与“挑战杯”“三创”等各类科研训赛;另一方面,课程引导学生参与“三下乡”“民法典宣讲团”“法律援助团”等各类法治公益实践活动,提升青年学生满足人民群众实际需求的法治服务能力与社会责任感。

### (二)教学内容

1. 设计思路

课堂遵循 OBE 能力导向教育理念,通过聚焦民法体系与价值引导下的,学生认知建构性学习与情境体验性学习过程中的系统性优化,全面提升学生体系思维、知行转化与德法兼修能力水平。为后续民商法课程群面向"新文科"建设的改革演化全局创造有利的基础条件。

2. 教学重难点

《民法典》于 2021 年正式施行,对民法的理解适用提出了高水平"规则融贯"(知)、"价值融贯"(情)的能力要求。基于此,课程围绕民法学"体系把握难、知行转化难、德法兼修难"三大教学重难点,通过民法体系与价值诱导下的学生认知建构性学习与情景体验性学习,全面提升学生体系思维、知行转化与德法兼修能力水平。

(1)体系把握难:学生民法"规则融贯"能力训练不足

其一,民法(典)体系广博复杂,生活素材丰富,学生能够快速感知民法知识之形,入手易,但也受限于对民法规范纵横联络机理之实的认知,导致学生在"民法分则"等后续课程的学习中成绩下降。其二,总则与分则课程迁延首尾难顾:总则知识道德化、空洞化;分则学习难以得到总则知识统摄理解——这是最为用人单位诟病的。其三,总则与分则协同适用能力训练欠缺,桎梏学生专业素养形成,催生挫败感,消弭学生的学习兴趣与职业志向。

(2)德法兼修难:学生民法"价值融贯"能力训练不足

传统教学重司法裁判功能揭示,轻"社会主义核心价值观""优良家风"等标志性条款对《民法典》价值融贯功能的揭示,这弱化了学习者的情境(情感)体验与自我动机,重理论学习而轻实训实践使学生在实训环节中趋易避难、趋乐避苦。这导致学生形成脱离家庭、社会与国家场景的利己主义法价值观,嫌贫爱富的民法工具理性,削弱了思政育人效果。

(3)知行转化难:学生面对海量信息化资源时的检索运用能力训练不足

在知识供给侧层面,前期建设积累的线上线下教学资源的利用面临瓶颈:教师疲于资源创新,重创建发布,轻整理归类与使用指导。新旧资源堆叠杂陈,加重民法知识供给侧的碎片化无序化。在知识需求侧层面,面对资源

“海洋”,学生缺乏方向感,信息过载严重,难辨资源良莠。不少学生沉溺于尝鲜猎奇式“学习”,学习完整度低,领悟率差;专业训练被矮化为“追剧”“赏析”,易形成“审美疲劳”,“知行转化”受阻,由此也削弱其对后续法学课程“新文科”改革的接受度。

3. 教学重难点的处理

(1)针对“体系把握难”的教学内容重构

课程团队探索总分融贯的“穿透—启发教学”,优化关于民法规则融贯属性的认知建构性学习条件,培养学生的体系思维。“穿透—启发教学”将法学理论知识与生活中的真实法律问题相链接,通过民法总论抽象基础理论对民法分论具体制度的穿透式关联阐释,突破总论、分论教学传统壁垒,加强分论知识点嵌入总论教学环节的力度。“穿透—启发教学”能够引导学生自主探究总则对分则的统领与补白、分则对总则的具化与续造的方法与规律,锻炼学生解决实际法律问题的思维与能力,为推动总论与分论教学前后融贯,互为翻转课堂创造条件。

(2)针对“德法兼修难”的教学方法改革

其一,聚焦家国场景的思政导向型案例教学。加强最高人民法院所发布的“弘扬社会主义核心价值观典型案例”全面融入教学计划的力度;同时依托央视《法律讲堂》—《民法典的家风家教观》系列节目开展专题案例翻转教学。引导学生置身家庭、社会与国家场景,完成“个人—家人—国人”身份互认互化的法律职业人格塑造。其二,遵循 PBL(Problem - Based Learning)情境式教学,打造“返归情景—辨析情理—诉诸情感—洋溢情趣”的“四情”教学环境。以学生将身边人、身边案改编为情景剧等方式,使其角色化代入问题与冲突拟真情境,诱导其进行情感体验体察,激发其同理心与法治责任感。其三,重视应对社会新风险的预防法学教育。以新时代“枫桥经验”为引,阐释民法应对人工智能、辅助生殖等新风险社会挑战,推进国家治理体系和治理能力现代化的机制原理。其四,针对性延展翻转课堂覆盖,联动“民法精神与社会文明”“民法精神与家庭文明”等课程,打造课程矩阵,反哺“民法学(一)”“价值融贯”目标。

(3)针对“知行转化难”的教学实训匹配

一方面,构建以学生为主体,教师主导,研究生助教、实务导师、年级辅导员、朋辈辅导员辅助的导训—自训共同体。课程团队由研究生助教与实务导师提供专业支撑,由年级辅导员与朋辈辅导员提供管理支撑,共同形成教学人力资源共同体。教学人力资源共同体利用信息化互动平台(课堂派等)在课前发布规划任务与资源导学,在课中开展课堂交互式教学,在课后实现学习效果的即时核验,在“课前—课中—课后”三个环节推动全流程建构式实训化教学,集中训练学生对民法知识体系的理解把握能力,靶向打造学生知识体系向核心能力可持续转化的能力。另一方面,整合“校—社”实践实训平台,围绕“规则融贯”(知)和“价值融贯”(情)两大能力形成任务驱动实训流程。在“规则融贯”方面,指导学生参加“挑战杯”“三创”等各类科研训赛,提升学生的法律理解运用能力与科研能力;在“价值融贯”方面,引导学生参与民法典学生宣讲团、婚姻家庭继承法律咨询公益服务站等公益团队,在公益实践活动中增强学生满足人民群众实际需求的法治实践能力与社会责任感。

## 三、课程思政教学方法与评价方式

### (一)课程思政教学方法

1. 历史融贯式导学法

在教学早期插入我国《民法典》的时代意义:我国民事立法的发展史→党对《民法典》编纂工作的领导→《民法典》编纂体现了全过程人民民主→《民法典》“以人民为中心”的“初心”与“使命”。通过讲述我国《民法典》的立法背景与编纂过程,深化学生对《民法典》编纂史的认知和对全过程人民民主的理解,进而使学生在学习过程中感悟人文关怀与时代特征、理解“以人民为中心”的法治落实路径。

2. 理实融贯式教学法

本课程坚持理论学习与实训实践深度融合。在理论学习方面,一是聚焦总、分规则协同阐释的穿透式教学。在教学环节中,穿透民法总论分论知识及教学壁垒,讲述总论的基本原则等在分论中的落实和体现,加深学生对规范目的的理解与对规范文义的把握。二是为学生编写、发放课程导学手册,使学生学会自主搜集、分析使用数据,强化学生的自主精神,提高学生对海量学习资源进行甄别筛选、理解运用的自主性建构性学习能力。

在实训实践方面，本课程通过引导知行转化的全流程建构式实训化教学，分别建立了“体系思维训练型”与“家国情怀涵养型”实训流程与平台。一方面，构建以学生为主体，教师主导，研究生助教、实务导师、年级辅导员、朋辈辅导员辅助的导训—自训共同体，以项目制学习小组助推学生科研精神与能力的提升；另一方面，整合民法典宣讲团、西南政法大学外国家庭法及妇女理论研究中心、重庆市青少年法治素养家校协同培养基地、现代家庭利益社会多元协同保障创新工作室等“校—社”实践实训平台，以公益服务增进学生的法治实践精神、职业成就感以及经世济民的使命担当和家国情怀，尽早帮助学生形成在法律实务工作中造福人民群众的现实能力。

3. 价值融贯式教学法

聚焦家国场景的思政导向型案例教学。加强最高人民法院发布的“弘扬社会主义核心价值观典型案例”“抓实公正与效率践行社会主义核心价值观典型案例”全面融入教学计划的力度；同时依托央视《法律讲堂》之《民法典的家风家教观》系列节目开展专题案例翻转教学。引导学生置身家庭、社会与国家场景，完成“个人—家人—国人”身份互认互化的法律职业人格塑造。

### （二）课程思政评价方式

1. 成绩比例与分布式评价节点架构

借助信息化平台等技术手段，激活平时成绩评价机制，实现学生自评、项目制学习小组互评、朋辈辅导员与助教评价、实训平台评价，以及社会评价的分布式评价（见图1）。

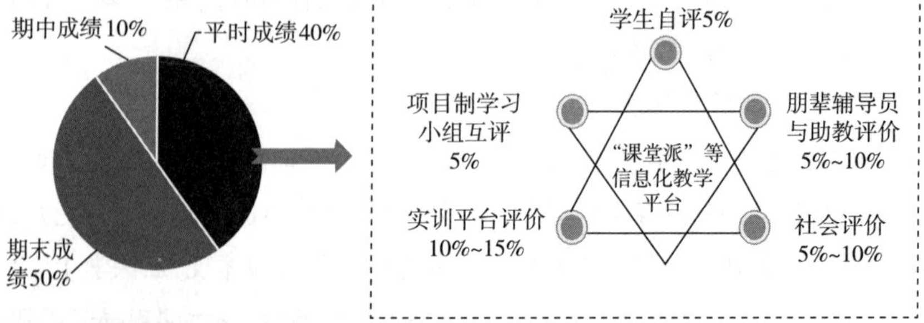


**图1　课程成绩比例与分布式评价节点架构**

2. 二元三阶评价标准体系

(1)针对规则融贯能力的评价标准:聚焦总则与分则条款关联性把握,类案异案检索归类等专业能力评价,主要根据其对初阶—中阶—高阶学习资源的运用熟练程度(尤其是对关键法治数据库的运用能力)作出评价。

(2)针对价值融贯能力的评价标准:聚焦学生参与公益实践、服务社会的知行转化、思政育人效果评价,主要根据学生参与“三创”“挑战杯”“三下乡”“民法典宣讲团”“法律援助团”等各类法治公益实践活动,或自创推广法治情景剧等普法活动的成效作出评价(见表1)。

**表1 “知”“情”二元三阶评价标准及相关成绩占比**

| 三阶 | 规则融贯(60%) | | | 价值融贯(40%) | | |
|---|---|---|---|---|---|---|
| | 总分协同的“法律关系”建构能力 | 规范检索与解释、类案检索与分析能力 | 数据分析工具与学习资源运用能力 | 法治实践精神能力 | 工匠精神能力 | 公益服务能力 |
| 高阶 | 形成融会贯通、总分协同的民法学体系化思维(8%) | 形成案件法律问题综合分析报告,解决法律难题(7%) | 针对系列法律议题,引导学生提升综合利用工具资源的实操能力(7%) | 主动在学习生活中践行为人民服务(5%) | 坚持高标准的学习要求,养成民法体系思维(5%) | 积极投身或带领同学参与社会公益实践(4%) |
| 中阶 | 参与贯穿民法总则、民法分则的案件靶向性分析训练(7%) | 形成图文并茂的可视化案例检索报告,服务类案分析需要(6%) | 掌握各类数据深度分析工具使用方法,研读权威经典案例(6%) | 领悟解决真实法律问题的原理关键(5%) | 针对民法某一具体制度开展持续性研究(5%) | 主动参与学校组织的各项公益服务(4%) |
| 初阶 | 贯通学习和掌握民法总则与各分则知识内容(7%) | 掌握基本的案件检索平台工具使用方法,辅助课程学习(6%) | 充分利用传统书籍、线上课程资源,丰富完善课程内容(6%) | 了解法治实践精神的内涵(4%) | 学习民法学者在《民法典》编纂工作中的典型事迹(4%) | 掌握普法宣讲等公益服务基础方法(4%) |

## 四、课程思政教学资源及研究开发

### （一）课程思政教学资源

1. 课程教学的理论传递资源库

传统教材往往割裂专业知识与思想引领教育。一直以来，教学团队坚持把课堂教育放在人才培养的核心地位和教育教学的基础地位。不仅长期担任"人格权法"等课程的讲师，还结合知识重点和思政教学特点，主编《现代人格权法》教材，发表与人格权相关文章数篇。团队负责人担任《思想与法治教育研究》副主编，有效提升思政教学与专业知识等的融合度，构建从读书到读书听课相结合的思政学习环境。

课程还积极统筹数字学习资源建设，在提升线下课堂教学质量的基础上，通过一流精品资源课（国家级一流本科课程"民法学"、国家级线上线下混合式一流本科课程"民法精神与社会文明"、西南政法大学校级线上课程"数字经济法治概论"等）、民法典宣讲视频、主题讲座视频、学习短视频等各种方式丰富学生的第二课堂。高度注重形式与内容的创新，有系统讲解课程知识体系的基础课程视频，有针对民法人文精神的配套拓展课程视频，也有针对具体制度、规则的主题短视频，还有光明网、中央电视台、单位与个人媒介中心等师生共创的民法典宣讲视频、主题讲座视频、学习短视频资源等。

2. 课程教学的实践训练资源库

教学团队将普法工作成果转化积累为教学资源，为学生开展知行转化的法治实践训练提供可供模仿与学习的样本参考。一是积极参与新媒体平台建设。通过"民商荟"抖音号、公众号发布短视频，专题讲解与思想政治教育相关的人格权法律法规 30 多条。二是主动搭建进学校、进企业、进乡村的"三进"思政宣讲网络。在全国各级政府、企业、学校、社区宣讲"民法典·人格权编""民法典与社会主义核心价值观""中小学人格教育"等核心课程 40 余场，线上直播人数超过 100 万人（仅 2020 年 6 月 4 日光明网直播人数就超过 81.6 万人）；线下培训人数超过 20000 人。三是出版青少年民法典教育系列丛书，为青少年人格权教学赋能添彩。团队负责人主编青少年民法典教育系列丛书一套（《民法典让青少年有"德"》《民法典让青少年有"智"》《民法典让青少年有“力量”》),已由西南师范大学出版社出版发行,三本书均围绕人格权内容展开详尽的描写和论述,有计划将思想政治教育从大学生向青少年延展。

## (二)教学资源研究开发

### 1. 教学理论资源的宏观储备

课程负责人主持完成重庆市高等教育教学改革研究重大课题“寓优良家风、家庭美德于现代家事法课程教育的方法与实践探索”等 2 项;主持编写与实施《西南政法大学应用型、复合型卓越法律人才培养实施方案》,推动学校面向德才兼备、以德为先的卓越法律人才培养全面修订法科课程体系与培养方案;结合法学与教育学研究优势,成功立项完成西南政法大学首个国家社科基金教育学课题“公立大学改制为行政法人研究”,助力学校章程制定与治理结构完善。参与承办全国首届“中国《民法学》的教学改革及其新时代使命”研讨会(2018);参与“民法典时代的中国民法学教学改革与发展暨民法学课程思政建设”研讨会(2021),并就如何在民法教学中讲好社会主义核心价值观作发言;参与起草主题为“忠诚于党和人民的教育事业,潜心中国民法学教学科研事业,为新时代中国特色社会主义法治体系建设不断作出新的贡献”的“西政倡议”。

### 2. 教学改革模式的中观探索

探索符合西政实际的应用型、复合型卓越法律人才培养模式,探索支撑人才培养模式改革的法学实验班、复合型新专业方向的开办与优化路径;主持创办“资本市场法务”“企业法务”复合型本科实验班,探索法学与经济学、法学与管理学的交叉培养模式;反思传统治理型法学教育模式利弊,探索“‘预防式’法学教育与法律人才供给侧结构性调整”教育模式改革,获得西南政法大学教学改革重大项目立项支持;在长期开展精品课程资源嵌入传统课堂教学的反转式教学改革的基础上,反思网络教学方法中的碎片化、表演化问题,推动网络方法的师生互动建构化、线上线下协同化改革,获得重庆市高校教师教学创新大赛一等奖、重庆市及学校立项支持。

### 3. 教学实践阵地的微观构建

授课教师主要依托有关省级与校级教研教改课题,开展“提升大学生就业竞争实力的论辩教学模式对策研究”及实践、“法律硕士职业化论辩能力的‘微课’培养模式研究”及实践、“人工智能背景下法学教育模式与手段转型研究”及实践等；同时通过视频课程资源及教材教辅资料更新、师生共建法治数据库、发放《民法学(一)导学手册》等方式，帮助学生学会自主搜集、分析使用数据，并引导学生通过运用“互联网＋民法典学习”模式，创新微课堂环节，体验法律人的角色感与责任感；担任大学生“挑战杯”、“三创”项目及各类训赛科研项目指导老师，以项目制推动学生实践能力培养；鼓励学生进入实训平台，如通过参加民法典宣讲团等发展其面向满足人民群众实际需求的法治实践能力与社会责任感。

## 五、教学实例

### (一)平等原则教学实例

《民法典》第4条规定：“民事主体在民事活动中的法律地位一律平等。”平等，是指法律确保所有参与民事活动的当事人都平等地享有主体资格，在一切民事活动中，各方当事人地位平等，任何一方均不得将自己的意志强加给对方。平等原则包含三个方面的内涵：其一，民事主体地位应平等赋予最广义的“自然人”，“自然人”的法律地位不再考虑身份、民族、种族、宗教信仰、性别等身份因素，顺应了社会主义核心价值观的价值指引；其二，一切民事主体法律地位形式平等，不因特殊群体的固有弱势地位而在权利义务上有任何差异，如强调对消费者、未成年人、妇女的权益保障；其三，一切民事主体的权利与义务对等。在脱贫攻坚战取得全面胜利、全面建成小康社会的今天，平等原则的基本内涵在社会生活的方方面面也得到深刻诠释。

### (二)自愿原则教学实例

《民法典》第5条规定：“民事主体从事民事活动，应当遵循自愿原则，按照自己的意思设立、变更、终止民事法律关系。”意思自治，是指民事主体依自身的理性判断，自主参与民事活动，管理自身事务，而不受公权力与其他民事主体非法干涉的行为自由。意思自治原则包含两方面的内涵，包括选择和参与的自由和法律后果的自己承担。选择和参与的自由是自己承担法律后果的逻辑前提,若非基于当事人真实意思自由选择与参与的行为,当事人非必须承担所引起的不利后果。社会主义核心价值观凸显了自由这一价值理念,在该价值观的引领下,诸多行为规范的安排都体现了这一理念:如在当下社会,由父母之命、媒妁之言到婚姻自由的变迁;在政府职能的安排上也更强调服务型政府,防止政府过多干涉私法自治领域;在社会主义市场经济体制下,充分贯彻契约自由,对合同无效的判定更为谨慎,如为了充分发挥土地的经济效用,在“三权分置”的制度设计下允许土地经营权的流转。

(三)守法和公序良俗原则教学实例

《民法典》第 8 条规定:“民事主体从事民事活动,不得违反法律,不得违背公序良俗。”公序良俗包括公共秩序和善良风俗。一方面,公共秩序,是指国家安全与社会发展所依赖的一般秩序。如疫情期间,强调物业服务企业或者其他管理人应当执行政府依法实施的应急处置措施和其他管理措施,积极配合开展相关工作。另一方面,善良风俗,是指国家社会存在及其发展所必需的一般道德。立善法于天下,则天下治;立善法于一国,则一国治。人民是历史的创造者,为人民谋幸福是共产党人的初心。依法保障人民权益是社会主义法治建设的根本目的。如被继承人的兄弟姐妹的子女可以代位继承财产,无继承人的财产归国家用于公益事业。同时,公序良俗还通过《民法典》第 1043 条落实为“树立优良家风,弘扬家庭美德,重视家庭文明建设”等身份关系领域的行为倡导与守则,进一步强化了公序良俗原则巩固社会基本单元,促进社会整体与长远和谐的法治功能。

(四)“忠诚协议”效力情景化讨论教学实例

《民法典》第 464 条第 2 款规定:“婚姻、收养、监护等有关身份关系的协议,适用有关该身份关系的法律规定;没有规定的,可以根据其性质参照适用本编规定。”何谓“根据其性质”,这关系到体系思维的具体运用。在此,课程中通过多媒体引入“忠诚协议”案例回放,由教师简要介绍“忠诚协议”的讨论情景以及有关忠诚协议定性的解题思路。再由朋辈辅导员带领学生编排“夫妻就违反‘忠诚协议’支付违约金事宜的协商谈判”情景剧:角色包括夫妻双方当事人、一位妇联工作人员、一位律师、一位证人以及一位旁白。在情景剧模拟后，由其他同学在线上对所有参与角色的同学进行互评打分。教师在情景剧展示过程中随时打断、随时评价，并总结指出自愿原则、公平原则在“忠诚协议”中的法律价值与适用方式，引导学生在具体情境中感悟社会主义核心价值观在家庭场景的体现。

### （五）公平原则的“梯度”与“底线”教学实例

《民法典》第 6 条规定：“民事主体从事民事活动，应当遵循公平原则，合理确定各方的权利和义务。”该条是公平原则，而该法第 1186 条（公平分担损失规则）规定：“受害人和行为人对损害的发生都没有过错的，依照法律的规定由双方分担损失。”这被许多学生简称为“公平责任原则”加以记忆。但此识记混淆了法律原则与法律规则之间的关系，更容易引起对“公平”的泛化误解。课程通过多媒体引入人民法院大力弘扬社会主义核心价值观十大典型民事案例之三：私自上树摘杨梅坠亡案，广东省广州市中级人民法院（2019）粤 01 民再 273 号民事判决书，并借由该案编写课堂即时问答，学生根据助教在课堂派信息化平台发布的题目信息进行作答，根据学生作答情况，教师请持不同观点的四位同学代表阐明理由。最后，教师向学生展示法官的裁判说理，即违反爱护公物、文明出行的社会公德……村委会对吴某的死亡不存在过错，不应承担赔偿责任，并总结指出《民法典》的公平原则讲求“分清是非、不和稀泥”，培育学生正确的法治实践精神与能力。

### （六）“住宅建设用地使用权续期”规则的总分穿透讲授教学实例

《民法典》第 1 条（立法目的）规定：“……适应中国特色社会主义发展要求……”该句蕴含了突出的课程思政元素，但抽象的立法目的条款需要在具体制度中展开才能便于学生理解。为此，课程通过多媒体引入“住宅建设用地使用权续期”问题，向学生展示原《物权法》第 149 条第 1 款规定的“……自动续期”与《民法典》第 359 条第 1 款新增规定的“续期费用的缴纳或者减免，依照法律、行政法规的规定办理”之间的变化差异，学生根据助教在课堂派信息化平台发布的选择问卷进行作答，根据学生作答情况，教师请持不同观点的四位同学代表阐明理由。最后，教师向学生展示“自动续期”规则新增的“缴纳或者减免”规定其实是落实《民法典》第 206 条，即“……国家巩固和发展公有制经济……”的体现,公有制经济要求不能无偿自动续期,但随着中国特色社会主义的发展,将来可以期待续期费用的减免,《民法典》第 359 条第 1 款恰恰为此预留了制度空间,这就回应了“适应中国特色社会主义发展要求”的立法目的。

### (七)“全过程人民民主”的体现——“离婚冷静期”条款模拟调研会教学实例

《民法典》第 1077 条规定:“自婚姻登记机关收到离婚登记申请之日起三十日内,任何一方不愿意离婚的,可以向婚姻登记机关撤回离婚登记申请。前款规定期限届满后三十日内,双方应当亲自到婚姻登记机关申请发给离婚证;未申请的,视为撤回离婚登记申请。”该条的制定具有很强的现实意义和深刻的社会背景,是课程思政元素融入民法学教育的优良载体。课程通过多媒体引入我国《民法典》表决通过的现场视频,由教师讲解有关“离婚冷静期”条款的制定历程,带领学生领悟我国《民法典》“离婚冷静期”条款形成过程中的全过程人民民主。课程还组织学生开展模拟调研会,由学生分别从婚姻登记机关、司法系统(法院)、妇女权益保护组织、群众代表四个不同主体角度进行发言,讨论“离婚冷静期条款的适用效果与完善建议”。模拟调研会结束后,由其他同学进行线上投票,教师请持不同观点的同学发表补充意见。最后,教师总结并指出“离婚冷静期”条款的立法意旨,培育学生正确的婚恋观和人生观。

## 六、“民法学(一)(总论)”课程思政元素总览表

| 课程章节 | 重要的课程思政元素 | 相关联的专业知识或教学案例 | 所属思政维度 |
|---|---|---|---|
| 第一章 民法概述 | 1. 学习、领悟、贯彻《民法典》的基本指南:习近平总书记在中央政治局第二十次集体学习时的讲话;<br>2. 新中国《民法典》的制定历程; | 1.《民法典》第 1 条规定,弘扬社会主义核心价值观。<br>2. 人格权独立成编(落实《宪法》关于人格尊严的规定、增强对“人”的关怀)。<br>3. “AI 陪伴”软件侵害人格权案。 | 情感维度、知识维度 |

续表

| 课程章节 | 重要的课程思政元素 | 相关联的专业知识或教学案例 | 所属思政维度 |
| --- | --- | --- | --- |
| | 3.《民法典》的中国元素与社会主义元素;<br>4.“以人民为中心”的社会主义精神 | 4. 光明网公开课“民法典,你是为了谁”视频资源。<br>5. 央视纪录片《民法典进行时》视频资源 | |
| 第二章 民法基本原则 | 1. 保护“弱者”;<br>2. 家庭家教家风建设;<br>3. 社会主义核心价值观融入基本原则的具体体现 | 1. 意定监护制度(保护弱者)。<br>2. 优良家风条款(促进文化传承、家庭和谐稳定)。<br>3.“好人”条款(倡导见义勇为的社会风尚)。<br>4.“忠诚协议”效力问题(鼓励夫妻双方互敬互爱,维护家庭稳定)。<br>5. 北京中盛惠民连锁超市有限公司与北京致雅倾情商贸有限公司房屋租赁合同纠纷一案 | 情感维度、知识维度 |
| 第三章 民事法律关系 | 1. 明确权利义务关系和树立法治意识;<br>2. 正确权利观念、责任意识的养成;<br>3. 民事法律关系的客体与伦理底线 | 1.“好意同乘”案例(减轻被搭乘人责任,尊重公序良俗、社会公德原则)。<br>2. 正当防卫与紧急避险条款(《民法典》保护“救他人于恶行的人”与“救他人于水火的人”)。<br>3. 冷冻胚胎案(防止科技挑战伦理底线,促进科技向善) | 情感维度、知识维度、能力维度 |
| 第四章 自然人 | 1.“以人为本”根本立场的落实;<br>2. 自然人权利保障与平等原则;<br>3.“两户”规定展现的中国特色 | 1. 胎儿及死者权益保护条款(全过程保障人民利益)。<br>2. 代孕合同(人权保障)。<br>3. 监护制度(体现民法制度的人文关怀)。<br>4. 个体工商户与农村承包经营户的历史起源和背景(增强制度自信) | 知识维度、能力维度 |

续表

| 课程章节 | 重要的课程思政元素 | 相关联的专业知识或教学案例 | 所属思政维度 |
|---|---|---|---|
| 第五章　法人 | 1. 法人分类的中国特色;<br>2. 法人制度促进社会主义市场经济发展;<br>3. 法人责任承担制度与公平、诚信原则 | 1. 法人设立规则、企业登记制度改革(增强制度自信)。<br>2. 法人人格独立及法人人格否认制度(强调责任意识、杜绝责任逃避) | 知识维度、能力维度 |
| 第六章　非法人组织 | 1. 非法人组织的主体地位与创新精神的关系;<br>2. 非法人组织的治理与公序良俗;<br>3. 非法人组织制度对加快完善社会主义市场经济体制的积极作用 | 1. 非法人组织的概念与特征;非法人组织的主体地位;非法人组织具有的灵活性和创新性等特点及其对学生创新意识的激发。<br>2. 非法人组织治理的道德基础;非法人组织的社会责任。<br>3. 我国非法人组织的多样性对民事主体内涵的丰富;不具备法人资格的专业服务机构的类型及其对市场灵活性的促进 | 知识维度 |
| 第七章　民事法律行为(合同) | 1. 民事法律行为与绿色原则;<br>2. 民事法律行为与公序良俗;<br>3. 民事法律行为与诚实信用 | 1. 绿色发展理念在民事法律行为中的体现(《民法典》第509条)。<br>2. 结合《民法典》第153条分析民事法律行为无效与公序良俗原则之间的关系。<br>3. 诚实信用原则着力维护最低限度的道德要求,这里的道德要求主要体现为交易道德的要求,而最低限度的交易道德又是市场经济能够顺利运行的前提,因此诚实信用原则实际上承担着以强制性规范的形式限制私法自治,从而维护社会公共利益的使命 | 知识维度、能力维度、情感维度 |

续表

| 课程章节 | 重要的课程思政元素 | 相关联的专业知识或教学案例 | 所属思政维度 |
| --- | --- | --- | --- |
| 第八章　代理 | 1. 代理中的诚实信用；<br>2. 代理关系中的友善与和谐；<br>3. 代理人的敬业态度 | 1. 对自己代理之禁止；双方代理之禁止；代理人懈怠行为与诈害行为之禁止。<br>2. 本代理与复代理关系中的责任分配；复代理人与被代理人的关系；复代理人与代理人的关系；共同代理下的协作关系。<br>3. 代理人应当负有的积极作为职责；代理人对代理行为应负有的法律责任 | 知识维度、能力维度 |
| 第九章　时效与期间 | 1. 时效制度对促进积极行权的价值；<br>2. 诉讼时效对社会秩序稳定的促进价值；<br>3. 时效抗辩与诚实信用 | 1. 时效的概念和性质；时效的类型；时效的立法模式；时效的功能；时效制度对民法作为权利法的效用。<br>2. 诉讼时效对当事人的效力以及对从权利的效力；是否放弃时效利益；放弃时效利益对当事人权利义务的影响；诉讼时效对社会交易秩序的维稳作用。<br>3. 时效抗辩的作用；抗辩权行使的主体；时效抗辩的时间；时效抗辩的效力；诚信原则对时效抗辩的限制 | 知识维度 |
| 第十章　民法的适用 | 1. 民法适用与"十四五"规划和 2035 年远景目标；<br>2. 民法适用与民法解释；<br>3. 民法适用与民事法律行为的解释 | 1. 民法的核心是法律适用，而法律适用的前提是要深刻理解法条背后的立法意图。因此，就必须知道我国《民法典》立法的历史、政治、社会背景，以及《民法典》在我国"十四五"规划和 2035 年远景目标中所占据的关键地位。 | 知识维度、能力维度 |

续表

| 课程章节 | 重要的课程思政元素 | 相关联的专业知识或教学案例 | 所属思政维度 |
| --- | --- | --- | --- |
| | | 2. 民法释义学的法学方法;传统民法规范解释的方法论;民法规范解释的新方法;民法漏洞的填补方法(法律续造)。<br>3. 合同解释与合同漏洞之填补;合同解释的原则;合同的定性解释(整体解释、类型解释);合同解释的方法;合同漏洞填补与合同案件裁判 | |
| 第十一章　人格权 | 1. 个人的人格自由与社会中他人人格自由的协调;<br>2. 冷冻胚胎的法律属性及其对促进科技向善的导向作用;<br>3. 新时代民法的人法属性 | 1. 通过分析跳广场舞应当控制时间与音量;遛自己养的狗应当“拴绳子”;摆摊自由的“边界”等问题深入理解民法上的自由人之本质。<br>2. 深入学习《民法典》第1009条关于从事与人体基因、人体胚胎等有关的医学和科研活动的伦理道德和公共利益,并结合沈某南、邵某妹诉刘某法、胡某仙(胚胎)监管、处置权纠纷案深入学习,强调应当防止科技挑战伦理底线,促进科技向善发展。<br>3. 明确民法是人法,强调了法律的主体是人,即法律是为人服务的。此外,民法还是中国人法,强调法律应该符合中国国情。这一理解在民法的制定和执行中都具有重要的指导意义,也为同学们理解和运用民法提供了重要的思路和方向。据此,结合民法的人法属性讨论《民法典》第16条胎儿利益保护的具体范围 | 知识维度、情感维度 |

(张力、赵自轩)

# “民法学(三)(侵权责任法)”课程思政教学指南

## 一、“民法学(三)(侵权责任法)”课程简介

“民法学(三)(侵权责任法)”是“民法学”课程的重要组成部分,也是针对法学专业本科生开设的一门重要的专业必修基础课程。课程开设的时间为本科第四学期,共32个学时,2个学分,分16周进行授课。课程以《民法典》的颁布实施为法律背景,以数字中国、数字经济、数字社会建设为时代背景,系统讲授侵权责任法的一般理论与前沿知识,涵盖侵权责任基础理论、侵权责任构成、数人侵权责任、侵权责任方式、特殊侵权责任五大部分,以培养学生的科研能力、实践能力以及数字能力为目标。

在以往的课程教学中,存在前沿知识供给不足、数字思政融入不够以及数字鸿沟弥合不佳等突出问题。对此,本课程以“迈向数字时代”为导向进行课程教学创新:以数字生产力、数字生产方式为背景,重构和更新侵权责任法的知识内容;以“数字中国建设新需求、数字社会发展新追求、数字公民培养新要求”为线索,创新课程思政的功能与内涵;以人工智能、大数据、区块链、元宇宙等数字技术为抓手,嵌入“Z世代”数字学习的基因,革新教学方式、教学环境、教学评价、教学资源。课程教学创新的效果显著,充分反映了数字时代的育人与育才需求,具有很大的推广价值。

## 二、教学目标与教学内容

### (一)教学目标

课程坚持育才与育人结合,引导学生深刻把握侵权责任法中蕴含的价值

理念，培养学生发现新问题和解决新问题的能力，使学生成为适应数字时代的德智体美劳全面发展的社会主义建设者和接班人。

1. 知识目标

第一，基础知识。掌握侵权责任法的基本体系和一般规则，对于《民法典》等相关法律法规、司法解释等侵权法律体系有基本认识。

第二，高阶知识。从比较法、交叉法、多学科、司法实践等角度拓展知识深度，了解侵权责任制度的前沿热点、域外模式，知晓司法实践中刑(行)民交叉案件、新型侵权责任纠纷的裁判规则，特别是掌握数字时代侵权责任法的理论更新与实践发展。

2. 能力目标

第一，科研能力。侵权责任法是近年来理论与实务研究的热点，也是同学们“三创”项目、“挑战杯”、毕业论文选题的重点方向，需要学生具有发现真问题、新问题、好问题的能力，以及围绕问题进一步展开研究的能力。

第二，实践能力。近年来，在新冠疫情、人工智能、数字经济等各种因素的影响下，与侵权责任法相关的司法纠纷增长明显，如何在实践中应用侵权责任法理论知识至关重要。

第三，数字能力。数字时代呼唤数字人才，如何提升学生的数字能力至关重要，包括理解和应用数字法治知识的能力、利用数字技术进行学习工作的能力、利用数字内容创作的能力等。

3. 价值目标

(1)基础育人目标

第一，深刻理解“以人为本”的价值理念，理解人格权、身份权、物权、知识产权、债权等民事权益的侵权法保护对于维护个体人格尊严、行为自由、财产安全的重要性，在处理数字技术引发的新型侵权法律关系时仍必须坚持“以人为本”的价值底线。

第二，深刻认识我国《民法典》将“侵权责任”独立成编的重大意义，坚定道路自信、理论自信、制度自信、文化自信，坚定不移走中国特色社会主义法治道路，更好推进中国特色社会主义法治体系建设。

第三，通过“英雄烈士人格保护”“司马光砸缸”“好人条款”“监护责任”等具体制度、案例的学习，增强学生的政治认同、家国情怀和文化素养，引导学生践行社会主义核心价值观与社会主义法治理念。

(2)特色育人目标

第一,服务数字中国建设。建设数字中国是数字时代推进中国式现代化的重要引擎,是构筑国家竞争新优势的有力支撑,通过人脸识别、自动驾驶汽车、大数据杀熟等案例,提高学生对于数字中国建设事业的认同感、信念感。

第二,培养数字公民。数字中国建设离不开数字公民,数字公民需要新的数字素养与技能、数字文明、数字礼仪,通过课程学习引导学生树立主流的数字价值观。

### (二)教学内容

1. 设计思路

第一,坚持从《民法典》的"中国贡献"的高度认识课程思政意义。习近平总书记指出,"民法典在中国特色社会主义法律体系中具有重要地位,是一部固根本、稳预期、利长远的基础性法律"①。《民法典》创造性地将侵权责任独立成编,本身就是中国特色、实践特色、时代特色的重要体现。

第二,探索从数字中国建设的角度丰富课程思政意义。《数字中国建设整体布局规划》提出了新时代数字中国建设的整体战略。数字中国建设的核心就是发挥数字技术的赋能效应,预防、控制、分担数字技术带来的风险损害,而这恰恰是侵权责任法的调整范围。

第三,为了破解当前专业教学与思政课程"两张皮"的困境,本课程坚持挖掘侵权责任法的课程思政元素,通过"规范目的、原则精神、规则内涵、案例启示"的教学路径,将思政教育有机融入侵权责任法教学当中。

2. 教学重难点及对重难点的处理

第一,教学重难点。本课程的教学重点涵盖侵权责任基础理论、侵权责任构成、数人侵权责任、侵权责任方式、特殊侵权责任五大部分,核心是掌握侵权责任的构成要件与损害赔偿规则。课程的难点在于课程思政元素单一、陈旧,在与专业教学的融入方面呈现出碎片化、机械化、形式化特点,对于数

---

① 习近平:《充分认识颁布实施民法典重大意义 依法更好保障人民合法权益》,载《求是》2020年第12期。

字中国建设的新需求、数字社会"真善美"的新追求、数字公民基本素养与技能培育的新要求的关注度远远不够,学生对于课程思政的接受度有限,有时陷入课程思政学习"无用论"的误区,无法真正实现育人效果的入脑入心入手入口。

第二,应对方法。为了解决上述问题,本课程坚持将立德树人作为课程思政的目标。其一,坚持价值塑造、知识传授与能力培养三要素。既要传授知识,让学生掌握侵权责任归责原则、构成要件、数人侵权、特殊侵权等专业知识,也要培养学生学以致用的能力,使学生懂得利用专业知识解决实践中真实存在的纠纷,更重要的是,引导学生从"规范、原则、规则、案例"等维度学习侵权责任法蕴含的思政意义,坚定学生理想信念,使学生树立爱党、爱国、爱社会主义、爱人民、爱集体的世界观、人生观、价值观。其二,坚持裁判规范、行为规范与价值规范三境界。习近平总书记指出,"要把民法典纳入国民教育体系,加强对青少年民法典教育"①。故此,教学团队重点培养学生学习侵权责任法的三重境界。其三,高度重视课程思政教育的时代性。从"数字中国建设新需求"、"数字社会发展新追求"以及"数字公民培养新要求"三个维度出发,系统挖掘课程背后蕴含的丰富思政元素,强化数字道德,感受数字社会的"真善美"。以青年人喜爱的信息方式、网络文化、数字载体来讲故事、传能量,让课程思政从抽象的价值教育落地为数字时代的知识教育、能力教育,增强课程思政学习的获得感。

## 三、课程思政教学方法与评价方式

### (一)教学方法

1. 案例教学法。通过"唐山夜宵打人事件""电梯劝烟猝死案""昆山反杀案""全球首例自动驾驶汽车交通事故致人死亡案""全国首例人脸识别案""北京八达岭野生动物园老虎伤人案"等经典案例,引导同学们对于侵权责任的价值目标、归责原则、构成要件、损害赔偿等系列问题的思考,启发学生理解维护个体人格尊严、行为自由、财产安全的重要性。

---

① 习近平:《充分认识颁布实施民法典重大意义 依法更好保障人民合法权益》,载《求是》2020 年第 12 期。

2. 历史教学法。从侵权责任法的历史演变出发,结合农业社会—工商社会—数字社会的时代演变,以及《民法通则》—《侵权责任法》—《民法典》侵权责任编的立法发展,引导学生从历史的视角重新认识侵权责任的风险分配与修复功能,知晓各项侵权责任制度的形成缘由,知其然更知其所以然,从而使学生坚定道路自信、理论自信、制度自信、文化自信。

3. 多师同堂教学法。侵权责任的内部存在体系关联,一个侵权行为往往会同时涉及产品责任、机动车交通事故责任、数人侵权责任、公平责任等诸多制度,同时与体系外的刑法、行政法、诉讼法、数字法学等有诸多关联,通过组织具有民法、民事诉讼法、刑法、人工智能法等不同学科背景的老师共同上课,开阔学生的学习视野,多维度增加专业教学与课程思政的融合度。

4. 圆桌会议教学法。通过课前准备论文材料,在课上让学生围坐并自由发表观点,引导学生设想在遭遇侵权时如何选择和设计,探讨各类侵权责任案件的解决路径以及背后的思政意义,并由老师进行总结,激发学生自主学习的热情和研究反思的能力,加深学生对各类侵权责任规则的理解,使学生更加懂得以人为本、社会主义核心价值观、数字中国建设等课程思政的重要性。

### (二)评价方式

本课程采取数字化"三全"评价机制,即全方位、全过程、全方式落实教学评价。

1. 全方位评价。遵循"教学生态系统"理念,系统成员皆为评价与被评价主体,系统要素都可作为评价对象,协同改善系统运行。对于学生,既有老师的考核,也有学生彼此之间的评价,既要评价专业知识,也要评价表达能力、组织能力、思辨能力以及数字能力等。对于老师,既有学生评价,也有督导、同行的评价,既针对教师本人的教学能力进行评价,也包括课程内容、教学方法、课程思政、数字应用等各方面的评价。

2. 全过程评价。坚持全过程持续评价机制,一是将评价数据化,贯穿于整个学期的教学过程,从第一堂课到期末考试,让每一次教学都充分融入评价体系,确保教学评价的整体性与连续性;二是对每一堂课进行全过程评价,包括课前预习、课堂教学、课后作业等,力争每次课堂的全覆盖。

3. 全方式评价。采用多元化评价的方式,对于学生的评价,除期末成绩外,强调平时成绩的考核,具体采取考勤、回答、作业、讨论、辩论、小剧场、数字作品、项目、小论文等多种方式,平时成绩占60%,期末考试成绩占40%,将考核重心提前。对于老师的评价,采取匿名评教、邮件反馈、组织谈话、调查问卷四种方式。

## 四、课程思政教学资源及研究开发

### (一)教学资源

以“共创、共存、共享”为原则,统筹数字学习资源建设,在提升线下课堂教学的基础上,通过一流精品资源课(国家级一流本科课程“民法学”侵权责任法部分、国家级线上线下混合式一流本科课程“民法精神与社会文明”、西南政法大学校级线上课程“数字法学前沿”“数字经济法治概论”)、《民法典》宣讲视频、主题讲座视频、学习短视频等各种方式丰富学生的第二课堂。高度注重形式与内容的创新,有系统讲解课程知识体系的基础课程视频,有针对民法人文精神的配套拓展课程视频,也有针对具体制度、规则的主题短视频,还有光明网、中央电视台、单位与个人媒介中心等师生共创的《民法典》宣讲视频、主题讲座视频、学习短视频资源等,充分尊重“Z世代”学习的数字基因。

### (二)研究开发

本课程强调塑造课程思政教育文化,将之融入党建、科研、教学、讲座、普法等各项活动中,充分发挥课堂与党支部、教研室、学院、学校的联动育人功能,教师以身作则全方位、全过程、全方式影响学生,身体力行争做学生身边的榜样。例如,课程成员在中央电视台法律讲堂栏目讲授“民法典的家风家教观”,引导同学树立新时代尊老爱幼、父慈子孝、兄友弟恭、爱国敬业、诚实守信等优良素养。又如,依托全国党建“双创”标杆院系创建单位、全国党建“双创”样板支部,联合五所学校主办“民法典思政剧本创作大赛”,以鼓励同学们进行数字内容创作,让同学们主动挖掘、凝练、创作出具有时代感、正能量的作品。

## 五、教学实例

### （一）公平责任

1. 公平责任制度的概念、功能以及文明、和谐、公正、法治、友善等社会主义核心价值观。“电梯劝烟猝死案”直接推动了《民法典》中公平责任条款的制定，由此可以从公平责任的概念与价值功能入手，引导学生们思考公平责任背后所蕴含的社会主义核心价值观。

2. 公平责任制度的历史演变与习近平新时代中国特色社会主义思想。在引出公平责任制度后，将对公平责任的历史演变进行一番考察，据此可以洞悉公平责任实际上是极具中国特色的一项制度，国外侵权法律中并无这一规则，这里可以引导学生了解公平责任背后体现的中国特色社会主义法治体系，使学生明白公平责任乃是中国《民法典》对世界的一大制度贡献，让学生真正树立道路自信、理论自信、制度自信、文化自信。

3. 公平责任的价值源流与中华优秀传统文化。既然公平责任是极具中国特色的一项制度，那么就必须挖掘其背后的中国土壤。从这一角度出发，可以让学生明白公平责任的诞生是基于中华优秀传统文化，即尚仁重德、宽厚孝义、扶危济困的文化传统与美德。在双方当事人对损害的发生都没有过错时由行为人承担责任正是这一传统美德的体现，但公平责任绝不是和稀泥，否则就违背了公平责任真正的精神，这是理解公平责任以及具体适用类型的又一大关键。有了这一层思考，学生们在分析“电梯劝烟猝死案”时会有全新的体会。

4. 公平责任构成要件、适用类型与家风家教。家风家教是中国传统文化的重要组成部分，《民法典》第1043条明确规定了家风家教条款，从预防法学教育的角度来理解公平责任。其实一些案件背后都反映了家风家教问题，如果家庭教育得当，这些争议案件或许不会发生。从这一角度出发，让学生们继续思考“电梯劝烟猝死案”的一审、二审判决是否合理，同时通过“电梯劝烟猝死案”“重庆烟灰缸案”等适用公平责任的典型案例，引导学生讨论公平责任的构成要件与具体适用，教育学生要注意自己的一言一行，避免实施电梯吸烟、高空抛物等违法不文明的行为。

### (二)个人信息保护

1. 个人信息保护立法与习近平新时代中国特色社会主义思想。通过介绍《民法典》《个人信息保护法》《数据安全法》《刑法》等个人信息保护立法的中国经验,引导学生更好地认识习近平新时代中国特色社会主义思想的意义,增强道路自信、理论自信、制度自信、文化自信。

2. 保护个人信息的意义与国家安全、网络安全。个人信息保护是关乎国家安全、网络安全的大事,如何为个人信息配置适当的侵权责任至关重要。通过“人脸识别第一案”“法学博士诉抖音案”“滴滴被罚事件”等素材,引导学生认识个人信息保护、数据安全的社会意义、国家意义,增强学生的数字责任感。

3. 个人信息保护规则与数字中国建设。《数字中国建设整体布局规划》指出,“筑牢可信可控的数字安全屏障”“切实维护网络安全”是强化数字中国关键能力的重要部分。数据是数字中国建设的关键生产要素,个人信息又是最重要的数据类型,对于个人信息的保护需要平衡安全与发展,因此提供宽严适度的责任规则非常重要。

4. 个人信息保护意识和数字素养与技能。《提升全民数字素养与技能行动纲要》指出,提高全民网络安全防护能力,强化个人信息和隐私保护,引导全民依法规范上网用网,提高全民网络文明素养。通过雨课堂实践操作、骚扰短信电话生活调查、典型个人信息保护案例分析实践,让学生提高个人信息保护意识与能力。

### (三)机动车交通事故责任

1. 自动驾驶汽车立法与习近平新时代中国特色社会主义思想。通过讲解自动驾驶汽车的“深圳立法经验”和立法背后的故事,增强学生的政治认同和法治素养,引导学生践行社会主义核心价值观与社会主义法治理念。

2. 自动驾驶汽车侵权责任规则的意义与数字中国建设。自动驾驶汽车被视为我国汽车产业高质量发展的重要选择,如何为自动驾驶汽车配置适当的责任规则至关重要,这关乎我国人工智能产业的发展,据此可以引导学生理解数字中国建设的意义。

3. 自动驾驶汽车侵权责任规则的构建与以人为本。自动驾驶汽车交通事故责任问题关系到受害人救济，通过“全球首例自动驾驶汽车交通事故致人死亡案”，引导学生树立以人为本的科技伦理观和兼顾技术促进与损害救济的法律观。

## 六、“民法学(三)(侵权责任法)”课程思政元素总览表

| 课程章节 | 重要的课程思政 | 相关联的专业知识或教学案例 | 所属思政维度 |
|---|---|---|---|
| 第一章 侵权责任法概述 | 1. 侵权责任独立成编与中国特色社会主义法律体系；<br>2. 侵权责任法的目的与社会主义核心价值观；<br>3. 侵权责任法法源与宪法法治教育；<br>4. 数字技术与责任理论 | 好人条款、大数据杀熟、算法歧视 | 数字中国的发展新需求、中国特色社会主义、社会主义核心价值观 |
| 第二章 归责原则 | 1. 过错责任与文明、自由；<br>2. 无过错责任与民生福祉；<br>3. 公平责任与公正 | 唐山夜宵打人事件、电梯劝烟猝死案、数据爬取侵权责任 | 数字社会的真善美新追求、社会主义核心价值观、在发展中保障和改善民生 |
| 第二章 构成要件与免责事由 | 1. 因果关系、过错认定与文明；<br>2. 新增自甘风险与友善；<br>3. 正当防卫、紧急避险与传统文化教育、公正 | 司马光砸缸、棺材避雨案、昆山反杀案、百度诉“脉脉”案 | 数字社会的真善美新追求、社会主义核心价值观、中华传统文化教育 |
| 第三章 数人侵权 | 1. 数人侵权连带责任、按份责任区分与公正、法治；<br>2. 共同危险行为与民生福祉；<br>3. 网络暴力与数字素养 | 唐山夜宵打人事件、连环撞车案、网络暴力事件 | 数字公民的基本素养与技能新要求、社会主义核心价值观 |

续表

| 课程章节 | 重要的课程思政 | 相关联的专业知识或教学案例 | 所属思政维度 |
|---|---|---|---|
| 第四章　损害赔偿 | 1. 填平原则与公正;<br>2. 同命同价与平等;<br>3. 新增知识产权惩罚性赔偿与新发展理念创新 | 天价葡萄案、重庆三轮车事故案、截取流量案 | 数字社会的真善美新追求、社会主义核心价值观、新发展理念 |
| 第五章　特殊侵权责任——网络侵权责任、个人信息保护 | 1. 网络侵权与数字中国;<br>2. 网络服务提供者责任与数字社会;<br>3. 个人信息保护与数字公民 | 全国首例人脸识别案、大规模信息泄露案、被遗忘权第一案 | 数字中国发展新需求、数字社会的真善美新追求、数字公民的基本素养与技能新要求 |
| 第五章　特殊侵权责任——违反安全保障义务责任 | 1. 安保义务范围扩大与数字社会、数字文明;<br>2. 补充责任安排与公正 | 网络平台责任、银河宾馆案 | 数字社会的真善美新追求、社会主义核心价值观 |
| 第五章　特殊侵权责任——医疗损害责任 | 1. 医疗过错推定、紧急救助义务与民生福祉;<br>2. 医疗产品责任与民生福祉;<br>3. 打击医闹与文明;<br>4. 疫情防控与数字公民 | 肖某军案、“齐二药”假药案、达芬奇手术机器人事故 | 数字社会的真善美新追求、社会主义核心价值观、数字公民的基本素养与技能新要求 |
| 第五章　特殊侵权责任——监护人责任、教育机构侵权责任 | 1. 监护人责任与优良家风、数字文明;<br>2. 教育机构责任与数字公民;<br>3. “网课爆破”与数字礼仪 | 子不教父之过、新郑市三中网课案 | 数字公民的基本素养与技能新要求、中华传统文化教育、优良家风 |
| 第五章　特殊侵权责任——建筑物和物件致害责任 | 1. 建筑物倒塌责任与民生福祉;<br>2. 高空抛物规则的完善与数字社会安全 | 楼倒倒楼脆脆现象、重庆烟灰缸案 | 数字社会的真善美新追求 |

续表

| 课程章节 | 重要的课程思政 | 相关联的专业知识或教学案例 | 所属思政维度 |
|---|---|---|---|
| 第五章　特殊侵权责任——用人者责任 | 1. 雇主责任与爱岗敬业、职业责任感；<br>2. 雇员故意或者重大过失侵权追偿权与数字素养；<br>3. 机器人雇员侵权责任与数字正义 | 贵州公交坠湖事件、机器人伤人事故 | 数字公民的基本素养与技能新要求、社会主义核心价值观、职业理想与教育 |
| 第五章　特殊侵权责任——产品责任 | 1. 产品责任无过错责任原则与社会安全、民生福祉；<br>2. 产品责任的限制与数字中国建设 | 三鹿奶粉事件、中国制造 | 数字中国发展新需求、在发展中保障和改善民生 |
| 第五章　特殊侵权责任——机动车交通事故责任 | 1. 新增好意同乘与友善、数字社会；<br>2. 自动驾驶汽车与数字中国建设 | 南京好意同乘第一案、特斯拉与优步自动驾驶事故案 | 数字社会的真善美新追求、数字公民的基本素养与技能新要求 |
| 第五章　特殊侵权责任——环境污染、生态破坏责任 | 1. 新增生态破坏侵权责任与和谐共生、新发展理念绿色；<br>2. 举证责任倒置与新发展理念绿色、和谐共生；<br>3. 惩罚性赔偿制度与数字社会 | 祁连山生态破坏事件、数据污染 | 社会主义核心价值观、数字中国发展新需求、数字社会的真善美新追求 |
| 第五章　特殊侵权责任——高度危险责任 | 1. 完善核事故侵权规则与民生福祉、核安全、数字中国建设；<br>2. 扩大高度危险物范围与民生福祉、社会安全 | 东航坠机案、7·23甬温线特别重大铁路交通事故 | 在发展中保障和改善民生、数字中国发展新需求 |
| 第五章　特殊侵权责任——饲养动物侵权责任 | 1. 无过错责任、过错责任区分归责与文明、法治；<br>2. 饲养禁止饲养的动物免责事由克减与民生福祉 | 北京八达岭野生动物园老虎伤人案、郑某某饲养动物侵权案 | 数字公民的基本素养与技能新要求、社会主义核心价值观 |

（郑志峰、张力）

# “刑事诉讼法学”课程思政教学指南

## 一、“刑事诉讼法学”课程简介

“刑事诉讼法学”是面向法学专业本科生开设的专业必修课，是教育部确定的法学专业主干课程之一，是为夯实和检验学生的刑事诉讼基本理论知识和应用能力而设置的专业基础课程。该课程以梳理、讲述刑事诉讼法理论、立法和实践，揭示刑事诉讼发展的基本规律为主要内容，具有很强的理论性和应用性。刑事诉讼法以惩罚犯罪、保障人权为基本目标，涉及国家司法权的配置与规制以及对公民基本权利的剥夺与保障，素有“小宪法”之称；其所包含的司法公正、程序法治、尊重人权、无罪推定等知识、理念，以及中国刑事诉讼制度改革与发展的丰富实践，本身便是大学教育所希望引导学生形成的积极世界观、人生观和价值观的重要组成部分，具有极为丰富的思政教育元素。“刑事诉讼法学”课程应深入研究和挖掘刑事诉讼理论、立法及实践中的思政元素，注重用新时代中国特色刑事诉讼理念铸魂育人，以培养德法兼修的高素质法治人才为目标。

## 二、教学目标与教学内容

### （一）教学目标

依托刑事诉讼法国家级教学团队、诉讼法学国家重点学科、教育部刑事诉讼法课程虚拟教研室及刑事诉讼法学首批国家级线上一流本科课程，坚持“以本为本、课程育人”理念，着力通过理论讲解、案例剖析和实践演训等，在刑事诉讼知识传授、理念塑造、能力培养的过程中，有效融入政治认同、家国情怀、文化素养、宪法法治意识、道德修养等思政元素，促进学生刑事诉讼知识、能力、素养的全面提升。

1. 知识目标

使学生系统、完整掌握刑事诉讼基本概念、基本理论和具体诉讼程序,熟悉刑事诉讼法律规范,了解刑事诉讼运行状况。

2. 能力目标

使学生掌握程序及证据思维方式和刑事案件实操方法,具备运用刑事诉讼理论分析、解决实践问题的技巧和能力。

3. 素养目标

通过课程思政,增进学生对中国刑事法治的理解与认同,培养学生的法治理念、道德情操,引导学生增强"四个意识"、坚定"四个自信",厚植学生的爱国主义情怀。

## (二)教学内容

1. 基本教学环节

围绕课堂讲授,将本课程的教学过程分解为课前、课中、课后三个环节。

课前,引导学生通过线上平台观看导学视频和教学主视频,浏览课件,阅读非视频辅学材料,预习课程内容,总结问题。

课中,教师开展针对性、讨论式、案例式教学,通过教师讲解与学生互动等方式,对课程重难点各个击破。首先,通过案例等方式导入课程主题,引起学生的学习兴趣。同时,通过设问等对学生的预习情况进行前测,明确学生的学习目标。其次,通过启发式教学等,由教师针对课程重难点进行概要梳理。再次,引入典型案例,让学生采用个人报告、小组讨论等方式参与其中,成为学习主体。最后,通过点评、答问等方式对学生的学习效果进行后测。同时,系统总结重难点,提示需进一步思考的问题。

课后,一方面做好讲授内容的复习巩固:教师通过线上平台给学生布置单元测验与讨论主题,学生借以温故知新;学生在课后可以通过"讨论帖"发起参与对理论或实践问题的讨论,老师和教学助理基本做到当日回帖、每帖必复。另一方面通过虚拟教研室开展的在线系列公开课等形式对课堂讲授内容进行深化拓展。

2. 教学重难点及对重难点的处理

(1)讲透刑事诉讼法重点知识。明确"刑事诉讼基本原则""辩护与代理”“刑事强制措施”“证据与证明”“一审程序”等本课程重点章节，通过适度增加课堂学时、丰富教学方法、加强梳理辅导、布置课后作业等途径，加深学生对重难点知识的理解。

(2)强化司法实践能力培养。针对本课程实践性强而学生习惯于纸面学习之弊端，通过线上线下混合式教学重塑教学过程，以职业需求为导向，以学生为中心，实现参与式、讨论式、开放式教学，重视情景模拟、诊所教育和实践观摩，着力提升学生的实操能力。

(3)注重思政融入和理念塑造。以课程思政重构教学内容。以刑事司法中的公平正义为切入点，推进思政元素深度融入课程教学，力求在教学中全面、准确反映我国推进刑事程序法治和理论创新的最新成果，把习近平法治思想核心要义贯穿于刑事诉讼理论和实务问题阐释的全过程，充分展示我国刑事司法改革的重要成就，在专业教学中实现育人目标。

## 三、课程思政教学方法与评价方式

### (一)教学方法

在进行“刑事诉讼法学”课程思政教学的过程中，最基本的方法就是在提升自身思政素养的基础上，做到“六个统一”。

1.增强刑事诉讼法学教师自身的思政素养

作为重中之重，刑事诉讼法学教师应加强思想政治学习、专业理论学习和教育教学理论学习，强化自身的思政素养和思政育人能力，这是“刑事诉讼法学”课程思政教学能否达到理想效果的关键所在。为此，每一位刑事诉讼法学教师应力求做到习近平总书记对思政课教师提出的六方面要求：

(1)政治要强。刑事诉讼法学教师要先成为有信仰的人，才能当讲信仰的人。要善于从政治上看问题，在大是大非面前保持政治清醒。

(2)情怀要深。刑事诉讼法学教师要保持家国情怀，心里装着国家和民族，在党和人民的伟大实践中关注时代、关注社会，汲取养分、丰富思想。

(3)思维要新。刑事诉讼法学教师要学会辩证唯物主义和历史唯物主义，创新课堂教学，给学生深刻的学习体验，引导学生树立正确的理想信念、学会正确的思维方法。

(4)视野要广。刑事诉讼法学教师要有知识视野、国际视野、历史视野，通过生动、深入、具体的纵横比较，把一些道理讲明白、讲清楚。

(5)自律要严。刑事诉讼法学教师要做到课上课下一致、网上网下一致，自觉弘扬主旋律，积极传递正能量。

(6)人格要正。刑事诉讼法学教师只有有人格，才能有吸引力，才能让学生亲师信道。要用高尚的人格感染学生、赢得学生，用真理的力量感召学生，以深厚的理论功底赢得学生，自觉做为学为人的表率，做让学生喜爱的人。

2. 课程思政教学中做到“八个统一”

(1)坚持政治性和学理性相统一，以透彻的学理分析回应学生，以彻底的思想理论说服学生，用真理的强大力量引导学生。

(2)坚持价值性和知识性相统一，寓价值观引导于刑事诉讼法知识的传授之中。

(3)坚持建设性和批判性相统一，传导刑事诉讼法主流观点和主流意识形态，直面各种错误观点和思潮。

(4)坚持理论性和实践性相统一，用富含思政元素的科学理论培养人，同时，重视刑事司法实践中思政元素的挖掘与应用，把思政小课堂同社会大课堂结合起来。

(5)坚持统一性和多样性相统一，在“刑事诉讼法学”课程思政教学中，落实教学目标、课程设置、教材使用、教学管理等方面的统一要求，又因师而异、因地制宜、因时制宜、因材施教。

(6)坚持主导性和主体性相统一，刑“刑事诉讼法学”课程思政教学离不开教师的主导，同时要加强对学生的认知规律和接受特点的研究，发挥学生的主体性作用。

(7)坚持灌输性和启发性相统一，注重启发性教育，引导学生发现问题、分析问题、思考问题，在不断启发中让学生水到渠成得出结论。

(8)要坚持显性教育和隐性教育相统一，充分挖掘“刑事诉讼法学”课程及其教学方式中蕴含的思想政治教育资源，实现全方位育人。

### (二)评价方式

"刑事诉讼法学"课程思政教学的质效评估坚持全程、全面评价及多元主体评价两大原则。

1. 全程、全面评价

通过以下多个维度对"刑事诉讼法学"课程思政教学质效进行动态、综合评测:(1)课程思政内容的思想性、时代性、前沿性。(2)课程思政方法的针对性、先进性、互动性。(3)思政元素的挖掘、融入与"刑事诉讼法学"课程内容的适切性。(4)课程思政融入刑事诉讼法教学的频度和覆盖面。(5)实际的思政育人效果,也即学生在理念、情操和综合素养方面的实际获得情况。(6)有无触及课程思政教学禁忌的负面清单。

2. 多元主体评价

包括:(1)学生的评价。主要包括学生学习的满意度和学习获得感,学生专业知识、技能的提升情况,学生对培养目标的认可度,学生"四个自信"的提升情况等。(2)刑事诉讼法学教师同行及教育管理者对课程思政教学过程和效果的评价。(3)刑事诉讼法学授课教师的自评。

## 四、课程思政教学资源及研究开发

### (一)目前可用的课程思政教学资源

1. 刑事诉讼法碎片化影音资料库,包括反映人民司法传统、中国刑事程序法治进展、刑事诉讼制度改革成就等内容的920个影音片段。

2. 已充分融入思政元素的优质线上教学资源,包括本校教师录制的教学主视频79个,校外专家录制的导学视频22个,以及其他各类非视频资源百余个。

3. 由刑事诉讼法国家级教师团队核心成员撰写的包含16个课程思政示范教学案例的《刑事诉讼法学课程思政示范案例集》和包含5个课程思政示范教学案例的《刑事程序与人权课程思政示范案例集》。

4. 已充分融入思政元素的刑事诉讼法课程教学大纲和教案。

5. "学习强国"网站上的刑事诉讼相关理论及实践素材。

6. 马工程《刑事诉讼法学》教材。

### （二）课程思政教学资源的持续研发

1. 教育部刑事诉讼法课程虚拟教研室建立起了刑事诉讼法课程思政研发团队，协调“五院四系”等政法院校的刑事诉讼法青年教学骨干，持续共建各种形式的优质课程思政教学资源。

2. 刑事诉讼法授课教师也应在课程思政教学中积极探索教法改革，创新教学内容，积累课程思政示范案例。

## 五、教学实例

### （一）刑事诉讼法的历史发展

1. 样例基本情况

在弹劾式诉讼的历史发展中，主要以其中的趣味性很强的司法决斗作为案例，向同学们讲述司法决斗蕴含的司法公平的理念。在纠问式诉讼中，主要针对其中重口供的特点，向同学们讲授历史辩证唯物主义的马克思主义方法论，引导学生从正反两个方面客观地对待纠问式诉讼中存在的口供中心主义的现象。在现代刑事诉讼中，主要以我国刑事诉讼中被告人在法律中的诉讼地位的演变，向同学们讲授我国人权的司法保障的发展历程，引导同学们认同我国刑事诉讼法制的进步，并树立社会主义法制的人权观念。

2. 思政资源分析和教学设计

（1）思政元素融入的理念及思路

本课程讲授的内容将要融入的思政元素主要是培育司法公平的理念，使学生养成辩证唯物主义历史观，充分理解社会主义人权观。

第一，将司法公平融入课堂的思路。公平是人类社会永恒追求的理想，而司法公平是实现社会公平的重要保障。公平的核心要义有两个方面：一是形式公平，即平等地对待处于相同或类似境地的当事人；二是实质公平，即对于不同境况的当事人给予不同的对待。在人类的刑事诉讼发展史上，最早出现的弹劾式诉讼最能展现公平的理念，是引导学生培育公平观念的比较好的选择，尤其是其中的司法决斗，由于兼具趣味性、知识性以及思政教育意义，可以作为突破口。主讲教师首先讲解司法决斗的基本规则，从而让学生感受其中形式公平的要素。接着向同学们发问：如果参与决斗的当事人之间存在明显的体质差异，如何保障公平？尤其是如果参与决斗的当事人一方为女性，另一方为强壮的男性，如何确保公平？据此启发学生思考。接下来向同学们展示当时留下来的男女司法决斗图片。在此基础上，向同学们解释其中蕴含的实质公平的理念。

第二，将辩证唯物主义历史观融入课堂的思路。辩证唯物主义历史观要求我们以历史事实为基础，客观地评价历史现象。纠问式诉讼中的有关口供的知识是切入这一思政元素的较好选择。首先，向同学们讲述无论是我国历史上的纠问式诉讼还是国外历史上的纠问式诉讼，都存在着一个共同的显著特征：口供依赖和刑讯合法化。其次，以欧洲纠问式诉讼的制度背景解释这种做法的原因。其中，定案的证据标准要求高、原则上禁止法官以间接证据推论定案、宗教氛围下口供的忏悔和救赎价值等，导致当时的法律制度容忍合法的刑讯。因此，站在当时的历史背景下，这种做法并非不合理。当然，站在当下，这种以伤害他人为手段的调查方式应当被避免。

第三，将社会主义人权观和制度自信融入课堂的思路。被告人在刑事诉讼中的处遇是展现一个国家人权发展水平的重要尺度。我国刑事诉讼法以国情为基础，紧跟时代发展和人民的新需求，不断提升人权保障水平，这是同学们需要深刻领会和认同的重要思政知识。在讲述新中国《刑事诉讼法》的发展历史时，可以通过几部法律中的一些重要规定的变化，展现中国个体人权的保障和进步，增强对我国法律制度的信心。主要方式是分别选取1979年、1996年、2012年、2018年《刑事诉讼法》中的重要规定，展现我国司法的人权保障水平的提升。其主要知识点和讲授顺序分别为：“人犯”—“犯罪嫌疑人”—“尊重和保障人权”—“主动认罪影响案件处理结果”。

(2)思政教学目标

目标是让同学们养成司法公平的理念，学会运用马克思主义中的辩证唯物主义分析法律现象，感受中国刑事诉讼法人权保障水平的发展并增强制度自信。

(3)思政教学重难点

重点是让学生养成公平理念和增强制度自信；难点是让学生学会运用马

克思主义中的辩证唯物主义分析法律现象。

(4)课堂组织实施

思政教学将主要采取图片教学、案例教学、启发式教学、讲授型教学等方式。具体课程思政元素融入设计见表1。

**表1 “刑事诉讼法的历史发展”课程思政元素映射表**

| 专业知识点 | 思政元素点 | 教学设计 |
| --- | --- | --- |
| 司法决斗 | 公平理念 | 图片、影音教学 |
| 纠问式诉讼下的口供中心主义 | 辩证唯物主义 | 案例教学、制度演化背景的讲授型教学 |
| “人犯”与“尊重和保障人权” | 社会主义人权观、制度自信 | 规范分析、历史分析、比较分析 |

3. 教学成效

通过教学,使学生养成公平理念,认识到我国刑事诉讼法人权保障水平的不断进步,增强对我国社会主义法律制度的信心,并初步学会用辩证唯物主义方法分析法律现象。

## (二)刑事审判概述

1. 样例基本情况

本教学样例针对“刑事审判概述”一章设计。通过综合运用规范分析、实证研究、历史分析、比较研究等多种方法,把司法公正、司法公开、司法民主等理念融入所讲授的内容中,使学生树立宪法法治意识、司法公正意识、司法民主意识,把“努力让人民群众在每一个司法案件中都感受到公平正义”当作职业追求和行动指南。

2. 思政资源分析和教学设计

(1)思政元素融入的理念及思路

第一,思政元素融入的理念:宪法法治意识;司法公正;司法公开;司法民主。

第二,思政元素融入的思路:刑事审判的概念和意义——融入宪法法治意识、司法公正理念;刑事审判原则——融入司法公正、司法公开理念;审判组织——融入司法民主、司法公正理念;人民陪审员制度——融入司法民主理念;审级制度——融入司法公正理念;刑事裁判——融入司法民主、司法公正理念。

(2)思政教学目标

通过讲授刑事审判的基本原理,使学生理解和掌握刑事审判对于贯彻司法公开、体现司法民主、实现司法公正、增强人权保障的意义,鉴定学生对我国刑事司法制度的政治认同,培养其追求司法公正的家国情怀。

(3)思政教学重难点

第一,思政教学重点:刑事审判的特征和意义;审判公开原则、直接言词原则;审判组织;人民陪审员制度;审级制度;刑事裁判的形成。

第二,思政教学难点:审判公开与司法公开的关系;贯彻直接言词原则的问题及对策;审判委员会作为审判组织的根据;人民陪审员制度的司法裁判功能与司法民主功能的关系;合议庭评议制度如何发挥实质性作用。

(4)课堂组织实施

第一,讲授审判的概念、特征和意义,运用历史分析方法,着重阐述我国在推进以审判为中心的刑事诉讼制度改革中所取得的成就。

第二,讲授审判公开原则、直接言词原则、集中审理原则,运用规范分析、实证材料,指出我国在推进司法公开、促进司法公正中取得的进展。

第三,讲授我国的审判组织,对比审判的概念,分析审判委员会作为审判组织的利弊。

第四,讲授人民陪审员制度,运用历史分析、规范分析、实证研究、比较研究资料,分析人民陪审员制度对于实现司法民主、促进司法公正的作用。

第五,讲授审级制度,运用规范分析、历史分析方法,指出我国在促进审级独立、保障司法公正方面取得的进步。

第六,讲授刑事裁判的种类、形成、效力,运用规范分析、历史分析方法,分析我国合议庭评议制度的演进,探讨通过改进合议庭评议制度贯彻司法民主、实现司法公正。

具体课程思政元素融入设计见表2。

**表 2 “刑事审判概述”课程思政元素映射表**

| 专业知识点 | 思政元素点 | 教学设计 |
| --- | --- | --- |
| 刑事审判的概念和意义 | 宪法法治、司法公正 | 历史分析法、互动讨论 |
| 刑事审判原则 | 司法公正、司法公开 | 规范分析、实证分析 |
| 审判组织 | 司法公正 | 规范分析、历史分析、案例教学 |
| 人民陪审员制度 | 司法民主、司法公正 | 历史分析、规范分析、实证研究、比较研究 |
| 审级制度 | 司法公正 | 规范分析、历史分析 |
| 刑事裁判 | 司法公正 | 规范分析、案例分析 |

3. 教学成效

通过教学,使学生真正掌握刑事审判基本原则、人民陪审员制度、审判组织、审级制度、刑事裁判的基本知识,真正了解我国在推进司法改革、实现司法公开、促进司法民主、实现司法公正、保障人权方面取得的进展,真正理解刑事审判的使命在于“努力让人民群众在每一个司法案件中都感受到公平正义”,从而树立程序法治意识和追求司法公正的价值观。

### (三)审判监督程序

1. 样例基本情况

通过讲述,让同学深刻理解习近平总书记提出的“努力让人民群众在每一个司法案件中感受到公平正义”①的要求,以及贯穿我国刑事诉讼制度的辩证唯物主义的认识论、实事求是的指导思想,和我国刑事诉讼中确立的尊重和保障人权的价值观。和域外不同,我国审判监督程序启动的核心条件是“判决确有错误”,这体现了我们国家刑事诉讼实事求是的指导思想。我国审判监督程序的核心功能是纠正错误裁判。同时,我国审判监督程序中的诸多规定,如申诉的主体、情形和效力、再审不加刑原则等,也处处体现了对于保障被害人、被追诉人等的合法权益的重视。因此,该内容也非常适于进行

① 《习近平谈治国理政》(第 4 卷),外文出版社 2022 年版,第 295 页。

课程思政教学。

2. 思政资源分析和教学设计

(1)思政元素融入的理念及思路

思政教学将要融入的思政元素主要是我国刑事诉讼制度赖以作为基础的辩证唯物主义的认识论和实事求是的指导思想、尊重和保障人权理念。

第一,将"努力让人民群众在每一个司法案件中都感受到公平正义"融入课堂的思路。通过政策分析和案例分析引导学生理解这一要求。党的十八大以来,习近平总书记多次对防范纠正冤假错案、维护社会公平正义、加强对司法活动的监督作出重要指示。人民法院坚持以习近平法治思想为指导,以对法律、对人民、对历史高度负责的态度,充分发挥审判监督职能作用,对错案发现一起、纠正一起,通过审判监督程序依法纠正了呼格吉勒图案、聂树斌案、张氏叔侄案等一批有重大社会影响的冤假错案,依法纠正冤错案件的决心之大、力度之大前所未有,对提高人权司法保障水平、加强产权司法保护、提升司法公信力产生了重要影响。

第二,将实事求是的指导思想融入课堂的思路。通过哲学传统的分析、证据法学理论基础的分析使学生深入理解我国刑事诉讼中辩证唯物主义的认识论和实事求是的指导思想。"实事求是、有错必纠"是人民司法一贯强调并坚持的工作原则,也是我国审判监督制度的基础。虽然中立性和被动性是司法权的重要特征,但对于人民法院已经发生法律效力的判决或裁定,如果发现确有错误,不能任由其污染公正的源头,否则会严重损害司法公正进而伤害整个社会的公平正义。

第三,将尊重和保障人权理念融入课堂的思路。通过近几年司法机关纠正错案的具体实证数据的展示引导学生看到我国通过审判监督程序保障人权的努力及其取得的成绩。

(2)思政教学目标

在思政教学上的目标是通过对典型案例的讲解,引导学生反思冤假错案出现的原因,并从中领会司法公正的重要意义;引导学生理解"努力让人民群众在每一个司法案件中都感受到公平正义"要求的深刻内涵;引导学生理解实事求是的指导思想以及尊重和保障人权的价值取向。

(3)思政教学重难点

思政教学的重点是习近平总书记关于纠正冤错案件的相关要求及实事求是的指导思想。思政教学的难点是:第一,如何使学生正确理解辩证唯物主义认识论不是我国刑事诉讼法和证据法的唯一理论基础?第二,如何让学生准确把握在审判监督程序中保障被害人权利和保障被告人权利的复杂关系?

(4)课堂组织实施

习近平总书记有关司法公正的论述主要通过典型案例分析、政策分析引入,然后通过理论上的辨析予以深化。有关实事求是的指导思想的思政元素将以案例分析、比较分析的方法展开与渗透。有关尊重和保障人权理念的思政元素主要通过规范分析、实证分析予以引导。具体课程思政元素融入设计见表3。

**表3 "审判监督程序"课程思政元素映射表**

| 专业知识点 | 思政元素点 | 教学设计 |
| --- | --- | --- |
| 审判监督程序的价值 | 习近平总书记关于司法公正和人民司法的相关论述 | 案例分析、政策分析、影音教学 |
| 审判监督程序的启动条件和改判标准 | 辩证唯物主义认识论和实事求是的指导思想 | 案例分析、比较分析 |

3. 教学成效

通过教学,使学生对人民司法保障人民公平正义感的宗旨有更加深入的理解和认同;使学生更完整、更准确地认识我国刑事诉讼制度的理论基础,建构起正确的价值论、认识论和方法论;使学生更深刻地理解司法公正的意义以及尊重和保障人权的价值。

## 六、"刑事诉讼法学"课程思政元素总览表

| 课程章节 | 重要的课程思政元素 | 相关联的专业知识或教学案例 | 所属思政维度 |
| --- | --- | --- | --- |
| 绪论 | 1. 宪法意识;<br>2. 程序法治精神;<br>3. 尊重和保障人权;<br>4. "四个自信" | 刑事诉讼法与宪法的关系;<br>程序法与实体法的划分; | 政治认同、宪法法治意识 |

续表

| 课程章节 | 重要的课程思政元素 | 相关联的专业知识或教学案例 | 所属思政维度 |
|---|---|---|---|
| | | 刑事诉讼法的目的与任务；<br>刑事诉讼法的历史发展 | |
| 第一章　马克思、恩格斯的刑事诉讼观 | 1. 习近平法治思想；<br>2. 程序正义观；<br>3. 司法权威；<br>4. 司法民主 | 程序法的独立价值；<br>任何人不受非法逮捕和羁押；<br>依法独立行使审判权；<br>刑事司法的民众参与 | 宪法法治意识、<br>政治认同 |
| 第二章　刑事诉讼构造与刑事诉讼主体 | 1. 道路自信与制度自信；<br>2. 政法传统；<br>3. 司法制度的红色基因；<br>4. 集体与个人的关系；<br>5. 职业道德与职业理想；<br>6. 平等观念 | 我国刑事诉讼的构造与特征；<br>人民司法的由来；<br>检察一体和检察监督；<br>审判委员会与检察委员会；<br>司法的职业化；<br>诉讼当事人的权利 | 政治认同、<br>家国情怀、<br>宪法法治意识、<br>道德修养 |
| 第三章　刑事诉讼基本原则 | 1. 党的群众路线；<br>2. 习近平总书记关于深化刑事司法体制改革的相关论述；<br>3. 合作式治理与和谐社会构建；<br>4. 法治思维 | 依靠群众原则；<br>以审判为中心；<br>认罪认罚从宽制度；<br>法院统一定罪原则 | 政治认同、<br>宪法法治意识 |
| 第四章　管辖 | 1. 权利救济；<br>2. 权力配置；<br>3. 刑事司法政策；<br>4. 法律职业规范；<br>5. 公正与效率 | 自诉转公诉与公诉转自诉；<br>监察与检察的工作衔接；<br>死刑案件的级别管辖；<br>跨域调配检察官；<br>并案管辖 | 宪法法治意识、<br>政治认同、<br>道德修养 |
| 第五章　回避 | 1. 从严治党；<br>2. 红色文化与红色基因；<br>3. 职业道德与职业规范 | 回避主体及范围的扩张化；<br>我国有因回避制度的成因；<br>任职回避 | 政治认同、<br>文化素养、<br>道德修养 |

续表

| 课程章节 | 重要的课程思政元素 | 相关联的专业知识或教学案例 | 所属思政维度 |
|---|---|---|---|
| 第六章　辩护与代理 | 1. 以人民为中心的司法；<br>2. 弱势群体的权利保护；<br>3. 司法改革的伟大成就；<br>4. 法律职业规范 | 值班律师；<br>刑辩律师全覆盖；<br>法律援助辩护；<br>辩护人的权利与义务 | 政治认同、道德修养 |
| 第七章　证据与证明 | 1. 实事求是指导思想；<br>2. 辩证唯物主义认识论；<br>3. 程序法治理念；<br>4. 公民的权利与义务 | 证据裁判原则；<br>证据制度的理论基础；<br>非法证据排除规则；<br>证人出庭与证人保护 | 文化素养、宪法法治意识、道德修养 |
| 第八章　强制措施 | 1. 程序法治；<br>2. 司法改革成就；<br>3. 司法便民与权利保障；<br>4. 改革创新精神 | 比例原则与强制措施法定原则；<br>诉前羁押率的大幅下降；<br>《关于取保候审若干问题的规定》（2022 年）；<br>社会危险性的智能评估 | 宪法法治意识、政治认同、文化素养 |
| 第九章　附带民事诉讼 | 1. 社会主义核心价值观；<br>2. 司法理念与价值权衡 | 附带民事诉讼调解与和解；<br>附带民事诉讼的赔偿范围 | 家国情怀、道德修养 |
| 第十章　期间与送达 | 1. 改革创新精神；<br>2. 人权保障 | 电子送达；<br>办案期限与羁押期限的关系 | 文化素养、宪法法治意识 |
| 第十一章　刑事立案 | 1. 国家责任与公民义务；<br>2. 制度自信；<br>3. 和谐社会构建；<br>4. 群众路线 | 报案、控告与举报；<br>我国立案制度的独特功能；<br>和解撤案；<br>立案的材料来源 | 家国情怀、政治认同 |
| 第十二章　刑事侦查 | 1. 程序法治；<br>2. 人权的司法保障；<br>3. 改革创新精神 | 侦查的程序控制；<br>刑讯逼供的国家治理；<br>大数据侦查 | 宪法法治意识、政治认同、文化素养 |
| 第十三章　审查起诉 | 1. 社会治理现代化；<br>2. 司法民主；<br>3. 人权保障 | 听证式审查；<br>附条件不起诉 | 政治认同 |

续表

| 课程章节 | 重要的课程思政元素 | 相关联的专业知识或教学案例 | 所属思政维度 |
|---|---|---|---|
| 第十四章　第一审程序 | 1. 改革成就；<br>2. 程序法定；<br>3. 法律职业道德与规范；<br>4. 政法队伍整顿 | 认罪认罚从宽制度的适用情况；<br>庭审实质化与庭审简化的限度；<br>审判组织的组成与职责；<br>错案责任追究制 | 政治认同、宪法法治意识、道德修养 |
| 第十五章　第二审程序 | 1. 人权保障；<br>2. 实质公正；<br>3. 程序法治 | 上诉不加刑；<br>全面审查原则；<br>恶意上诉的法律规制 | 政治认同、宪法法治意识 |
| 第十六章　死刑复核程序 | 1. 人权保障；<br>2. 优秀传统文化 | 死刑的程序控制；<br>死刑复核程序的历史渊源 | 政治认同、文化素养 |
| 第十七章　审判监督程序 | 1. 以人民为中心的司法；<br>2. 程序法治；<br>3. 人权保障；<br>4. 改革创新精神 | 近年来纠正冤错案的成就；<br>审判监督程序的启动方式；<br>再审不加刑；<br>有利被告再审原则的确立 | 政治认同、宪法法治意识、文化素养 |
| 第十八章　各种判决裁定的执行 | 1. 程序法定；<br>2. 人权保障；<br>3. 社会主义核心价值观 | 执行的根据；<br>社区矫正；<br>监管及服刑条件的改善；<br>财产刑的执行 | 宪法法治意识、政治认同、家国情怀 |
| 第十九章　执行的变更与监督 | 1. 实事求是；<br>2. 人权保障；<br>3. 程序法治；<br>4. 法律职业道德与规范 | 死刑执行的变更；<br>监外执行；<br>违规减刑、假释的治理 | 政治认同、宪法法治意识、道德修养 |
| 第二十章　未成年人刑事案件诉讼程序 | 1. 青少年“三观”的正确培养；<br>2. 弱势群体权利保障；<br>3. 社会主义司法文明 | 未成年人犯罪及司法现状；<br>未成年人司法的特殊原则；<br>未成年人司法的特殊制度 | 道德修养、政治认同 |

续表

| 课程章节 | 重要的课程思政元素 | 相关联的专业知识或教学案例 | 所属思政维度 |
| --- | --- | --- | --- |
| 第二十一章 刑事和解程序 | 1. 优秀传统文化；<br>2. 创新改革理念；<br>3. 和谐社会构建 | 刑事和解程序的历史渊源；<br>刑事和解与恢复性司法理念；<br>刑事和解的社会治理功能 | 文化素养、政治认同 |
| 第二十二章 刑事缺席审判程序 | 1. 改革成就；<br>2. 程序法治 | 党的十八大以来全面加强反腐败斗争所取得的重大成就；<br>缺席审判的程序限度 | 政治认同、宪法法治意识 |
| 第二十三章 违法所得没收程序 | 1. 党的理论及制度创新；<br>2. 司法公正与国家利益；<br>3. 程序法治 | “一带一路”廉洁风险司法保障；<br>没收违法所得中的国际合作；<br>没收违法所得程序的适用条件 | 政治认同、家国情怀、宪法法治意识 |
| 第二十四章 强制医疗程序 | 1. 宪法法治意识；<br>2. 科学精神与法律理想 | 强制医疗程序的诉讼化；<br>程序中的医学与法学 | 宪法法治意识、文化素养 |

（闫召华）

# “民事诉讼法学”课程思政教学指南

## 一、“民事诉讼法学”课程简介

“民事诉讼法学”课程适合于法学本科生及对法学知识感兴趣的学生。课程以中国特色社会主义法治体系为框架，以对基础理论、基本概念、基本规则的教学为基础，构建中国特色哲学社会科学学科体系、学术体系、话语体系，引导学生关注国家重大战略政策中的民事纠纷解决，深化传统文化教育；创新教学模式，通过在线课程进一步扩大课程思政的实效性及影响力。本课程主要内容包括民事诉讼基本理论、民事诉讼法基本制度和原则、民事审判程序、民事证据法等。课程的特色在于：第一，汇集优质师资力量，实现团队智慧统合。本课程以诉讼法学全国重点学科为依托，由国家级人才教育部“长江学者奖励计划”特聘教授担任课程思政负责人，发挥示范引领作用，从国家级教学团队中遴选骨干教师组建课程思政教学团队。第二，关注司法时政方针，保持内容与时俱进。及时将时政热点及国家重要政治经济政策转化为专业知识和思政元素有机融合的案例，并通过准确的解读，引导青年学子正确价值观的塑造。第三，创新智慧技术手段，促进师生教学相长。在线上线下混合式教学模式的基础上，进一步拓展了研讨式教学、翻转课堂等多种教学方法，不仅实现了学生学习质效的提升，更促进了教师教学及科研水平的提高。

## 二、教学目标与教学内容

### （一）教学目标

作为拥有“国家级教学团队”的“全国重点学科”，西南政法大学民事诉讼法学专业实力雄厚，处于全国领先位置。本课程是一门培养学生程序法理论及思维方式的专业基础课，以立德树人、德法兼修的育人理念为指导，利用线上线下混合模式，以培养中国特色社会主义法治人才为目标。

1. 价值目标

将社会主义核心价值观具体化、实践化，实现思政教育与专业教育无缝融合，使学生坚定中国特色社会主义道路自信、理论自信、制度自信、文化自信。

2. 知识目标

使学生全面理解掌握民事诉讼法学的基础理论、基本制度和具体规则，学思践悟习近平全面依法治国新理念新思想新战略。

3. 能力目标

优化学生逻辑思维方式，提升学生自主学习的能力和语言表达能力。培养学生运用多学科知识维护自身权利、解决民事纠纷的专业素养。

### （二）教学内容

1. 设计思路

本课程采用“线上＋线下”与“课上＋课下”的混合教学模式，将教学过程分解为课前→课中→课后三个阶段。所有授课对象提前分为若干讨论小组，课前，学生通过慕课平台观看线上课程视频，预习课程内容。学生需要完成线上视频的研读与测验，然后开展课下的分组讨论。课中，教师开展针对性教学，通过教师讲解与学生互动等方式，对课程学习的重点及难点问题各个击破。一方面，所有学生均有智能化手机，有利于教学活动信息化的顺利开展，利用手机投屏功能，可以实现教师教学设备的便捷化；利用智能化签到，有利于迅速便捷地记录考核出勤率；利用随机选人功能，可以促使同学们认真开展线下课下讨论；利用投票功能，可以直观迅速地统计同学们对某问题的看法；利用投放作业功能，可以迅速统计同学们的答题情况；“分组任务”功能用于小组成员之间根据线上与线下、课上与课下的讨论表现互相评分，从而将其作为平时成绩之一。以上新媒体和新技术，均很好地实现了在线开放课程的“线上＋线下”混合教学模式。另一方面，课程授课环境为智慧教室，四周均安装了屏幕，且配备了可活动的圆桌与圆椅，有利于同学们开展案例研讨，从每个方向均可看到屏幕。课后，教师通过慕课平台给学生布置单元测验与作业习题,学生通过练习题复习巩固课前课中学习的知识点。学生在课后还可以通过“课堂讨论帖”中对实践案例的讨论,加强对关联知识点的掌握。教师可以通过线上测试数据,了解学生对课程内容的掌握情况,还可以通过讨论区回复解答学生的课后疑问。

在课堂教学过程中,本课程采取 BOPPPS 模式。首先,通过案例等方式导入课程主题,引起学生的学习兴趣。同时,采用提问题等方式对学生的预习情况进行前测,明确本节课的学习目标。其次,通过参与式学习方式进行课程内容讲解。教师针对前测结果体现出的课程重点难点内容进行讲授梳理,加深学生对理论知识的掌握。随后,列举与知识点相关的实践案例,让学生采用个人报告、小组讨论等方式参与到学习中,变被动接受为主动参与,加深学生对所学内容的理解,提高学生的学习兴趣,培养学生的语言表达及沟通合作能力。最后,通过学生回答问题等方式对本节课的学习效果进行后测,同时,教师总结本节课的重点难点,就遗留下来的疑点问题与学生进行交流,并布置课后线上习题作业,帮助学生巩固所学知识。

2. 教学重难点及对重难点的处理

民事诉讼法学是一门研究民事诉讼程序的运行状况及实践经验,进而将其抽象为民事诉讼理论的科学。它与刑事诉讼法学、行政诉讼法学共同构成了我国三分法模式的诉讼制度宏观体系。作为我国法学专业 14 门基础主干课程之一,民事诉讼法学以研究民事诉讼法学理论和实践,揭示民事诉讼法发展、传承的基本规律为核心,理论系统性强,现实应用性突出。本课程主要内容包括民事诉讼的基本理论、民事诉讼法的基本制度和原则、民事审判程序、民事证据法以及执行程序等。学习的重点难点包括:当事人、管辖、民事诉讼基本原则与基本制度、民事证据法、诉的基本理论、民事一审程序、民事二审程序、审判监督程序以及执行程序等。对于民事诉讼法,我们需要掌握历史法学、注释法学、比较法学、实证研究以及系统研究等学习方法,了解民事诉讼法学的历史发展、熟悉现行立法规定及司法实践,并在此基础上掌握世界各国的立法差异,构建民事诉讼完整的理论体系。通过学习民事诉讼法,学生能更好地掌握民事诉讼理论、民事诉讼技能,成为具备理论分析和实践操作能力的现代法律职业人才。

## 三、课程思政教学方法与评价方式

### (一)课程思政教学方法

1. 深入挖掘思政原理的资源供给

课程深入研究中国特色社会主义法治体系,以司法改革目标及国家重大战略为中心,将习近平法治思想融入民事诉讼法的课程教学中;挖掘和传承中华法律文化精华,向学生传授我国古代民事司法体制中蕴含的丰富智慧和资源;结合西政精神,探寻西政校友典型事迹,将西政校友事迹融入教学案例中予以讲解,一方面可以缓解专业理论的枯燥以激发学生们学习的热情,另一方面可以在精神上引导学生们树立家国情怀。

2. 充分利用民事一体的教学思维

以民事诉讼法与民法典的衔接融合为契机,凸显民法思政元素,将民法典纳入课程教育体系,加强对学生民法学的教育,引导学生深刻理解中华优秀传统文化中的思想精华和时代价值。

3. 多元扩充思政教学的实施方法

第一,创新课堂教学模式。推进现代信息技术在课程思政教学中的应用,探索扩大线上线下混合式教学模式的覆盖面,促进优质资源在各高校间共享。第二,强化实践教学方法。组织学生在本地司法机构进行实践观摩,利用学校模拟法庭开展模拟审判。第三,建立课程团队思政集体教研制度。利用传帮带机制提升青年教师的教学能力,加强思政课教师与专业课教师的合作,将最新的思想政治教育内容融入教学中。

### (二)课程思政评价方式

“民事诉讼法学”课程思政从学生对专业知识的掌握度和对思政元素的领悟度两个方面构建多元考核评价体系。第一,以专业学习成效为基础,融入思政考核元素。在专业考核(包括平时、期中和期末)中设计了兼具专业知识和思政元素的作业或考题,既可考查学生对专业知识的掌握度,又能准确评价课程思政教学的有效性。第二,通过线上线下混合模式提升学生对课程思政教学的满意度。首先,通过线上课程提前启发学生思考专业知识与思政元素的内在联系。其次,在线下教学中阐述思政元素与专业学习的相互融合。最后,通过线上评价专栏以及线上问卷调查等方式了解学生对教学的满意度及完善建议。

## 四、课程思政教学资源及研究开发

课程运用多种形式的教学资源,线上教学资源包括中国大学慕课平台上本团队自有的线上课程视频 95 个,实时更新的各类学习资料富文本 200 余个,大量习题作业库,线上课程直播等,线上师生互动发帖数量过万;线下教学资源包括各类教材课件,科研论文参考文献资料以及实践案例库等。

## 五、教学实例

### (一)司法为民的家国情怀与法律认知

在讲授“民事诉讼法概述”这一知识点时,引导学生理解当下民事司法改革的核心,理解我国民事诉讼法的程序群,掌握习近平法治思想的精髓,培养学生司法为民、以人民为中心的家国情怀与法律认知。

1. 第一阶段,单独开辟出 5 ~ 10 分钟的时间,为大家讲述授课老师本人在最高人民法院挂职期间的经历与感受,重点突出习近平总书记提出的“努力让人民群众在每一个司法案件中感受到公平正义”①。并结合其自身经历,引出民事诉讼法学习的难点及其缘由,导引出坚定“四个自信”的必要性。

2. 第二阶段,在主要内容讲述的开始,通过向同学们随机提问引出马克思主义中国化的主题,并从民事诉讼法视角以 PPT 的方式讲解我国民事诉讼法的指导思想。

3. 第三阶段,在主要内容的中段,进行 10 分钟左右的思政教学,通过当事人的程序主体性、程序选择权与自我责任、程序公正与诉讼效率兼顾以及民事私益与公益的协同保护四个理念的讲授,有机融合社会主义核心价值观的内涵,凸显我国司法为民、以人民为中心的习近平法治思想精髓。

---

① 《“努力让人民群众在每一个司法案件中感受到公平正义”——习近平推进司法公正的故事》,载中国政府网,https://www.gov.cn/xinwen/2021-07/06/content_5622770.htm。

4. 第四阶段，在讲解完第三部分我国民事诉讼法的结构与第四部分我国民事诉讼法的程序后，结合结语部分的我国民事诉讼法的未来，导引出中国特色社会主义的“四个自信”，尤其对理论自信与制度自信展开较为详细的论述，坚持加快构建中国特色哲学社会科学学科体系、学术体系、话语体系。

### （二）以人民为中心的理念

在讲授“民事诉讼模式”这一知识点时，可引导学生思考：坚持以人民为中心，不仅是习近平法治思想的重要价值追求，也是全面依法治国的目标指引。在此背景下，不同的民事诉讼模式各有何优劣？我国应当采取哪种民事诉讼模式？自然而然地引入以人民为中心的思政元素，并在此基础上以我国改革为基础强化与政治认同、思想认同、情感认同、“四个自信”等思政元素的紧密融合。

1. 第一阶段，介绍民事诉讼模式转型改革的背景。2015 年 10 月，党的十八届五中全会强调，“必须坚持以人民为中心的发展思想，把增进人民福祉、促进人的全面发展作为发展的出发点和落脚点，发展人民民主，维护社会公平正义，保障人民平等参与、平等发展权利，充分调动人民积极性、主动性、创造性”。党的十九大报告明确指出：“新时代中国特色社会主义思想……必须坚持以人民为中心的发展思想……”民事诉讼作为解决纠纷、保护当事人合法权益的程序方式，必须充分体现人民性，只有这样，才能从根本上实现其应有的效能。在以人民为中心的理念之下，我国民事诉讼模式的设置应当充分尊重当事人主体地位，实现从职权主义向当事人主义的转型。

2. 第二阶段，介绍民事诉讼模式转型改革的内容。在以人民为中心的理念之下，当事人主义的诉讼模式包含了实体与程序两个方面。实体方面，需要尊重当事人对裁判实体产生的影响与决定。诉讼请求层面，保障处分权主义的作用。诉讼资料层面，落实辩论主义原则的作用。具体而言，以主张责任实现当事人自我责任，以自认规则约束法官的事实认定，以禁止证据调查限缩法官权限。程序方面，应当保障当事人的程序参与权。具体而言，需要保障当事人对纠纷解决方式的选择权、对民事诉讼程序的选择权、对诉讼方式的选择权，同时在诉讼过程中需要充分保障当事人的辩论权、举证权等程序主体权利。

3. 第三阶段，介绍民事诉讼模式转型改革的意义。民事诉讼模式改革是事关全局的重大改革，是民事诉讼制度整体的顶层设计。民事诉讼模式的转型改革是全面依法治国的需要，也是推进国家治理体系和治理能力现代化的需要。从职权主义诉讼模式转向当事人主义诉讼模式，既是时代的要求，也是我们党在吸收了古今中外有益经验的基础上与时俱进的表现，体现了中央全面依法治国的决心。

### （三）中国古代民事司法文明

在讲授“民事纠纷及其解决机制”这一知识点时，通过对和解、调解、仲裁等诉讼外纠纷机制中反映出的中国传统文化中的“和合文化”的介绍，大力弘扬以爱国主义为核心的民族精神和以改革创新为核心的时代精神，教育引导学生深刻理解中华优秀传统文化中尚和合、求大同的思想精华和时代价值，教育引导学生传承中华文脉，使学生富有中国心、饱含中国情、充满中国味。

1. 第一阶段，为大家介绍纠纷非讼救济方式与民事诉讼制度之间的区别。重点突出非讼救济方式在提高效率，合理分配司法资源，体现以人民为中心的思想方面的优势作用，导引出坚定“四个自信”的必要性。

2. 第二阶段，为大家详细介绍各种非讼解决机制的特点及优劣之处。重点指出，习近平总书记强调，把非诉讼纠纷解决机制挺在前面，从源头上减少诉讼增量。推动更多法治力量向引导和疏导端用力，完善预防性法律制度，坚持和发展新时代“枫桥经验”，完善社会矛盾纠纷多元预防调处化解综合机制。

3. 第二阶段，为大家介绍域外法中的 ADR 机制以及与我国多元化纠纷解决机制的对比。引导学生了解，不能武断移植域外制度与规则，多元化纠纷解决机制的完善应当以我国的国情和司法实践为背景，从我国古代和解、调解等纠纷解决机制中吸取精华；引导学生深刻感受并坚持中国特色社会主义“四个自信”。

## 六、“民事诉讼法学”课程思政元素总览表

| 一级指标 | 二级指标 | 主要对应章节 |
| --- | --- | --- |
| 政治认同 | 1. 坚持不懈用习近平新时代中国特色社会主义思想铸魂育人;<br>2. 增强对党的创新理论的政治认同、思想认同、情感认同;<br>3. 坚定中国特色社会主义道路自信、理论自信、制度自信、文化自信 | 绪论;第一章:民事诉讼法概述;第二章:民事诉讼的基本原理;第三章:民事诉讼法的基本原则;第四章:民事诉讼的基本制度;第九章:法院调解与诉讼和解;第十六章:特别程序;第十九章:执行程序;第二十一章:涉外民事诉讼程序;第二十二章:司法协助 |
| 家国情怀 | 1. 把国家、社会、公民的价值融为一体;<br>2. 个人的爱国、敬业、诚信、友善修养;<br>3. 社会的自由、平等、公正、法治 | 第五章:当事人与诉讼代理人;第七章:民事诉讼证据;第八章:民事诉讼证明;第十章:民事诉讼保障制度;第十九章:执行程序;第二十章:民事执行程序分论 |
| 文化素养 | 1. 以爱国主义为核心的民族精神;<br>2. 以改革创新为核心的时代精神;<br>3. 引导学生传承红色基因、报效祖国的奉献精神 | 第一章中的“我国民事诉讼法的立法根据、任务与效力”;第九章:法院调解与诉讼和解;第十九章:执行程序;第二十章:民事执行程序分论 |
| 宪法法治意识 | 1. 学思践悟习近平法治思想;<br>2. 牢固树立法治观念;<br>3. 运用法治思维和法治方式的能力 | 第六章:管辖制度;第十章:民事诉讼保障制度;第十一章:第一审普通程序;第十二章:简易程序;第十三章:公益诉讼与第三人撤销之诉;第十四章:第二审程序;第十五章:再审程序;第十七章:督促程序;第十八章:公示催告程序 |
| 道德修养 | 1. 职业理想;<br>2. 职业道德;<br>3. 职业规范 | 第五章中的“回避”“公开审理”;第十章中的“对妨害民事诉讼的强制措施”;第十九章中的“执行豁免” |

（谷佳杰、李凌）

# “行政法与行政诉讼法”课程思政教学指南

## 一、“行政法与行政诉讼法”课程简介

“行政法与行政诉讼法”课程面向法学专业本科学生和行政管理、公共事业管理、思想政治教育、刑事侦查、外语等非法学专业本科学生开设。

本课程旨在将行政法与行政诉讼法专业知识和其他法学或非法学专业知识紧密结合,促使法学专业本科学生全面掌握法学知识和技能,非法学专业本科学生更加规范和有针对性地学习掌握本专业知识,在未来的实际工作中取得更好的现实效果。

本课程的主要内容包括,行政法学基本原理,行政组织法与公务员法,行政行为理论,行政处罚法、行政许可法、行政强制法、政府信息公开条例和其他行政公权力行为理论与制度,监督行政理论,行政复议法,行政诉讼法和国家赔偿与补偿制度。

本课课程特色包括:(1)与宪法、民法、刑法、民事诉讼法、刑事诉讼法、纪检监察制度融会贯通,使学生全面掌握法学体系,协调其与党的理论、法规和制度的关系;(2)学生学习行政法与行政诉讼法基础理论,明确我国行政法体系以及行政体制的政治理论和宪法基础;(3)学生学习行政处罚法、行政许可法、行政强制法、行政复议法、行政诉讼法等法律制度,深刻理解行政法与行政诉讼法维护公共利益、公共秩序,保护公民、法人或者其他组织合法权益的基本内涵,熟练掌握行政法实务技能。

## 二、教学目标与教学内容

### (一)教学目标

本课程的教学目标主要包括价值目标、知识目标、能力目标三个方面。

1. 在价值目标上我们希望通过教学活动，促使学生牢固确立全面贯彻党的理论、路线、方针、政策和决策，科学实施立法活动，严格行使行政职权、履行行政职责，公正实施司法裁判行为等马克思主义立场和依法治国、依法行政理念，自觉维护公共利益、公共秩序，保护公民、法人或者其他组织的合法权益。

2. 在知识目标上我们希望通过教学活动，促使学生不仅要学习掌握行政法与行政诉讼法理论和制度及其相应的法律思维和法律方法，还要主动学习和探索我国行政法与行政诉讼法理论和制度生成并运行的政治和文化环境，全面领悟与掌握马克思主义基本原理尤其是中国化了的马克思主义理论，以及在当代国家治理方面具有积极意义的中华优秀传统文化的核心内容。

3. 在能力目标上我们希望通过教学活动，训练学生了解和掌握行政法与行政诉讼法的思维能力和运用技巧，学会并熟练运用马克思主义世界观和方法论，以及我国传统道德规范理解和解释行政法实务问题，从而在未来的行政法实务工作中能更好地实施立法、执法和司法行为，为国家治理体系和治理能力现代化作出积极贡献。

### （二）教学内容

本课程的教学内容主要包括课堂设计思路、教学重难点及对重难点的处理三大方面。

1. 在课堂设计上我们主要采取以下思路：第一，教师在课前布置下一次课的教学内容，并提出若干需要事先思考的问题，指出要参看的典型案例，学生在课前做好较充分的准备；第二，教师在课堂上对本次课的核心知识点及其政治理论基础和思维方法，进行归纳、解释和训练，使学生逐步掌握行政法与行政诉讼法的核心知识及对其进行规范运用的能力；第三，教师展示事先设计的与核心知识点密切相关的教学案例或练习题，与学生一起思考与讨论，提高学生解决行政法与行政诉讼法现实问题的能力；第四，教师经过一段时间的教学后，在课堂上进行阶段性测验，考查学生近一段时间的学习效果，防止学生对学习任务产生懈怠；第五，教师在课堂教学过程中留出一定的时间接受学生提问，学生可以就自己学习过程中的疑惑向老师提问，老师在答疑的同时进一步归纳强化过去的知识点。

2. 本课程的教学重难点主要包括以下几个方面：第一，行政法的功能和意义。让学生理解和掌握为什么产生行政法，行政法在国家治理中的现实意义是什么。第二，行政法的基本原则。帮助学生明确我国行政法究竟包括哪些基本原则，这些原则的基本内涵和要求是什么，基本原则有什么法律地位，对规范行政权力有哪些现实作用。第三，行政主体理论与制度。让学生掌握我国有哪些行政主体，如何辨别行政主体资格，行政授权和行政委托的内涵和区别主要是什么。第四，行政行为理论。行政机关可以实施的行政行为的种类和数量繁多，还有与行政行为类似的行政事实行为，掌握行政行为基本理论是正确理解和实施具体行政行为的前提。第五，行政许可、行政处罚、行政强制。目前只针对这三种行政行为专门制定了法律，实务中这三种行为的事实最为普遍，学生应当重点掌握。第六，行政程序原理。我国虽然没有制定统一的行政程序法，但是实施行政行为应当履行基本的行政程序义务，行政程序对于规范行政权力，保护公民、法人或者其他组织的合法权益具有重要现实意义。第七，行政复议。我国已经制定了《行政复议法》，行政复议是监督行政机关依法行使职权、履行职责，保护公民、法人或者其他组织合法权益的重要方式，应当重点学习和把握。第八，行政诉讼。我国已经制定了《行政诉讼法》，由此形成三大诉讼，行政诉讼中有很多细节性法律问题，只有掌握行政诉讼法才能真正确立依法行政的理念。第九，行政赔偿。我国制定了国家赔偿法，行政赔偿是其中最主要的内容，掌握行政赔偿的内容对未来依法从事行政活动和监督行政工作具有重要作用。

3. 为了使学生能够全面掌握行政法与行政诉讼法的重点内容，有效解决难点问题，我们主要采取以下措施：第一，梳理归纳重点、难点。教师事先梳理并总结本课程的重点章节和知识点，指出学生在学习过程中可能产生的疑难问题，帮助学生在学习过程中重点学习和把握。第二，教师在课堂上统一讲解解释。在教学过程中，教师根据课时安排，将更多教学资源倾注于重点和难点问题，通过进行耐心细致的讲解和典型案例分析，使学生全面领悟和掌握重点难点问题。第三，教师在课外接受学生的个别咨询。教师安排课余时间，接受学生的提问，学生可以通过电话、微信等方式随时和教师取得联系，由教师进行个别答疑解惑。第四，对重点难点进行测试训练。为了了解学生对重点难点问题的学习效果，从整体上解决重点难点问题，教师设计相应的试题,进行阶段性测试,使学生更加重视重点难点问题的学习和思考。

## 三、课程思政教学方法与评价方式

本课程非常重视课程思政教学方法,也设计了相应的评价方式。

### (一)教学方法

1. 理论解读法。教师在行政法与行政诉讼法知识点的讲解过程中,对涉及的马克思主义理论问题进行理论分析讲解。如在进行行政组织法教学时,给学生分析习近平新时代中国特色社会主义思想及习近平总书记关于依法治国、依法行政的重要论述,还有近年来党中央提出的《党和国家机构改革方案》;使学生更加深刻地认识到我国行政法与行政诉讼法理论和制度中的马克思主义理论基础,更加准确地把握行政法与行政诉讼法理论与制度的内涵。

2. 案例分析法。教师针对典型案例,在分析法律争议和法律制度的同时,分析其中蕴含的马克思主义理论、党的政策与决策要求、中华优秀文化传统。如在行政处罚案例中,教师分析行政执法机关将处罚与教育相结合的原则、行政裁量权的运用问题,分析这些制度和原则背后蕴藏的党中央关于惩前毖后、治病救人的理念,以及权力应当关进制度的笼子里等关于法治中国建设的要求。

3. 讨论思考法。教师在授课过程中,就一些核心知识点的理解,组织学生从行政法与行政诉讼法理论以及马克思主义理论和传统文化的角度进行更加全面的讨论与思考。如在讲授行政许可立法背景时,组织学生讨论我国重视公共利益和公共秩序的传统,党中央在改革开放、发展社会主义市场经济、进行行政审批体制改革、赋予公民更多自主决定权方面的大量举措。

4. 社会调查法。教师带领学生到政府机关、基层群众自治组织、法院、检察院等单位进行社会调查,帮助学生了解实务部门的工作实际和人民群众的切身感受,使学生能够更加直接地体验党中央政策和决策的目标、内涵和实施效果。如教师带领学生参观政务服务大厅,使学生体会近年来党中央在政务服务、数字中国、数字法治等方面的改革与成就。

5. 统计分析法。教师带领学生收集与行政法和行政诉讼法相关的数据材料，按照相关标准进行统计分析，使学生更加深刻地了解党中央在各方面的改革措施的实际效果。如教师带领学生收集近年来行政诉讼调解结案的数据、行政机关负责人出庭的数据等，通过统计分析，使学生切实感受到党中央关于多元化解行政争议，法治政府建设要抓住“关键少数”等的要求在行政法实务中的重要意义和实际效果。

### （二）评价方式

1. 课堂观察。教师在课程思政教学过程中，观察学生对行政法与行政诉讼法问题进行思考和表达的方式，了解其运用马克思主义理论与方法分析解决问题的习惯和表现，发现不足就及时指出并全面解释。

2. 平时测试。教师通过平时进行的阶段性测试，了解学生运用课程思政教学内容全面解决理论问题的能力，发现不足及时在课堂上讲解解答。

3. 期末考试。课程结束以后，教师在阅卷过程中全面了解学生运用行政法与行政知识以及马克思主义理论和传统文化，认识问题解决问题的综合能力，最终给出恰当的成绩评价。

4. 教学反思。在课堂之外包括课程结束以后，教师对自己一学期的专业课教学中除专业知识讲授外的课程思政教学的要点进行总结，对不足之处进行反思，进而在下一次专业课程教学过程中进一步完善课程思政教学内容和教学方法。

## 四、课程思政教学资源及研究开发

### （一）课程思政教学资源

1. 教师资源：课程思政教学拥有丰富的教师资源，依托行政法教研室，基本形成一个师风师德优良、师资队伍合理的课程思政教师资源库。

2. 课件资源：包括教学 PPT、教案、讲义等。教师根据课程思政特点和学生需求，从课程内容出发，在课间融入对学生的价值引领，实现课程育人的水乳交融，设计并制作相应的教学课件，以便更好地展示教学内容，培育学生正确的人生观、世界观、价值观。

3. 多媒体资源：包括音视频资料、网络课程等。教师从爱党、爱国、敬业、诚信的核心出发,对行政法课程进行德育元素的提炼,通过运用多媒体资源,将抽象的思政概念以直观、生动的方式呈现给学生,极大增强学生的兴趣和参与度。

4. 案例资源:包括真实案例、模拟案例等。在将课程知识点和思政教育进行深入融合的融合式教学中,教师可以将抽象的思政理论与具体的实践相结合,帮助学生理解和应用思政知识。例如,选取一些具有典型性和代表性的课程思政案例进行分析讨论,引导学生思考和解决实际问题,达到润物细无声的效果。

5. 阅读资源:包括经典著作、学术论文等。图书馆拥有大量思政教育阅读资源,通过引入阅读资源,教师可以培养学生的阅读兴趣和阅读能力,促进学生进行深度思考并形成批判性思维,提升他们的思辨能力和文化素养。

6. 实践资源:包括社会实践、实验实践等。依托地方政府法制研究中心、行政程序法研究中心等实践基地,鼓励学生投身实践活动,提升他们的实践能力和创新意识。

### (二)课程思政教学资源的开发利用

1. 完善课程思政资源库。建立和完善课程思政资源库是课程思政资源建设的重要环节。这个库包括各种课程教材、教学设计、案例分析、微视频等多种形式的资源,教师根据需要进行选择和利用。

2. 完善课程思政创新平台。创新平台是推动课程思政资源建设的重要手段。完善创新平台,可以为教师提供更多的学习、交流、分享等机会,促进课程思政的不断创新和优化。

3. 加强课程思政师资队伍建设。课程思政师资队伍建设是课程思政资源建设的重要保障。要加强对教师的思政素养和课程思政能力的培养,建立健全教师培训机制,提高教师的教学水平和思政水平。

4. 推进课程思政信息化建设。信息化建设是课程思政资源建设的必然趋势。要通过信息化手段,为教师提供更加丰富、便捷的资源和服务,促进课程思政的信息化、数字化、智能化。

## 五、教学实例

### （一）培养学生爱国情怀

1. 课程知识点介绍

教学过程中紧扣现实或者热点问题，一方面引起学生的学习兴趣，另一方面引导学生关注社会热点问题，帮助学生以问题为焦点，搜寻所需了解的知识与信息，进而促使学生思考解决问题的方案，培育其社会责任感和新青年的担当意识。

2. 知识点对应的思政元素

课程将当期热点社会问题作为学生讨论和实践调研以及课程论文的主题，引导学生利用线上、线下学习的课程知识点讨论分析社会热点中的相关法律问题，激发学生的学习积极性，引导学生进行调研和集中讨论，反思该社会问题产生的主要原因，并引导其分析思考对应的解决方案。在此过程中，不仅能够帮助学生树立起社会问题意识，还能帮助其直接或间接地参与到社会治理的事务中去，培育其社会责任感和主人翁意识，深化其爱国情怀。

### （二）培养学生法治信仰

1. 课程知识点介绍

学生法治思维的塑造需要长期法学理论课的学习及法治实践，行政法与行政诉讼法课程是学生法治思维塑造的一个重要环节，应培养学生主动运用法治手段解决具体法律问题的意识、思维和能力。行政法与行政诉讼法课程重点塑造学生依法行政、依程序行政的思维，课程内容设计重视依法行政、合理行政、信赖保护、正当程序等内容的介绍，将社会主义核心价值观和社会主义法治理论融入教学内容，将法治政府建设相关理论作为重点内容，增强学生对中国特色社会主义法治理论、法治道路、法治体系和法治文化的自信。

2. 知识点对应的思政元素

在中共中央、国务院印发《法治政府建设实施纲要（2021—2025 年）》后，设计相关课程内容，围绕《法治政府建设实施纲要（2021—2025 年）》提出的新问题、新说法进行讨论学习，提醒学生用法治思维关注国家政府法治新动态。设计相关课程内容,引导学生思考社会热点事件的法律属性界定、法律后果、法律救济等内容,用法治思维分析日常生活中的行政法律问题,培养学生的法治思维和法治信仰。日常法治思维的培养有助于学生更深层次地认识我国行政法的现状和未来发展趋势,从而实现专业知识—思维培养—专业知识的良性循环。

### (三)培养学生诚信意识

1. 课程知识点介绍

通过翔实和丰富的实际案例、事例与专业知识结合的讲解,帮助学生理解作为行政法基本原则之一的诚实守信原则,包括其内容、表现和应用。再者通过丰富而生动的案例、事例的讨论与互动,引导学生思考诚实守信原则作为政府行政过程中的内因的价值,从而思考整个社会信用体系的构建和据此建立起的包括告知承诺制在内的制度,启发学生自主形成信用观念、正确的道德观念和价值取向,践行社会主义核心价值观。

2. 知识点对应的思政元素

通过引入四川某市政府调整土地规划、上海钓鱼执法案例,引发学生对政府作出的行政行为的思考,引导学生思考政府行政行为的公定力,进而思考整个社会的信用体系现状和构建,最后落实到个人自主树立诚信意识与信用观念上。

3. 具体案例

(1)四川某市政府调整土地规划案件

2008 年,沿海企业甲到四川某市投资,并与区人民政府签订招商引资协议,约定甲企业投资修桥路等基础设施,政府向甲企业供商住用地 1000 余亩。甲企业投资 3 亿多元,政府向甲企业颁发国有土地使用证(600 余亩),但未交地。甲企业向市中级人民法院提起诉讼,要求交地,中级人民法院判决交地。

(2)上海钓鱼执法案件

2009 年 9 月 8 日,上海市民张某驾驶“长安福特”汽车在路口等红绿灯时,一名 30 多岁的男子捂住腹部,声称“胃痛”,要求张某搭载一程。7 分钟后,该男子主动提出,“我给你 10 块钱”。张某称,他当时立刻表示,“我是私家车,你胃疼才载你的,不要你钱”。两分钟后,张某驾驶的“长安福特”汽车在该男子的要求下转弯停下。该男子试图拔出该车钥匙,并与张某扭成一团。七八名身穿黄绿色制服的执法人员包抄上来。张某随后被执法人员强行押入一辆面包车,“长安福特”汽车也遭到扣押,那位男乘客则不知去向。上海市闵行区城市交通行政执法大队认定张某为“非法营运”,并对其处以1万元的行政罚款,交付罚款10天后可取回扣押车辆。

## 六、“行政法与行政诉讼法”课程思政元素总览表

| 课程章节 | 重要的课程思政元素 | 相关联的专业知识或教学案例 | 所属思政维度 |
|---|---|---|---|
| 第一章　行政法概述 | 1. 爱国主义情怀;<br>2. 思想政治素质;<br>3. 道德与伦理素质 | 1. 行政主体及其职权;<br>2. 行政行为及其程序;<br>3. 行政违法、行政责任和行政救济 | 知识维度、情感维度 |
| 第二章　行政法的基本原则 | 道德与伦理素质 | 诚信原则 | 知识维度、行为维度 |
| 第三章　行政主体与公务员 | 1. 思想政治素质;<br>2. 道德与伦理素质 | 1. 党的全面领导与行政主导的关系;<br>2. 行政机关的设置和职能;<br>3. 行政机关的内部组织 | 知识维度、能力维度 |
| 第四章　公务员法 | 1. 思想政治素质;<br>2. 道德与伦理素质 | 1. 制度提要;<br>2. 身份关系;<br>3. 义务权力 | 知识维度、能力维度 |
| 第五章　行政立法 | 1. 思想政治素质;<br>2. 道德与伦理素质 | 1. 行政立法的概念及其特征;<br>2. 行政立法的主要类型 | 知识维度、能力维度 |
| 第六章　行政行为概述 | 1. 爱国主义情怀;<br>2. 思想政治素质;<br>3. 道德与伦理素质 | 1. 行政行为的概念与特征;<br>2. 行政行为的分类;<br>3. 行政行为的构成要件;<br>4. 行政行为的内容 | 知识维度、情感维度、能力维度 |
| 第七章　授益行政行为 | 1. 思想政治素质;<br>2. 道德与伦理素质 | 行政许可法 | 知识维度、能力维度 |

续表

| 课程章节 | 重要的课程思政元素 | 相关联的专业知识或教学案例 | 所属思政维度 |
| --- | --- | --- | --- |
| 第八章　负担行政行为 | 1. 思想政治素质；<br>2. 道德与伦理素质 | 行政处罚法 | 知识维度、能力维度 |
| 第九章　监督行政 | 1. 爱国主义情怀；<br>2. 思想政治素质；<br>3. 道德与伦理素质 | 1. 概述；<br>2. 类型；<br>3. 行政执法监督；<br>4. 审计监督 | 知识维度、能力维度、创新维度 |

（陆伟明、杨国栋）

# “国际法学”课程思政教学指南

## 一、“国际法学”课程简介

“国际法学”是《法学学科门专业类教学质量国家标准参考框架》中所规定的10门专业必修课之一，面向全体法学专业本科生开课，课程总学分3分，共48学时。

国际法作为国际社会成员必须遵守的行为规范，在全球化背景下以及在践行人类命运共同体理念方面发挥着重要作用。本课程主要带领学生学习国际法的性质与历史发展、国际法的渊源、国际法与国内法的关系、国际法基本原则、国际法的主体、国家领土法、国际海洋法、空间法、条约法、外交与领事关系法、国际责任、国际争端解决法、国际刑法、国际人道法等内容。

“国际法学”课程根植于我国全面推进依法治国、坚定不移对外开放、全面参与全球治理、坚持和平发展与合作共赢、积极构建中国特色大国外交、打造人类命运共同体的宏大布局；依托西南政法大学“国际法学”课程教学改革取得的既有成果，通过课内模拟法庭、课堂辩论、理论和实务教师双师同堂等方式，结合《国际法学》的不同章节，通过国际政治、世界历史、全球经济等多元教学视角的导入与配合，将政治认同、国家意识、文化自信、人格养成等思想政治教育导向与国际法专业知识、技能传授有机融合，力求培育具有独立人格、卓越才干、国际视野和社会责任感的忠诚可靠的高层次法治人才。

## 二、教学目标与教学内容

### （一）教学目标

#### 1. 价值目标

通过对本课程的学习和研究，学生应在价值层面深刻领悟习近平新时代中国特色社会主义思想在大变革时期对国际法治的重要意义，自然萌发国家自豪感和对中国道路、中国主张的认同感，产生从事国际法治建设事业的职业理想与报国之志，增强构建更加民主公平的国际法律新秩序的使命感与责任感。

2. 知识目标

通过对本课程的学习和研究，学生应在知识层面：(1)认识、了解国际法，掌握国际法的基础理论与规则框架；(2)学习国际法的产生与运行逻辑；(3)了解国际法背后的政治、经济、文化根源。

3. 能力目标

通过对本课程的学习和研究，学生应在能力层面：(1)强化问题意识，通过中国应用国际法的实际情况，发现在当前时代背景下中国法律外交面临的复杂局面和问题；(2)熟练掌握文献检索、收集、归类、分析的系统方法；(3)能够运用所学国际法知识分析和解决国际法律问题，能够深入、系统梳理中国面临的复杂局面的成因、国际社会相关国家的主张和实践并完成比较分析。

## (二)教学内容

1. 设计思路

思政元素在“国际法学”课堂教学设计中的融入包括课前、课中、课后三个阶段。

(1)课前导入

在课前导入设计中，教师采用“时政话题式”的教学背景自然过渡到本课主题。一些热点话题和事件都是课前导入环节受到学生喜爱、教学效果良好的素材。

(2)课中教学

在课中教学设计中，把思政元素融入的重心放在课堂探究活动上，围绕专业核心课程的能力素养要求，在调研报告、小组讨论、案例分析等教学环节中有意识地开展任务驱动式的课堂活动。

(3)课后拓展

在课后拓展环节中，采用“总结式”“反思式”“开放式”的教学设计。一是对收集到的文献资料进行汇总整合,总结其特点和潜在的价值观因素,进而概括课程的情感基调与价值取向,使思政元素进一步得到升华。二是引导学生对接触到的国际法现象进行反思,理性认识不同国家法律外交立场的差异,逐步树立文化自信、道路自信,不再迷信“国外月亮更圆”。三是对课堂分析的思政话题进行进一步延伸扩展,通过辩论、征文、观看网站视频并展开讨论等形式丰富课后活动,布置课后小论文,使思政教育效果“入心”“入脑”,有效达到思政育人的目的。

2. 教学重难点及对重难点的处理

“国际法学”课程教学的重难点在于:(1)国际法的性质与效力,即国际法是不是法,国际法如何约束主权国家;(2)国际法渊源的位阶;(3)国际法在中国的适用;(4)国家的豁免;(5)引渡与庇护的习惯国际法规则与中国实践;(6)边界制度与中国的边界现状;(7)国际海洋法的复杂制度体系与中国海洋法律主张。

“国际法学”课程教学的重难点普遍源自当前国际法规则的不确定性、与政治外交实践的脱节以及某些西方国家的观点和主张与中国实践、中国主张可能存在的冲突。本课程采取以下方式对重难点进行处理:(1)在承认政治外交现实的前提下,理性分析国际法有别于国内法的特殊性,指出国际法客观存在的独特作用,结合“尼加拉瓜准军事行动案”“墨西哥诉美国领事保护权案”等案件和事例分析国际法在主体、渊源、效力方面的特殊性;(2)加强对中国问题、中国视角、中国道路的分析和介绍,客观介绍中国当前所处的历史发展阶段,对于国际法在中国适用的复杂性和西方国家与中国立场的差异性进行充分说明,扶正学生对国际法本身的认知,反对以西方话语解释国际法。

## 三、课程思政教学方法与评价方式

### (一)课程思政教学方法

“国际法学”课程综合使用以下教学方法:(1)运用“情境法”,通过课内模拟国际法院辩论,模拟真实或虚拟案件中的有关国家立场,引导学生在特定情境和特定立场下展开对国际法的分析和思考;(2)在涉及国际法应用专题时,邀请专业老师和外交官、涉外律师、实务专家“双师同堂”,通过双师对谈、师生对话等方式使国际法以及中国的国际法实践走入课堂、走入学生之间,提高学生应用国际法知识解决实际问题的能力;(3)运用“总结法”,通过要求学生撰写课程总结的方式引导学生对所学知识进行总结和反思,延续思政教育的内化过程,实现入脑入心。

### (二)课程思政评价方式

本课程课堂教学的各个环节都贯彻课程思政的理念,教学评价不再“唯分数论”,在夯实学生专业基础与技能的同时,更加注重对学生情感、态度与价值观的培养。在课程考核方面:(1)在平时作业和期末考试试题中,合理引入立足理论知识点映射国家对外事务实践的考核模块与特色题型,适当加重在平时作业考评中的价值观、立场及德行的考校;(2)积极推进线上线下考核结合的探索,也鼓励以学习小组的谈判对抗、案例讨论模式考评学习成效。

## 四、课程思政教学资源及研究开发

### (一)课程思政教学资源

“国际法学”课程思政教学资源种类丰富、形式多样,具体包括:

1. 视频资源。教育类视频的运用既是课程教学的重要手段,也能以最直观的方式展示思政元素。例如,以《大国外交》为代表的一系列优秀政论专题片展现了新时期中国外交的宏伟实践,剖析了习近平外交思想,展现了中国如何成为“世界和平建设者、全球发展贡献者、国际秩序维护者”的历程。

2. 网络资源。网络资源主要指的是与国际法学教学、课程思政有关的文献资料、数据资料等,如通过外交部建设的“中华人民共和国条约数据库”可检索中国同外国、国际组织等缔结的条约文件,通过“联合国条约集”可查阅在联合国秘书处登记的各类条约文本,通过外交部、国务院新闻办公室等官方网站可查阅、了解、学习中国的对外政策和相关实践。另外,人民网中的“习近平系列重要讲话数据库”和“‘学习贯彻习近平新时代中国特色社会主义思想’主题教育”官网也是“国际法学”课程思政教育的重要资料来源。

3. 图书资源。图书资源主要包括《国际公法学》马工程教材和任课教师在教学过程中推荐的其他各类阅读材料,其中《国际公法学》马工程教材是"国际法学"课程思政的基础。

### (二)课程思政研究开发

"国际法学"结合本校办学定位、专业特色和人才培养要求,准确把握本课程的课程思政建设方向和重点,科学设计本课程的课程思政建设目标,优化课程思政内容供给,将价值塑造、知识传授和能力培养紧密融合,从课程规划统筹、课程内容完善、课堂教学设计、教学方法改进等方面进行了课程思政研究开发。

1. 基于课程思政的课程规划统筹

"国际法学"在让学生打开国际视野、通晓国际规则的同时也天然地带有国际比较的视角属性。本课程特别注重激发学生的爱国为民情怀,注重引导学生自发建立制度自信和道路认同;围绕培养有忠诚信念的国际化人才,统合"国际法学"必修课的课程教学目标、梳理课程教学体系、配比课程教学板块、贯通课程教学模式、协同课程教学团队;围绕课程规划,既将具有原生关联性的国际法、国际关系、国际政治的学科基础与当前国际外交内政情势相结合,也将国际政治、世界历史、全球经济、生态文明等多重观察视角相融通。

2. 基于课程思政的课程内容完善

为有效生动地统筹国内国际两个大局,将实现中华民族伟大复兴中国梦的宏图大略与鲜活发展融入专业课程建设之中,"国际法学"课程的内容进行了以下几个方面的完善:(1)国家领导人有关国际法治、全球治理、多边合作、人类命运共同体相关讲话的对点引入;(2)中国法律外交实践的重要成果、动态的介绍评析;(3)重大外交事件、国际时事的各国立场的法律影响的比较分析;(4)重要国际争端解决实践对我国的启示或影响的评析。

3. 基于课程思政的教学方法改进

基于"国际法学"多年课程建设的经验,课程教师通过主动调整教学方法调动学生学习的积极性,增进思政元素运用的生动性,发挥真正的育人实效。教师结合新时代背景下教学改革创新的理念与方向,注重运用情境式、辩论式等创新方法,增强思政元素融入课堂教学的生动性,避免在"国际法学"课程中生硬灌输信念理念,以润物细无声的方式完成思政教育目标。

## 五、教学实例

### (一)样例一:解决领土争端的中国智慧与中国经验

介绍国际法中关于国家领土的基本制度,在此基础上分析中国与陆地国界相邻国家通过签订领土边界条约确定国界的走向与方位,和平解决领土争端,为国家发展赢得了宝贵的外部发展环境和窗口期。课程引导学生正确认识中俄领土划界、中越白龙尾岛和北部湾区域海洋划界实践,对网络舆论中的激进观点进行批驳,对中国智慧和中国经验产生认同感和自豪感。

### (二)样例二:在美加存在引渡协议背景下对中国公民进行外交和领事保护的成功实践

在学习引渡和庇护制度之后,通过介绍"孟晚舟事件"的始末,包括美国基于不实指控,要求加拿大对孟晚舟女士进行逮捕,后又向加拿大提出引渡请求,其间中国政府多次向美加表明严正立场,要求立即释放被拘押的人员并向其提供领事协助,直至孟晚舟女士成功回国等过程,向学生表明中国政府保障在海外的中国公民的安全、人道主义待遇及合法权益的坚定立场和切实行动。

### (三)样例三:运用国际法治思维和法治方式维护国家权益

在学习国际海洋法中的航行制度时,应当注意区分在领海、专属经济区、国际航行海峡分别适用不同的航行制度,引导学生认识到海上通道是中国对外贸易和进口能源的主要途径,保障海上航行自由安全对中国至关重要;强调中国政府愿同相关国家加强沟通和合作,共同维护海上航行自由和通道安全,构建和平安宁、合作共赢的海洋秩序,引导学生驳斥以"航行自由"为名行"横行自由"之实的言论和行为。

## 六、“国际法学”课程思政元素总览表

| 课程章节 | 重要的课程思政元素 | 相关联的专业知识或教学案例 | 所属思政维度 |
|---|---|---|---|
| 第一章　国际法的性质与发展 | 通过介绍国际法的发展历史,使学生认识到全球治理格局取决于国际力量对比,全球治理体系变革源于国际力量的对比变化;明确中国以“海纳百川,有容乃大”和开放包容的姿态推进国际关系民主化,以及坚决反对“一国独霸”或“几方共治”的立场 | 1. 指明国际法与国际政治的关系;<br>2. 明确国际法的性质与特征 | 中国特色社会主义和中国梦教育、社会主义核心价值观教育 |
| 第二章　国际法的渊源 | 通过介绍中国积极参与制定海洋、极地、网络、外空、核安全、反腐败、气候变化等新兴领域的国际治理规则的实践,向学生强调在国际社会中,法律应该是共同的准绳,没有只适用于他人、不适用于自己的法律,也没有只适用于自己、不适用于他人的法律;适用法律不能有双重标准,国际社会应共同推动国际关系法治化,推动各方在国际关系中遵守国际法和公认的国际关系基本原则,用统一适用的规则来明是非、促和平、谋发展,使学生深刻理解“大道之行也,天下为公”,以及和平、发展、公平、正义、民主、自由等人类共同价值,树立正确的法律观和价值观 | 1. 明确国际法渊源的内涵;<br>2. 强调当代国际法的效力根据;<br>3. 识别习惯国际法的构成要素;<br>4. 阐明一般法律原则的含义及其在国际法渊源中的地位 | 法治教育、社会主义核心价值观教育 |

续表

| 课程章节 | 重要的课程思政元素 | 相关联的专业知识或教学案例 | 所属思政维度 |
|---|---|---|---|
| 第三章　国际法与国内法的关系 | 以最高人民法院公布的关于“一带一路”建设专题的指导性案例为例，使学生明确中国就国际法在国内适用的立场和实践，也即各国享有平等地参与制定、解释和适用国际法的权利，并有义务善意履行和统一适用国际法，以及反对将一国国内法进行域外适用的做法，使学生正确认识国际法与国内法的关系，树立诚信、有约必守等职业理念 | 1. 学习涉国际法与国内法关系的学说；<br>2. 学习国际法在国内适用的方式 | 法治教育、职业道德教育 |
| 第四章　国际法基本原则 | 通过回顾和介绍和平共处五项原则提出的历史背景及其内容，使学生明确由中国等国家倡导的和平共处五项原则是国际关系史上的创举，为推动建立公平合理的新型国际关系作出了历史贡献，对规范国家间关系也发挥了重要作用，使学生深刻体会由和平共处五项原则所体现出来的“和为贵”“和而不同”“协和万邦”“兼爱非攻”等中国传统理念 | 1. 学习国际法基本原则的概念与特征；<br>2. 引入国际法基本原则的主要内容 | 中华优秀传统文化教育 |
| 第五章　国际法的主体 | 通过中国参与国际法院“科索沃单方面宣布独立咨询意见案”的相关程序，提示此案为中国参与国际法院司法活动的首次实践并就相关国际法问题阐述了中国立场，引导学生正确认识“民族自决原则”，进一步向学生强调维护国家领土完整的重要性 | 1. 学习国际法主体的概念和范围；<br>2. 学习国际法主体的种类 | 法治教育 |

续表

| 课程章节 | 重要的课程思政元素 | 相关联的专业知识或教学案例 | 所属思政维度 |
| --- | --- | --- | --- |
| 第六章　国际法上的国家 | 回顾1931年日本发动“九一八”事变,侵占我国东北三省以及扶植伪满洲国傀儡政权的历史,引导学生树立正确的历史观 | 学习“史汀生不承认主义”的产生背景和内容 | 爱国主义信念教育,提升政治认同感 |
| 第七章　国际组织法 | 1. 通过介绍中国是联合国创始会员国,是第一个在联合国宪章上签字的国家,强调中国坚定维护以联合国为核心的国际体系,坚定维护以联合国宪章宗旨和原则为基础的国际关系基本准则,坚定维护联合国权威和地位,坚定维护联合国在国际事务中的核心作用的国际立场。<br>2. 通过学习1971年联合国大会第2758号决议的内容,强调中国为恢复在联合国的合法权利的艰辛历程以及所作出的努力,并进一步明确中国是多边主义的坚定维护者 | 1. 介绍联合国建立的历史;<br>2. 掌握联合国的宗旨与活动原则;<br>3. 明确中国在联合国的代表权问题 | 正确国际观、历史观教育,培养历史责任感和使命感 |
| 第八章　国际法上的个人 | 通过介绍“孟晚舟事件”的始末,包括基于不实指控,美国要求加拿大对孟晚舟女士进行逮捕,后又向加拿大提出引渡请求,其间中国政府多次向美加表明严正立场,要求立即释放被拘押的人员并向其提供领事协助,直至孟晚舟女士成功回国等过程,向学生表明中国政府保障在海外的中国公民的安全、人道主义待遇及合法权益的坚定立场和切实行动 | 1. 学习外交保护的含义、行使的条件和具体方式;<br>2. 学习引渡的主体和引渡的基本原则 | 国家认同感和荣誉感教育 |

续表

| 课程章节 | 重要的课程思政元素 | 相关联的专业知识或教学案例 | 所属思政维度 |
| --- | --- | --- | --- |
| 第九章 国家领土法 | 1. 明确钓鱼岛及其附属岛屿是中国领土不可分割的一部分。无论从历史还是从法理的角度来看,钓鱼岛及其附属岛屿都是中国的固有领土,中国对其拥有无可争辩的主权。回顾日本在1895年利用甲午战争,通过秘密方式将钓鱼岛“编入”其版图,并依据所谓“先占”原则将钓鱼岛作为“无主地”主张主权的非法行为。向学生强调日本此举严重违背国际法领土取得的相关规则,是侵占中国领土的非法行为,不具有国际法效力。使学生明确“二战”后,根据《开罗宣言》、《波茨坦公告》和《日本投降书》等法律文件,钓鱼岛及其附属岛屿回归中国的法理基础。<br>2. 通过介绍中国与周边国家进行边界谈判和签订边界条约的实践了解中国边界的现状 | 1. 强调国家领土主权的神圣性和重要性,引入领土主权的概念和内容;<br>2. 介绍传统国际法领土取得的方式和现代国际法领土变更的方式;<br>3. 学习边界的形成与划分、边界的管理制度以及中国的相关立法 | 爱国主义教育,引导学生树立维护国家领土完整的坚定立场 |
| 第十章 国际海洋法 | 1. 介绍菲律宾于2013年就中菲有关南海的所谓“海洋管辖权”问题单方面提起强制仲裁的过程,引导学生明确中国政府多次郑重声明,中国不接受、不参与菲律宾提起的仲裁的立场,以及中国外交部声明对该“仲裁庭”所作的无效的、没有约束力的裁决,中国不接受、不承认的坚定主张;强调菲律宾单方面提起仲裁,其目的是否定 | 1.《联合国海洋法公约》的相关规定以及各海域的法律地位及其法律制度;<br>2. 中国的专属经济区和大陆架制度 | 法治教育,提高学生运用国际法治思维和法治方式维护国家权益的能力 |

续表

| 课程章节 | 重要的课程思政元素 | 相关联的专业知识或教学案例 | 所属思政维度 |
|---|---|---|---|
| | 中国在南海的领土主权和海洋权益，菲律宾提起仲裁的行为违反国际法，仲裁庭无视菲律宾提起仲裁事项的实质是领土主权和海洋划界问题，并且恶意规避中国根据《联合国海洋法公约》第298条作出的排除性声明。<br>2. 说明海上通道是中国进行对外贸易和进口能源的主要途径，保障海上航行自由安全对中国至关重要。强调中国政府愿同相关国家加强沟通和合作，共同维护海上航行自由和通道安全，构建和平安宁、合作共赢的海洋秩序，引导学生驳斥以“航行自由”为名行“横行自由”之实的言论和行为 | | |
| 第十一章　空间法 | 介绍美国国会通过所谓的“沃尔夫条款”，以及通过该条款禁止美国国家航空航天局和美国国家科学基金会使用美国联邦资金与中国政府机构进行双边合作的事实；并对比说明面对美国“禁令”，中国相关航天项目在坚持独立自主的道路上依然取得了举世瞩目的成就。同时介绍中国空间站在2022年年底建成并投入使用后广邀世界各国政府机构和私营实体在中国空间站开展各领域的科学项目，以此向学生展现作为空间大国的中国对国际社会所作的承诺，也即探索和利用外层空间必须为全人类谋福利和利益 | 1. 介绍外层空间的法律地位；<br>2. 引入外层空间法的基本原则及其基本法律制度 | 理想、信念及道德素养教育，帮助学生树立为祖国的发展而努力奋斗的理念以及培养学生不畏困难、勇于接受挑战的职业精神 |

续表

| 课程章节 | 重要的课程思政元素 | 相关联的专业知识或教学案例 | 所属思政维度 |
|---|---|---|---|
| 第十二章　条约法 | 回顾清末以来签订各种不平等条约的屈辱历史以及新中国成立后废除一切不平等条约的历程 | 1. 条约的生效、条约的时间效力；<br>2. 条约无效和条约终止的原因和理由 | 法治教育、历史教育、爱国主义教育 |
| 第十三章　外交关系与领事关系法 | 通过介绍美国2020年单方面要求中国限时关闭驻休斯敦总领馆事件，向学生说明此行为严重违反国际法和国际关系基本准则，强调中国对此强烈谴责、坚决反对的立场 | 1. 外交关系的特征；<br>2.《维也纳领事关系公约》和《中华人民共和国和美利坚合众国领事条约》中关于领馆的特权与豁免 | 习近平外交思想教育、法治教育，培养学生正确运用国际法维护国家权益的能力 |
| 第十四章　国际责任法 | 通过介绍"二战"后建立远东国际军事法庭和在中国建立军事法庭以审判战争罪犯的司法实践，要求学生铭记历史 | 1. 国家责任制度的历史发展；<br>2. 国际不法行为的构成要素及其责任形式 | 法治教育、爱国主义教育 |
| 第十五章　国际争端解决法 | 1. 通过介绍中国与东盟各国签署的《南海各方行为宣言》以及推动和落实该宣言中的"南海行为准则"的过程，向学生强调中国坚持以协商和谈判为首选方法，以和平方式解决南海有关争议的一贯立场。<br>2. 通过介绍在中国的斡旋之下，沙特和伊朗于2023年年初实现"历史性和解"，用对话和外交的方式解决了两国间的分歧。向学生表明此次外交举措体现了中国源远流长的"和"文化以及协和万邦的国际观 | 1. 和平解决国际争端的意义；<br>2. 国际争端政治解决方法的内容 | 法治教育、中华优秀传统文化教育 |

（全小莲、刘泽）

# “法律职业伦理”课程思政教学指南

## 一、“法律职业伦理”课程简介

为深入贯彻习近平新时代中国特色社会主义思想，促进法治国家建设，面向全体法学专业学生开设“法律职业伦理”必修课，实现法律职业伦理教育贯穿法治人才培养全过程。通过对本课程的学习，学生可系统理解法律职业共同体应担负的伦理责任，从而有助于其法律职业伦理的养成和践行，有助于其树立法律职业认同和尊荣感，有助于其内塑法律职业行为方式，为其今后从事法律事业奠定良好的底线意识和道德自觉。

教师将向学生讲授法律职业伦理的基本概念、基本知识，法律职业伦理教育的历史与发展，司法实践中的法律职业伦理要求以及法官、检察官、律师、公证员、仲裁员、行政执法人员等法律职业的职业伦理和职业责任等。本课程采用“场景交互”教学模式，将社会主义核心价值观教育融入法律职业伦理教学实践全过程各环节，始终贯穿理想信念教育、中华优秀传统法律文化教育，选取与法律职业相关的热点问题和案例“以案说理”，吸纳优秀法官、检察官、律师等进入课堂，结合开放式讨论，组织课外法律咨询服务志愿活动，注重课堂与课后学习联动，培养学生的探索与求真精神，切实提升学生将法律信仰、职业素养内化于心的自学能力、实践能力与创新能力。

## 二、教学目标与教学内容

### （一）教学目标

1. 价值目标

（1）紧跟国家战略，紧密结合课程的特点与建设要求，找准课程中的思政映射与融入点，明确立德树人的根本任务，凝练课程的社会主义核心价值观，展示法律职业伦理教育对于培养合格的法治人才的价值育人功能。

(2)将社会主义核心价值观教育融入课程全过程各环节，始终贯穿理想信念教育、中华优秀传统法律文化教育于法律职业伦理教育中，坚守职业精神、专业精神和工匠精神，坚定理想信念，培养学生法律职业的使命感、责任感与尊荣感。

2. 知识目标

(1)通过较为系统的法理解析，使学生掌握法律职业伦理的基本概念和基本知识，正确认识职业伦理在社会治理中发挥作用的基本原理。

(2)通过制度分析，使学生掌握法官职业伦理、检察官职业伦理、律师职业伦理、公证员职业伦理、仲裁员职业伦理、行政执法人员职业伦理的基本内容，为其今后从事法律职业打下良好的伦理基础。

(3)通过大量的案例、实例教学，使学生掌握具体法律职业面临的相关伦理风险。

3. 能力目标

(1)通过“场景交互”教学，让学生角色扮演，沉浸式体验法律职业伦理，培养学生运用法律职业伦理基本知识辨识实际问题的能力。

(2)通过开放式讨论、课外法律咨询服务志愿活动等，提升学生的法律职业伦理素养。

(3)通过完成法律职业伦理情景微视频，培养学生将法律信仰、职业素养内化于心的创新实践能力。

### (二)教学内容

1. 总体课程思政教学设计

围绕课程思政目标，通过积极培育和践行社会主义核心价值观，运用马克思主义的方法论，引导学生正确做人做事做学问。

(1)从法律职业伦理专业知识点中发掘思政元素：价值观、思想、思维、情感提炼。例如，讲授课程必要性时，引用习近平总书记2017年在中国政法大学考察时的讲话；讲授法官职业伦理时，选择邹碧华、周春梅等法官的先进事迹；讲授检察官职业伦理时，援引习近平主席致第二十二届国际检察官联合会年会暨会员代表大会的贺信;讲授律师职业伦理时,结合习近平总书记在2019年中央政法工作会议上的讲话;等等。

(2)价值范式模块整合:知识模块重组、广度延伸、深度解读、德育内涵发掘。将专业课程内容用一条思政线索串联起来,将思政点连接成思政线、思政面,融合成“多维体”。

(3)发掘法律职业伦理教学内容中所蕴含的哲学思想与元素:深植党和国家意识,采用认识论、方法论的思路和方法,启发与建立学生研习法律职业伦理的历史思维与系统思维。

(4)讲好中国故事:教学内容涉及的优秀法官、优秀检察官、优秀律师等法律职业共同体的职业故事,学科发展史,优秀法律人的个人经历,法律职业伦理发展的中国道路等,引导学生从中发掘价值观。

(5)“反面教材”的应用:多维度分析失败教训和发生警示性问题的原因(术、道、德,主客观原因),引导学生进行思考和比较,不断提高辨识能力、抗风险能力并强化职业伦理意识、底线思维。

(6)问题导向:以针对性问题为线索,提出问题和难点,找出解决办法,挖掘并呈现解决问题的过程中所涉及的价值观和思维方式等思政元素。

(7)教学材料选择:中国元素,中国的事情,中国的政策、意识、文化、价值观追求。

2. 教学重点难点

包括:(1)法律职业伦理的知识结构;(2)分析、讨论并解决社会热点、难点问题;(3)课堂教学时长不足,“场景互动式”教学展开受限。

3. 教学回应措施

包括:(1)推荐拓展阅读书目、篇目,推荐优秀案例、优秀影视剧;(2)进行平时成绩考核改革实验,采用分组完成法律职业伦理情景微视频的方式考核,弥补课堂教学时长不足的短板,激发学生自主学习、创新实践的能力;(3)积极搭建课外法律咨询服务志愿平台,拓展学生进行法律职业伦理学习和实践的空间与时间。

## 三、课程思政教学方法与评价方式

### (一)课程思政教学方法

本课程采用“场景交互式”案例教学法、“预防式”法学教育反馈教学法等教学方法。

1.“场景交互式”案例教学法。引入实例视频、典型案例角色扮演与分析互评等,采用“场景交互”的沉浸式、体验式教学模式,师生共同置身于特定情境中,感受和领悟法治的实然运行,经历内心自觉和价值感动;共同领悟现实法律生态中的“真善美”,开展开放性对话;共同解析实践中的“假恶丑”,展开反思性表达,认知和体悟法律职业伦理的深层内涵,触发和生成实然层面的法律意识、法律智慧和法律德行。

2.“预防式”法学教育反馈教学法。面向社会需要,倡导法学教育从司法面向延伸到社会面向,在“治疗式”法学教育的基础上发挥“预防式”法学教育的辐射功能,将社会主义核心价值观有机融入课堂教学,力图使人才知识构成以“德行”教育为底色,融会贯穿法律实践教育,增强人才识别与解决利益冲突的能力,培养具有全方面工作能力的卓越法律人才,实现全过程、全方位育人,推动终身教育。

在教学过程中,本课程教学团队将就课程平时成绩考核部分实施课程改革实践。每个教学班进行分组,学生通过自编自导自演自剪辑法律职业伦理情景剧的方式领悟专业知识点,并通过线上展播和线上线下互动的公开课模式进行教学评价和及时反馈。

### (二)课程思政教学评价

教学是个系统的过程,课程思政的教学评价不能只看结果,应该对教学前、教学中、教学后的整个过程进行全程性、整体性评价。教师作为课程思政的教学主导,要对其教学理念、教学准备、教学活动以及教后总结进行考查。学生是课程思政的直接学习者和感受者,不仅要关注学生在教学前后的知识、态度、行为变化,还要重视学生在教学中的经历、体验和表现。

1.形成性评价:针对教学设计的完整性、教学内容的丰富性、教学方法的多元性，通过学生参与情况、教学过程的记录、行为观察进行评价、反馈。

2. 终结性评价：通过学生评教系统评价、学生学习的心得体会，结合形成性评价的结果，给予学生综合评价；组织不记名访谈或问卷，了解学生在课程学习中反馈的具体问题，促进教师不断完善教学设计、充实教学内容、优化教学方法，建立起良性互动的教学效果认同感。

## 四、课程思政教学资源及研究开发

### （一）线上教学资源

1. 中国大学 MOOC（慕课）网：武汉大学出品的“法律职业伦理”。

2. 新华网新华思政：全国高校课程思政教学资源服务平台，https://xhsz.news.cn/。

3. 观摩学习：中国庭审公开网，http://tingshen.court.gov.cn/。

4. 研习典型案例：中国裁判文书网，https://wenshu.court.gov.cn/。

### （二）线下教学资源

1. 往届学生完成的自编自导自演的优秀视频短片。

2. 社区法律咨询服务志愿者实践活动。

## 五、教学实例

### （一）最高人民法院原副院长黄松有受贿贪污案

1. 课程和案例基本情况

（1）课程章节

该思政案例适用于“法官职业伦理”章，贯穿法官职业伦理概述、内容和责任等小节。

（2）案例简介

黄松有，1957 年 12 月出生，广东汕头人，曾担任最高人民法院副院长。

2005 年至 2008 年，黄松有利用担任最高人民法院副院长的职务便利和职权、地位形成的便利条件，在有关案件的审判、执行等方面为广东法制盛邦律师事务所律师陈卓伦等五人谋取利益，先后收受上述人员钱款共计折合人民币390万余元。此外,黄松有还于1997年利用担任广东省湛江市中级人民法院院长的职务便利,伙同他人骗取本单位公款人民币308万元,其个人从中分得120万元。

2010年1月19日,河北省廊坊市中级人民法院对黄松有案作出一审判决,认定黄松有犯受贿罪,判处无期徒刑,剥夺政治权利终身,没收个人全部财产;犯贪污罪,判处有期徒刑15年,没收个人财产人民币50万元,两罪并罚,决定执行无期徒刑,剥夺政治权利终身,没收个人全部财产。3月17日,河北省高级人民法院对黄松有案作出二审判决,维持原判。

2. 思政资源分析

(1)思政元素融入的理念及思路

根据"法律职业伦理"课程教学实际要求和习近平总书记提出的"立德树人德法兼修抓好法治人才培养"的要求,思政课程选取案例力求涵盖思想教育、道德教育、职业观教育和法治教育四部分。黄松有案件影响重大、样本典型,并且网络曝光的案件细节详细,引起广大网友的探讨,将其作为法律职业伦理教学和思政教育的素材有利于深入地讨论和学习相关知识。通过在课堂上讨论该起影响重大、后果严重的案件,引起学生对于法官职业伦理的理解和重视,同时将最高人民法院颁布的《法官职业道德基本准则》中的相关要求同有关案例的相关人员被判处无期徒刑的后果进行对比,引导学生从案例中吸取教训,在把握法官的权力特殊性、权威性的基础上,保持法官职业的纯洁和尊严,维护法官在社会中应有的地位,保障司法职责的正常履行,树立良好的职业道德。

(2)案例的思政教学目标

通过案例式教学,形成以学生为中心的学习模式,通过中国特色社会主义和中国梦教育、社会主义核心价值观教育、法治教育、中华优秀传统文化教育的有机融入,培养维护宪法法律权威、维护人民权益、维护社会公平正义、维护国家安全稳定,关爱民生、热心公益,善于运用自身法学知识和技能保护人民群众合法权益的法律人;培养能够挡得住诱惑、经得起考验、负得起责任,坚定法律职业伦理操守,能够正确处理法律职业伦理冲突的法律人。

(3)教学重难点

本课程案例教学的重点是激发学生的代入感和主动性,使学生能够找到黄松有案例中其作为法官知法犯法的错误行为以及其应当承担的相应后果；在了解法官职业伦理和执业特殊性的情况下，能够联系优秀法官邹碧华、周春梅等的先进事迹，促进其正确三观的形成和深化；始终保持自己崇高的职业操守和司法人格，真正成为传播法律的使者和涵养道德的楷模。

本课程案例教学的难点在于，基于案件进行探讨和深化、总结，难免出现学生无法全部积极参与的情况，以及课堂气氛调动难度大的现实问题。因此，教师应当及时关注每位学生的思绪变化，力求让每位学生都能够参与课堂研讨并得出自己的独到见解。

（4）课堂组织实施

思政案例教学可以采用项目式教学的方式。首先，将学生分成不同小组，分别要求学生通过网络平台，如北大法宝、中国裁判文书网以及相关新闻介绍，搜集法官因在裁判过程中枉法裁判、徇私舞弊或受贿贪污而被处罚的相关案例以及优秀法官的案例。其次，在课堂中介绍法官职业伦理的基本概念和特征，展示典型案例和学生查找的不同类型案例，提炼出法官职业伦理的相关内容，以及优秀法官具有的某些品质、违背法律职业伦理的行为所产生的不利后果。最后，引导学生在不同的情境下均树立法律至上的信念和品质，不因亲情、友情、乡情，不在人、情、权的影响下违背法官职业责任进行违法犯罪行为；深入了解法官责任和当前我国对于法官的要求，促进学生对于党和国家相关体制机制以及依法治国的理解。具体课程思政元素融入设计见表1。

**表1　“法官职业伦理”章课程思政元素映射表(一)**

| 专业知识点 | 思政元素点 | 教学设计 |
|---|---|---|
| 法官职业伦理的概念、特征 | 让学生了解法官基本伦理和社会基本道德要求，做有道德和有责任感的法律人 | 以提问的方式了解学生对于法官这一职业的理解，了解学生想要学习法律的初衷 |
| 法官职业伦理的内容 | 通过优秀案例与违法犯罪的严重后果的对比，说明良好法律素养和法官职业素养的重要性，将依法治国作为重要使命推动 | 结合具体案例，让学生了解法官严格依法办案的重要性，以及优秀法官的良好品格，使学生树立正确的法官职业信仰 |

续表

| 专业知识点 | 思政元素点 | 教学设计 |
| --- | --- | --- |
| 法官职业责任 | 说明法官应当承担的职业责任和职业要求,以及坚持用严格标准要求自己的行为 | 将学生带入具体情境中,让其了解“法律至上”四个字的真正含义并了解努力践行这四个字所应当承担的法官责任 |

3. 教学效果评估

将具体和典型的案例引入课堂,将邹碧华、周春梅等优秀法官的事迹,与黄松有、陈雪明等败坏法律和道德的案例进行鲜明对比,突出法官坚守职业道德的重要性,让学生代入式和沉浸式地体验到法官应当具备的优良品质,将自己的一言一行纳入法官职业道德的规范中去,坚持维护公正的强烈意识和法律至上的理念。同时案例研讨的教学模式可以进一步提升学生在课堂中的融入感和参与感,使学生能够充分表达自己对案例的看法和自身感悟,有助于形成师生沟通、交流观点的友好教学模式和互动方式。

### (二)海南省高级人民法院原副院长张家慧受贿、行政枉法裁判、诈骗案

1. 课程和案例基本情况

(1)课程章节

该思政案例适用于“法官职业伦理”章,贯穿法官职业伦理概述、内容和责任等小节。

(2)案例简介

2020 年 12 月 4 日,海南省第一中级人民法院公开宣判海南省高级人民法院原副院长张家慧受贿、行政枉法裁判、诈骗案。法院审理查明,2006 年至 2019 年,张家慧利用担任海南省高级人民法院民事审判第一庭庭长、审判委员会委员、党组成员、副院长等职务的便利,通过向法官打招呼等方式,为案件请托人谋取利益,直接或通过其丈夫刘远生、外甥刘磊非法收受包括张阜等 18 名律师在内的 37 人财物共计 4375 万元人民币。2015 年至 2016 年,张家慧为使其丈夫刘远生实际控制的公司少缴或不缴增容费,在行政审判活

动中指使、授意他人违背事实和法律作枉法裁判，致使该公司少缴纳增容费4621万余元。2001年6月，张家慧夫妇虚构帮助他人疏通关系减轻刑事处罚的事实，骗取相关人员价值人民币143万余元的财物。

2. 思政资源分析

(1)思政元素融入的理念及思路

结合“法律职业伦理”课程教学实践，思政案例的选取力求涵盖思想教育、道德教育、职业观教育和法治教育。张家慧案件影响重大、样本典型，而且网络曝光的案件细节详尽，将其作为法律职业伦理教学和思政教育的素材，有利于进行深入的讨论学习。教师可借助该案设计课堂研讨项目，在其中融入关于法官(法律人)的理想信念、人生价值、道德品质、社会公德、家庭美德、职业道德、法律意识、法治精神等具体事项的讨论，引导学生正确认识法官职业伦理的高标准化与示范化，熟练掌握法官的职业伦理内容和违背伦理要求应当承担的责任，并与思政教育相映射，引导学生从该案中提炼、吸取教训，立志成为一名忠诚于党和人民、珍惜职业荣誉、正直廉洁自爱的法律人。

(2)案例的思政教学目标

思政案例的项目教学强调在教师的引导下，以学生为中心，培养学生对知识和思想的主动探索、主动发现和主动建构能力，最终经由学生之间的交流、协作达成对知识、理念信仰、思想道德等内容的自我建构和内化。通过张家慧案件的项目式教学，拟达到以下思政教育目标：

第一，引导学生树立端正积极的三观，做一个正直纯粹清白和有社会责任感的人；

第二，引导学生熟稔并践行法律职业伦理，培养其法律职业情感，使其珍惜法律职业荣誉；

第三，使学生知晓并践行法科学子的使命担当，真诚地以推进法治为己任；

第四，使学生了解党和国家的反腐决心和相关体制机制，增强法科学子的制度信心。

(3)教学重难点

本思政案例教学的重点是激发学生的主动性、积极性和代入感，使学生真正从对张家慧案件的思考、体验和讨论中形成端正的三观，在系统了解法官职业特殊性及其职业伦理具体要求的基础上，发自内心地形成法律职业荣誉感、社会责任感和对国家制度的坚定信心。

教学难点则是，基于本案的既有研讨较多，不排除个别学生“偷懒”，照搬他人观点而非形成自我认知的情况。但即便“照搬”，相关观点与思考或许也可在他们的思想层面埋下一粒警惕自省、向善向好的种子。

(4)课堂组织实施

思政案例教学拟采用项目教学法。首先，在法官职业伦理章节开篇即抛出简要案情，要求学生通过裁判文书网等收集、分析具体案情，并自觉联系本章节讲授的知识要点，形成自我判断与观点，以此激发学生主动探究的自主性和积极性，使学生真正成为知识的自觉建构者。其次，依照案例设计类似“情境”，让学生以张家慧、具体案件承办法官、律师等身份带入，体验在具体情境下作出行为选择，并探究作出相关选择的深层思想原因，着重培养学生的探索实践和反思内省能力。最后，在法官职业伦理章节的基本知识讲授完毕后，组织进行一场学生之间、师生之间平等开放的思政案例研讨，在课程基本知识基础上，完成思政层面的教学相长，通过案例讨论，帮助学生塑造端正积极的职业观、价值观和人生观。全过程应融启发性、互动性、实践性于一体，综合理论阐述、道德情感陶冶、理想信念培养、行为实践引导等手段，让学生通过对样本案例的深入研讨，达成认知、情感、信念和行为的统一。具体课程思政元素融入设计见表2。

**表2 “法官职业伦理”章课程思政元素映射表(二)**

| 专业知识点 | 思政元素点 | 教学设计 |
|---|---|---|
| 法官职业伦理的概念、特征 | 引导学生树立端正积极的三观，做一个正直纯粹清白和有社会责任感的人 | 了解学生报考法学专业的初衷，以及对法律人应有素养的认知 |
| 法官职业伦理的内容 | 引导学生熟稔并践行法律职业伦理，培养其法律职业情感，使其珍惜法律职业荣誉 | 结合案例，探讨案涉法官违背法律职业伦理的情形及其危害 |
| 法官职业伦理的内容 | 使学生知晓并践行法科学子的使命担当，真诚地以推进全面法治为己任 | 结合案例，通过情景带入展现学生在特定情形中应如何选择及践行使命担当 |

续表

| 专业知识点 | 思政元素点 | 教学设计 |
|---|---|---|
| 法官职业责任 | 使学生了解党和国家的反腐决心和相关体制机制，增强法科学子的制度信心 | 结合案例，学习、讨论现行防治司法腐败的体制机制及其具体成效 |

3. 教学效果评估

思政案例的项目教学在教学内容上比较具体，从而使思政教学更加具有可操作性，具体、生动、代入感强的项目任务，有助于激发学生的兴趣并启发其思考，使他们从情景模拟和研讨过程中感悟样本案件和理论知识所蕴含的道理。此外，平等的师生关系和互动充分的课堂研讨也有助于师生之间与同学间相互感染，共同提升，强化思政教学实效。

## （三）李某一等人强奸案6名律师违规受罚案

1. 课程和案例基本情况

（1）课程章节

该思政案例适用于“律师职业伦理”章，贯穿律师职业伦理概述、内涵和责任等小节。

（2）案例简介

2013年2月17日，李某一等人的强奸（轮奸）案发生后，李某一等5名被告人的家属为他们委托了辩护律师，其中成年人王某的二审辩护律师周某自2013年9月5日起陆续在腾讯微博、新浪微博、网易博客上披露了案件当事人的通信内容、会见笔录等，并且以文字形式披露了有关案件情况、有关辩护人的辩护内容等，还对案发现场的有关视频内容进行了描述。在庭审当天该案律师向聚集在法院外面的人员介绍庭审情况，发表意见感受，出示该案证据材料，表达对法院审理工作的不满。同月，北京市律师协会针对李某一等人强奸案相关代理及辩护律师，涉嫌泄露当事人隐私、不当披露案件信息、不当发表贬损同行言论等违规行为，展开全面调查。2014年1月，北京市律师协会对该案律师作出处罚。

2. 思政资源分析

（1）思政元素融入的理念及思路

结合“法律职业伦理”课程教学实践，思政案例的选取力求涵盖思想教育、道德教育、职业观教育和法治教育。李某一等人律师违规受罚案十分典型,具有较高的关注度和较大的社会影响力,网络上仍有大量相关信息,素材丰富,即便在近十年后学生也仍对该案件有一定印象,将其作为教学案例可以提高学生对案例的接受度和学习兴趣。教师可通过该案件引入课堂思政教学内容,通过该案中6名律师的行为分析其中存在的伦理问题,带领学生走近律师这一职业,了解律师职业的特殊性,深入讲解律师的立场与责任,鼓励学生探讨律师在执业过程中面临的利益冲突等伦理问题,引导学生正确认识律师职业伦理和责任,使学生努力成为忠于宪法和法律,积极维护人民群众合法权益的法律人和能够挡得住诱惑、经得起考验、负得起责任,坚定法律职业伦理操守,正确处理法律职业伦理冲突的法律人。

(2)案例的思政教学目标

思政案例的项目教学强调在教师的引导下,以学生为中心,培养学生对知识和思想的主动探索、主动发现和主动建构能力,最终经由学生之间的交流、协作达成对知识、理念信仰、思想道德等内容的自我建构和内化。通过引入李某一案6名律师被处罚的案件进行教学,拟达到以下思政教育目标:第一,引导学生树立正确的三观,心怀正义、关心民生,积极维护合法权益,敢于拒绝非法利益;第二,引导学生深刻学习法律职业伦理,培养其社会责任感,使其成为高素质法治人才;第三,使学生成为坚定法律职业伦理操守,能正确处理法律职业伦理冲突的法律人;第四,使学生成为善于运用自身法学知识和技能保护人民群众合法权益的法律人,经得起诱惑、负得起责任。

(3)教学重难点

本思政案例教学的重点是激发学生的学习主动性,使学生积极交流和主动分享观点,通过对李某一等人6名律师违规受罚案进行了解和探讨,分析其中的律师职业伦理问题;引导学生了解律师的立场和应承担的社会责任,使学生对律师职业形成正确的认识,从而在未来的执业活动中坚守职业伦理,维护和提高律师职业的形象。

教学难点则是,教学课堂以师生平等交流讨论为主,学生的自主思考是课堂学习的首要驱动力,如有学生不愿意参加讨论、分享观点可能导致其学习效果较差。但相较于教师主讲灌输式的模式,以学生交流讨论为主的教学模式提供了平等融洽的交流环境,更能激发学生思考学习的主动性。

(4)课堂组织实施

思政案例教学拟采用项目教学法。首先,在律师职业伦理章节开篇介绍课堂案例的简要案情,要求学生通过互联网收集案件相关材料、分析具体案情,并自觉联系本章节讲授的知识要点,对案涉伦理问题进行自主思考,形成自己的观点,由此创造学生主动参与、自主协作、探索创新的教学模式。其次,带领学生通过互联网收集案件材料,了解6名律师的言论及行为在李某一案的不同阶段中具有什么作用,并最终产生了怎样的危害后果,通过了解案件的全过程引导学生对律师执业活动中的职业伦理问题进行思考。最后,在律师职业伦理章节的基本知识讲授完毕后,师生共同开展思政案例研讨,将案例与书本知识结合,将教学内容引入思政层面。通过案例讨论,引导学生树立积极向上的三观,以成为高素质法治人才为成长目标进行学习。研讨过程将由学生主导,教师辅以思政引导,将社会主义核心价值观、法治精神、优秀传统文化融入其中,实现法学教育中的立德树人、德法兼修。具体课程思政元素融入设计见表3。

**表3 “律师职业伦理”章课程思政元素映射表**

| 专业知识点 | 思政元素点 | 教学设计 |
|---|---|---|
| 律师职业伦理的概念、特征 | 引导学生树立正确的三观,心怀正义、关心民生,积极维护合法权益,敢于拒绝非法利益 | 了解学生报考法律专业的初衷和职业规划,与学生交流对律师这一职业的认识、看法 |
| 律师职业伦理的内容 | 引导学生深刻学习法律职业伦理,培养其社会责任感,使其成为高素质法治人才 | 结合案例,共同讨论律师违背职业伦理的行为及其危害性,使学生了解学习和坚持职业伦理的必要性 |
| 律师职业伦理的内容 | 使学生成为坚定法律职业伦理操守,能正确处理法律职业伦理冲突的法律人 | 结合案例,与学生讨论律师在法律职业中的特殊性,在面对利益冲突时应坚守职业操守 |
| 律师的职业责任 | 使学生成为善于运用自身法学知识和技能保护人民群众合法权益的法律人,经得起诱惑、负得起责任 | 结合案例,使学生了解律师职业伦理相关法律规范,掌握律师应扮演的角色和应承担的责任 |

3. 教学效果评估

思政案例的项目教学在教学内容的选择上选用了社会关注度较高、影响力较大的案例，将知识点巧妙融入案例教学，根据案例与知识点设计课堂任务，有助于激发学生的学习兴趣，鼓励学生参与课堂互动，引导学生参与课堂讨论，主动思考，在交流过程中学习感悟课程知识点。同时，以课堂讨论为主、教师讲授为辅的教学方式也有助于提高学生学习和思考的主动性，构建和谐融洽的课堂氛围，创造师生平等交流、相互学习的平台，促进教学质量的提升。

## 六、“法律职业伦理”课程思政元素总览表

| 课程章节 | 重要的课程思政元素 | 相关联的专业知识或教学案例 | 所属思政维度 |
| --- | --- | --- | --- |
| 第一章　法律职业伦理概述 | 1. 课程设立必要性：援引习近平总书记2017年在中国政法大学考察时的讲话。<br>2. 法律职业伦理内涵：引用习近平总书记在2014年中央政法工作会议上的讲话 | 1. 法律职业共同体。<br>2. 法律职业伦理的内涵与渊源。<br>3. 法律职业伦理的特征与功能。<br>4. 法律职业伦理的基本准则与基本要素。<br>5. 法律职业伦理责任 | 政治认同、家国情怀、文化素养、宪法法治意识、道德修养 |
| 第二章　法官职业伦理 | 1. 坚持以人民为中心，努力让人民群众在每一个司法案件中都感受到公平正义。<br>2. 法官职业伦理的要求：自觉践行社会主义核心价值观。<br>3. 深刻理解法官职业伦理“忠诚”“公正”“廉洁”“为民”“维护形象”等方面的内容 | 1. 法官职业伦理的概念、特征。<br>2. 法官职业伦理的内容。<br>3. 法官职业责任。<br>4. 教学案例1<br>忠诚司法事业：邹碧华法官、周春梅法官的先进事迹；促进学生正确三观的形成和深化，使学生始终保持自己崇高的职业操守和司法人格，真正成为传播法律的使者和涵养道德的楷模。<br>5. 教学案例2<br>警示案例：最高人民法院原副院长黄松有受贿贪污案 | 政治认同、家国情怀、文化素养、宪法法治意识、道德修养 |

续表

| 课程章节 | 重要的课程思政元素 | 相关联的专业知识或教学案例 | 所属思政维度 |
| --- | --- | --- | --- |
| 第三章　检察官职业伦理 | 1. 习近平主席致第二十二届国际检察官联合会年会暨会员代表大会的贺信。<br>2. 梳理最高人民检察院年度工作报告中的热点，引导学生树立检察履职贯彻"以人民为中心""保障经济社会高质量发展""推进国家治理体系和治理能力现代化"的工作理念 | 1. 检察官职业伦理的内涵与内容。<br>2. 检察官职业伦理的具体贯彻。<br>3. 检察官职业责任。<br>4. 教学案例 1<br>检察官职业道德担当的要求：张飚检察官的先进事迹。<br>5. 教学案例 2<br>围绕检察活动的客观公正原则，结合具体全国模范检察官案例谈检察官职业伦理的具体贯彻 | 政治认同、家国情怀、文化素养、宪法法治意识、道德修养 |
| 第四章　律师职业伦理 | 1. 律师的职业属性：习近平总书记在中央政治局第二十次集体学习时的讲话。<br>2. 律师职业责任：深入贯彻落实习近平总书记关于"努力做党和人民满意的好律师"的重要指示精神，围绕如何做党和人民满意的好律师，司法部对广大律师提出了"坚定正确政治方向、弘扬爱国主义精神、践行法治为民宗旨、提升专业服务能力、依法诚信规范执业"五点希望 | 1. 律师职业伦理概述。<br>2. 律师执业行为规范。<br>3. 律师职业责任。<br>4. 教学案例 1<br>律师职业伦理的主要内容：杨某柱被吊销律师证案；李某一案代理律师违反职业伦理。<br>5. 教学案例 2<br>律师职业伦理风险要求学生依据《中华全国律师协会律师业务推广行为规则》（试行）、《律师执业行为规范》（试行）、《律师职业道德基本准则》等规范性文件，对案例涉及的职业伦理问题进行评析 | 政治认同、文化素养、宪法法治意识、道德修养 |

续表

| 课程章节 | 重要的课程思政元素 | 相关联的专业知识或教学案例 | 所属思政维度 |
| --- | --- | --- | --- |
| 第五章　仲裁员职业伦理 | 1. 正确理解党的十八届四中全会关于“完善仲裁制度，提高仲裁公信力”的要求：2019 年中共中央办公厅、国务院办公厅印发的《关于完善仲裁制度提高仲裁公信力的若干意见》。<br>2. 通过对仲裁员信息披露制度及仲裁员责任制度的介绍，帮助学生理解仲裁员作为仲裁庭组成成员，应对当事人充分披露可能影响仲裁公正的利益关切事项，以保证仲裁的独立公正，这是仲裁员必须遵守的职业道德要求。若有违背，不仅影响仲裁公正，也要承担相应责任 | 1. 我国仲裁制度概论。<br>2. 仲裁职业伦理的主要内容。<br>3. 仲裁程序进行中职业伦理的具体要求。<br>4. 仲裁员职业责任。<br>5. 教学案例 1<br>中国仲裁员走出国门、享誉国际，在相关纠纷解决中独立公正专业权威，体现了中国仲裁软实力，在国际体育商事等仲裁活动中发出中国声音，阐述中国立场，有效提升了我国在此类活动中的话语权。例如，在冬奥会中担任仲裁员的唯一中国籍律师白显月；亚运会中担任仲裁员的唯一中国籍律师范铭超；若干致力于国际商事仲裁事业的中国籍仲裁员如杨良宜先生等。<br>6. 教学案例 2<br>通过对仲裁员郑若骅女士的生平介绍[香港特别行政区资深大律师，大紫荆勋章获得者，曾出任香港特别行政区律政司司长(2018 年 1 月到 2022 年 6 月)，曾任香港国际仲裁中心(HKIAC)主席，国际商事仲裁理事会(ICCA)副主席和国际商会(ICC)国际仲裁院副主席，是第一位通过全球遴选成为特许仲裁员协会(CIArb)主席的亚洲女性]，让学生了解作为仲裁员应有的敬业精神和伦理底线：优秀的仲 | 政治认同、家国情怀、文化素养、宪法法治意识、道德修养 |

续表

| 课程章节 | 重要的课程思政元素 | 相关联的专业知识或教学案例 | 所属思政维度 |
| --- | --- | --- | --- |
| | | 裁员首先要做到“无所畏惧、无所偏私”，要保持中立开放的思想，并不断提升专业素养，具备书写高质量裁决书的能力 | |
| 第六章　公证员职业伦理 | 1. 习近平法治思想及社会主义核心价值观融贯公证员职业及职业伦理规范之中，引导学生树立远大的职业理想。<br>2. 深入了解当前公证部门开展的“四省五问”等活动，并将其与公证员职业伦理要求相关联，结合2018年中国公证协会印发的“公证执业理念”与社会主义核心价值观的内容，明确公证员职业伦理规范的核心 | 1. 公证员职业伦理概述。<br>2. 公证员职业伦理的基本内容。<br>3. 公证员职业责任。<br>4. 教学案例<br>公证员的职业行为：2004年西安“宝马”彩票案，对该典型案例结合公证员伦理规范进行有针对性的深入分析，注意引导学生总结出个人结论 | 政治认同、家国情怀、文化素养、宪法法治意识、道德修养 |
| 第七章　行政执法人员职业伦理 | 1. 将行政执法人员职业伦理与我国的全面从严治党战略方针、法治政府建设以及当年的政府工作重点相结合。<br>2.《中共中央关于全面推进依法治国若干重大问题的决定》。<br>3. 全面从严治党的八项要求 | 1. 行政执法的内涵，行政执法人员的基本素养。<br>2. 行政执法人员职业伦理的基本内容。<br>3. 行政执法人员职业责任。<br>4. 行政执法人员职业伦理的基础：行政执法的基本原则，包括合法原则、合理原则、高效原则。<br>5. 实现行政责任的途径：行政伦理 | 政治认同、家国情怀、文化素养、宪法法治意识、道德修养 |

（铁燕）

# “经济法学(一)”课程思政教学指南

## 一、“经济法学(一)”课程简介

“经济法学(一)”是法学本科的专业核心课程,授课对象主要是法学专业大二(下)的学生。本课程思政的探索与实践荣获重庆市高校在线课程建设与应用优秀示范案例(2019 年)荣誉,课程近年来获得了重庆市课程思政示范项目(2022 年)和国家级线上线下混合式一流课程(2023 年)等一系列的荣誉。

课程坚持以习近平法治思想为引领,内容上涵盖了经济法基础理论、反垄断法和反不正当竞争法等内容,并且始终保持着对现实经济关系的迅速反应和对国家政治经济政策的高度关注,旨在让学生掌握经济法的基本概念、基本制度和基本原理,从而深刻理解经济法所推崇的意思自治与国家干预之间的平衡性努力,立足于更宽广的视野上来审视经济法的相关制度架构。在教学方法上,课程采取在线开放课程的混合式教学、课上课下的全过程育人、专业知识与立德树人相结合的教学方法,是“经济法学”推动落实课程思政、专业思政,提高课堂教学质量的重要利器。

“经济法学”课程以习近平新时代中国特色社会主义思想为指导,全面贯彻习近平总书记在全国教育大会上的重要讲话精神,以“全国教育系统先进集体”、“全国高校黄大年式教师团队”经济法教师团队和“全国党建工作标杆院系”经济法学院党委为依托,将课程思政贯穿教学始终,实现全员、全过程、全方位的“三全育人”目标。

## 二、教学目标与教学内容

### (一)教学目标

本课程旨在通过一系列的教学活动,让学生在知识、能力、素质方面达到以下预期目标。

1. 价值目标

本课程以习近平新时代中国特色社会主义思想为指导,全面贯彻习近平总书记在全国教育大会上的重要讲话精神。在“立德树人、德法兼修”的培养理念下,根据“坚定理想信念、扎实理论功底、系统专业知识、良好职业能力”的一流人才培养要求,将学生培养成为熟悉金融法和财税法基本理论及具体制度的复合型、职业型、创新型和应用型的高素质一流法治人才;并引导学生自觉弘扬和践行社会主义核心价值观,不断坚定“四个自信”,最终实现对学生价值观的培育和塑造。

2. 知识目标

本课程的知识目标是使学生掌握经济法的基本概念、基本制度和基本原理,能对所提供的学习或教学实例进行知识性的陈述,并运用相关的经济法原理进行分析。

3. 能力目标

本课程的能力目标是使学生养成一种基于社会公共利益的法学思维模式,深刻理解民商法、行政法和经济法是推动社会主义市场经济前行的并行不悖的“三驾马车”;深刻理解经济法所推崇的意思自治与国家干预之间的平衡性努力,并力图将这种努力进行规则的固化,从而在一个更宽广的视野上来审视经济法的相关制度架构。

### (二)教学内容

1. 设计思路

经济法的学科特性导致其与经济政策的关系十分亲密,“经济法学”课程内容本身,特别是经济法基础理论、竞争法具有很强的政策性,相关制度和规定在很大程度上体现了国家的政策目的。因此,“经济法学”能及时呼应国家形势，回应相关思想政治教育目标，将其贯穿于整个课程和课堂教学之中，实现对学生价值观的培育和塑造。应以潜移默化的方式实现“立德树人、德法兼修”，达成专业知识教育与思想政治教育的全方位融合。

2. 教学重难点及对重难点的处理

课程团队充分挖掘“经济法学”课程内容中的思政元素，拓展其中的思想政治教育融入点，提炼成课程思政映射点清单，将课程思政与课程教学全过程有机融合，在“润物细无声”的知识学习中融入课程思政。课程设计坚持以习近平新时代中国特色社会主义思想为指导，聚焦立德树人根本任务，推动用党的创新理论铸魂育人，不断增强针对性、提高有效性，实现入脑入心。

在具体的处理方式上，一方面，充分挖掘课程内容中的思政元素。各位教师要提高政治站位，将课程教学与学习宣传贯彻习近平新时代中国特色社会主义思想、党的重大会议精神结合起来，与提高本科教育质量结合起来，相互贯通、相互作用、相互支撑，形成学校“三全育人”的大思政格局。在集体备课的基础上，形成课程内容的教案，详细列明思政融入点，供教师教学参考。另一方面，找准课程各教学环节的思政融入点。课前导学 + 学生自学：教师在线上线下教学资源的选择上注重思政元素的融入。课中领学 + 参与式学习：教师在教学内容、教学活动的设计中注重学生价值观引导、团队协作能力的培养以及职业素养、职业道德的提升。课后辅学 + 提升巩固：教师在课后思考、作业中注重学生长期思想政治素养的提升，引导学生追求远大志向，坚定理想信念，树立职业责任感、使命感。

## 三、课程思政教学方法与评价方式

### （一）教学方法

1. 灌输与渗透相结合

课程思政不是专业课 + 思政课，灌输应注重启发，是能动地认知、认同、内化，而非机械生硬地移植、楔入，更非填鸭式的宣传教育；渗透应注重贴近实际、贴近生活、贴近学生；灌输与渗透相结合就是坚持春风化雨的方式，融盐于水。

2. 理论与实际相结合

课程思政元素,不是就思政理论而思政,应从社会实际出发,找准融合点,坚持理论与实际相结合,因事而化、因时而进、因势而新。教师在教学中,应注意把党的理论、国家的大政方针、时事政策与教学内容深度融合。

3. 历史与现实相结合

教师在进行课程思政的教学设计时,可以从纵向历史与横向现实的维度出发,通过世界与中国发展的大势比较、中国特色与国际的比较、历史使命与时代责任的比较,将“经济法学”各单元知识从纵横两个维度展开,获取思政融入点、结合点、着力点。

4. 显性与隐性相结合

课程思政教学应坚持显性教育与隐性教育的结合。教师应依据课程目标,对学生进行价值观的引导,践行立德树人的使命。同时,结合专业课的内容,内化思政元素,潜移默化、润物细无声地引导学生获得道路自信、理论自信、制度自信、文化自信,习得职业能力,培养其职业素养,提升其法律职业使命感。

5. 共性与个性相结合

本书提供的课程思政映射点、融入点及教学方法,旨在说明课程教学中可以采用的方案,任课教师在共性的基础上,可充分发挥自己的特点,遵循共性与个性相结合的原则,既注重教学内容的价值取向,也应遵循学生在学习过程中的独特体验。

6. 正面教育与纪律约束相结合

课程教学中应采用摆事实、讲道理,以及使学生明辨是非、善恶,提高认识,形成正确观念和道德评价能力提高的正面教育方法,同时也要立规矩、树边界,以必要的纪律约束引导学生品德向正确、健康的方向发展。

### (二)评价方式

1. 对课程思政建设成果的评价

把握课程标准审核、教案评价、课堂教学和教学成效评估等关键环节,融入思政元素,合理设置教学规模,严格落实课时规定,完善教育教学质量监控体系,在课程建设、课程教学组织实施、课程质量评价体系建立中,将课程思政作为首要因素和一个重要监测指标。

2. 对课程思政教学效果的评价

课堂教学效果评估体系中设置专门的课程思政观测点，从政治意识、价值观念、科学态度、社会责任感、职业伦理道德、文化素养等维度，评价课堂教学效果；采用教师自评、学生评价、同行评价、督导评价、社会评价等多种方式，在课程评价标准（学生评教、督导评课、同行听课）的制定中设置"立德树人效果"的观测点。在原有课程评价体系基础上，根据课程思政特点构建一套具有系统性、针对性、可操作性的课程教学质量评价标准。应完善质量反馈制度，注重课堂教学质量的反馈和改进，实时了解学生的课堂吸收率和满意度。

3. 对学生学习效果的评价

创新课程思政的考核评价的内容和方式，注重形成性评价与过程评价，注重学生解决问题的能力的提高、批判性思维的形成、完善人格的养成。课程采用"慕课成绩＋平时成绩＋期中成绩＋期末成绩"的多元化、过程性考核，并在考核内容上注重思政元素的融入。

## 四、课程思政教学资源及研究开发

### （一）"经济法学"课程思政建设的基本思路

"经济法学"课程思政在"立德树人、德法兼修"的培养理念下，根据"坚定理想信念、扎实理论功底、系统专业知识、良好职业能力"的一流人才培养要求，从教学内容、教学方法、教学团队和教辅资料四个方面具体展开。本课程在充分挖掘和发挥与中国经济法相关的思想政治教育元素的基础上，从宏观、中观、微观三个方面将思政教育贯穿于课程教学全过程。

宏观上，以结果为导向进行教学目标的整体设计。把"立德树人"作为教学效果的重要考量，将思政目标贯穿于教学全过程。传统教学目的的设计突出学生对于具体知识点的掌握，相对忽视"立德树人"的目标要求。"经济法学"在具体的课程实施过程中将"立德树人"融入每个教学环节、教学内容、教学活动、教学评测的设计之中，同时，将"立德树人"作为课程评价和教师教学评价的重要指标。

中观上,应在每节课的教学中落实教书育人的具体内涵。为充分利用好“课堂”这一主阵地、主渠道的作用,在每一节课的教学设计上,都应该使思想政治教育元素与专业教育互通互融,发挥协同作用;应将具有思想政治教育元素的时事政治作为课堂导入点,将思想政治教育贯穿于课堂导入、课堂讲解、课堂总结的全过程,通过教学活动,协同解决“专业课程上的疑”及“思想政治上的惑”,最终实现将教书育人的内涵落实在课堂教学中的目的。

微观上,在具体知识点的讲授中引导学生理解其中的立法或政策目的。传统教学中具体知识点的讲授注重知识点本身,相对忽视其背后的立法或者政策目的;然而经济法的具体规定往往蕴含着国家治理体系和治理能力现代化的目标。具体教学中,应结合中国模式和中国方案,从认知、思维、原理、原则、规范制度等维度,培养学生的高阶能力;应在具体知识点的讲授中引导学生理解其中的立法或者政策目的,增强学生的“四个自信”,在润物细无声中实现“三全育人”的教育目标。

### (二)课程思政教学资源开发的具体举措

“经济法学”在“立德树人、德法兼修”的培养理念下,从教学内容、教学方法、教师队伍和教辅资料四个方面具体开展课程思政。

1. 在教学内容上,创新教学内容的安排和设计

改变传统式的纯知识点讲授,在“立德树人”的指导下突出对学生价值观的培育和塑造,即充分挖掘具有思想政治教育元素的经济法时事政治,将其融入课堂教学之中:在课程整体内容的安排上,增加与之相关的马克思主义政治经济学的基础内容;增加对相关立法、政策的目标解读。在课程教学中将思想政治教育内容与专业知识技能教育内容有机融合。“经济法学”课程充分发挥了经济政策、学术研究和本科教学的协同优势,将教学与强大的科研平台衔接起来。课程依托重庆市首批人文社科重点研究基地市场经济法治研究中心等科研平台,在此基础上进行了课程思政的教育教学改革研究,并获得校级A级教学改革项目立项。该课程通过教学、科研、思政的有机融合,打造有高度课程思政。

2. 在教学方法上,提升课程思政的有效性

在“立德树人”的指导下,围绕具有思想政治教育元素的实例开展讨论式教学、讲授式教学、案例式教学和讲座式教学等。通过发挥教师“学为人师,行为世范”的引领作用,通过教与学的良性互动,引导学生认识与形成家国情怀,形成内生性的学习驱动力,在“知、情、意、行”等不同维度,提升教学效果。此外,课程团队完成了“经济法学”从线下传统优势课程到线上、线上线下混合式课程的升级。2018 年被评为重庆市第二批高校精品在线开放课程;2019 年被推荐参评国家精品在线开放课程,2020 年被评为重庆市一流课程。在此过程中,完成“经济法学”课程思政的全方位融合,《同向同行协同创新发挥专业课程在“三全育人”中的主渠道作用——西南政法大学〈经济法学〉课程思政的探索与实践》荣获 2019 年度高校在线课程建设与应用优秀示范案例的荣誉。

3. 在教师队伍建设上,发挥思政与专业的协同性

全面贯彻习近平总书记在全国教育大会上的重要讲话精神,强化教学团队建设。具体措施包括:(1)加强专业教师与思政教师的沟通和交流从而更好地实现课程思政;(2)鼓励教学团队成员进行多元化教学资源的开发利用,如利用各级政府网站、“学习强国”平台和开发慕课等。课程思政“入脑、入心、入行”,需要有温度的教师团队,有效的课程思政需要师生的相互激发和相互影响。该课程团队系首批“全国高校黄大年式教师团队”和“国家级教学团队”。经济法学院被评为“全国教育系统先进集体”“全国党建工作标杆院系”“重庆市教育系统先进党组织”。该课程团队既有从事经济法学教学研究多年的教师,也有具有丰富思政课教学经验的教师,授课团队多次获得市级和校级教学成果奖,并获得 2018 年校级微课竞赛第三名、2019 年校级微课竞赛一等奖、重庆市普通本科高校 2019 年课堂教学创新大赛一等奖、2017 年重庆市高校思想政治理论课教师教学技能大赛一等奖等荣誉。

4. 在教材建设上,不断深入挖掘课程思政元素优化教学内容

卢代富教授参与编写了全国马工程重点教材《经济法学》,并于 2018 年、2021 年完成再版修改。“经济法学”课程团队围绕课程思政的相关要求编写高质量的教材和教学辅助资料。课程组一方面参与工程重点教材《经济法学》的编写工作;另一方面结合课程思政,仅 2019 年就在法律出版社出版了3

本高质量的教材。教学大纲是教学活动的指南针,根据习近平总书记在全国教育大会上的重要讲话精神,课程组围绕课程思政的要求重新修改了“经济法学”的教学大纲,保证课程思政改革和“立德树人”的理念能够实实在在走进课堂。

## 五、教学实例

### (一)教学实例一:经济法的概念和历史

1. 教学目标

包括:(1)使学生了解经济法的概念及其产生条件,了解经济法的产生与现代市场经济之间的内在逻辑关系;掌握金融法律关系概念及其构成要素,了解金融法渊源及其体系。(2)使学生掌握经济法的调整对象,了解有关经济法的“四大学说”,特别是“调制论”“需要国家干预论”的内涵,这是具有中国特色的法学理论。(3)使学生掌握经济法产生的原因,特别是注意把握经济法产生的经济因素、政治因素、社会因素和法律因素。

2. 授课方式

一是线上线下结合,但以线下为主的教学方式;二是注重学生的课堂参与,进行主导式教学而不是采用填鸭式讲授的方式;三是充分利用现有的数字和智慧教学资源。

3. 教学重点

包括:(1)经济法的概念;(2)经济法与民法、商法、行政法的关系;(3)经济法产生的原因。

4. 教学难点

包括:(1)经济法中的“需要国家干预论”;(2)经济法产生的原因。

### (二)教学实例二:滥用市场支配地位的反垄断法规制

1. 教学目标

包括:(1)使学生了解市场支配地位的概念,了解各国规制滥用市场支配地位的立法概况和立法模式;(2)使学生理解规制滥用市场支配地位的理论基础、目标;(3)使学生掌握滥用市场支配地位的表现形式,掌握滥用市场支配地位的法律责任。

2. 授课方式

包括:(1)线上线下结合,但以线下为主的教学方式;(2)注重学生的课堂参与,进行主导式教学而不是采用填鸭式讲授的方式;(3)充分利用现有的数字和智慧教学资源。

3. 教学重点

包括:(1)市场支配地位与滥用市场支配地位;(2)滥用市场支配地位的表现形式。

4. 教学难点

包括:(1)滥用市场支配地位的表现形式;(2)滥用市场支配地位的法律责任。

### (三)教学实例三:混淆行为的法律规制

1. 教学目标

包括:(1)使学生了解混淆行为的定义、构成要素及相关立法;(2)使学生掌握规制混淆行为的理论基础、各国关于混淆行为的相关立法;(3)使学生对混淆行为的表现形式有准确的把握。

2. 授课方式

包括:(1)线上线下结合,但以线下为主的教学方式;(2)注重学生的课堂参与,进行主导式教学而不是采用填鸭式讲授的方式;(3)充分利用现有的数字和智慧教学资源。

3. 教学重点

包括:(1)混淆行为的概念;(2)混淆行为的构成要素。

4. 教学难点

包括:(1)混淆行为的规制原理;(2)混淆行为的表现形式;(3)混淆行为的法律责任。

## 六、“经济法学(一)”课程思政元素总览表

| 课程章节 | 重要的课程思政元素 | 相关联的专业知识或教学案例 | 所属思政维度 |
|---|---|---|---|
| 第一章 经济法的基础理论 | 1. 结合经济法的产生基础、发展脉络和《中国特色社会主义法律体系》(白皮书)关于经济法的内容,引导学生坚定“四个自信”。<br>2. 结合习近平新时代中国特色社会主义思想,党的十八大以来《中共中央关于全面深化改革若干重大问题的决定》《中共中央关于党的百年奋斗重大成就和历史经验的决议》关于社会主义市场经济体制改革、全面依法治国的内容,进行深入阐释并引导学生更好地理解社会主义市场经济体制改革,尤其是“使市场在资源配置中起决定性作用和更好发挥政府作用”的意涵,依法保障和促进社会主义市场经济体制改革的必要性,以及经济法在其中所发挥的重要作用。<br>3. 融入习近平新时代中国特色社会主义思想、“四个全面”战略布局、社会主义核心价值观、总体国家安全观等治国理政思想予以阐释和宣传。例如,融入“推进国家治理体系和治理能力现代化”“全面推进依法治国”等内容阐释国家(政府)适度干预原则 | 第一节 绪论、经济法的产生与发展。<br>第二节 经济法的定义与本质。<br>第三节 经济法的调整对象、体系与地位。<br>第四节 经济法的原则、主体、制定和实施 | 政治认同、家国情怀、文化素养 |

续表

| 课程章节 | 重要的课程思政元素 | 相关联的专业知识或教学案例 | 所属思政维度 |
|---|---|---|---|
| 第二章　反不正当竞争法 | 1. 结合习近平新时代中国特色社会主义思想，《中共中央关于全面深化改革若干重大问题的决定》和党的十九大报告等关于维护公平竞争和反不正当竞争等的内容，习近平总书记有关把握新发展阶段、贯彻新发展理念、构建新发展格局等的重要论述，进行深入阐释并引导学生更好地理解反不正当竞争的重要性，以及国家持续推进反不正当竞争制度化、法治化的必要性。<br>2. 结合习近平总书记有关“把握新发展阶段、贯彻新发展理念、构建新发展格局”等的重要论述和创新驱动发展战略，阐释反不正当竞争法何以重点规制混淆行为。<br>3. 结合我国有关立法和执法、司法典型案例，如“清朗”系列专项行动，参酌域外制度经验，引导学生更好地理解不正当市场竞争法律规制的中国方案，在日常学习和工作中践行“始终坚持从我国国情出发，探索并形成符合中国实际的正确道路”等重要指示 | 第一节　反不正当竞争法基本原理。<br>教学案例：北京百度网讯科技有限公司诉青岛奥商网络技术有限公司等不正当竞争纠纷案。<br>第二节　混淆行为的法律规制。<br>第三节　商业贿赂。<br>教学案例：优惠购买、重奖经销商、瓶盖有奖回收等案例。<br>第四节　虚假或者引人误解的商业宣传行为的法律规制。<br>教学案例：“脑白金里有金砖”案。<br>第五节　侵犯商业秘密/不当有奖销售行为的法律规制。<br>教学案例：香兰素案，职工离职、客户名单商业秘密纠纷等案例。<br>第六节　诋毁商誉/网络不正当竞争行为的法律规制。<br>教学案例：华康制药厂商业诋毁纠纷案 | 政治认同、宪法法治意识、道德修养 |

续表

| 课程章节 | 重要的课程思政元素 | 相关联的专业知识或教学案例 | 所属思政维度 |
|---|---|---|---|
| 第三章　反垄断法 | 1. 结合习近平新时代中国特色社会主义思想，习近平总书记关于强化反垄断、深入推进公平竞争政策实施等的重要论述，进行深入阐释并引导学生更好地理解反垄断的重要性，以及国家持续推进反垄断制度化、法治化的必要性。<br>2. 结合习近平总书记有关防止平台垄断和资本无序扩张等的重要论述，中央文件和国家立法有关建立统一开放、竞争有序的市场体系，平台经济领域反垄断等的内容，进行深入阐释并引导学生更好地理解对滥用市场支配地位的行为予以法律规制的必要性 | 第一节　反垄断法基本原理。<br>第二节　滥用市场支配地位的法律规制(一)。<br>第三节　滥用市场支配地位的法律规制(二)。<br>第四节　垄断协议的法律规制。<br>教学案例：“锐邦诉强生”案。<br>第五节　经营者集中的法律规制。<br>教学案例：商务部公告2014年第46号。<br>第六节　行政性垄断的法律规制/反垄断法程序制度 | 家国情怀、宪法法治意识、道德修养 |

(肖顺武、马勇)

# “知识产权法学”课程思政教学指南

## 一、“知识产权法学”课程简介

西南政法大学知识产权法学专业根基坚实，历史悠久，特色突出，优势明显。早在1985年即在本科生中开设“知识产权法学”课程，经过近四十年努力，该课程形成既密切关注国家知识产权政策，又深度挖掘知识产权原理，“产—学—研”相融合的专业特色。新时代下，本课程思政依托“复合型知识产权应用人才培养模式实验区”（教育部和财政部）与“国家知识产权战略实施研究基地”（国家知识产权局），以培养德法兼修的高素质创新型知识产权人才作为课程思政建设的根本目标。作为法学本科必修课程，该课程旨在向学生介绍知识产权法基础理论、法律实务以及前沿问题和最新动态。通过在知识产权法学知识的传授过程中有机融入政治认同、家国情怀、文化素养、宪法法治意识、道德修养等思政元素，强化育人理念，构建“价值引领、能力培养、知识传授”三位一体的教学目标，与思想政治理论课同向同行，形成协同效应和育人合力。本课程思政形成了较高水平的思政育人展示成果，具有良好的示范辐射作用。2021年“知识产权法学”被评为重庆市高校课程思政示范课程和西南政法大学2021年首批本科“课程思政”示范课程。

## 二、教学目标与教学内容

### （一）教学目标

为促使“法律知识传授”与“社会主义法价值引领”无缝对接，本课程思政将教学目标细分为三个层次：第一，知识目标，使学生系统掌握知识产权法律制度的基本理论、法律法规和相关政策；认识我国知识产权法律保护的途径、现状与不足。第二，能力目标，通过典型案例引导学生深入社会实践、关注知识产权保护领域中的现实问题;指导学生掌握运用知识产权法律法规以及知识产权维权的实务技能。第三,价值目标,帮助学生了解国家创新驱动发展战略;培育学生经世济民、诚信服务、德法兼修的职业素养,引导学生积极成为中国特色社会主义法治的忠实崇尚者、自觉遵守者、坚定捍卫者。

## (二)教学内容

### 1. 设计思路:点线面有机融入思政元素

习近平新时代中国特色社会主义思想内容丰富、系统完整,不可能在一门课一学期的讲授中面面俱到。但是,如果仅摘取只言片语,又难以体现思想的系统性和关联性。基于此,本课程思政教学团队在马工程教材教学大纲的基础之上,对课程总体设计进行了改进。根据专业自身特点,选择将"知识产权强国战略与创新型国家建设"作为主线,结合 2019 ~ 2020 年《商标法》《专利法》《著作权法》进行的最新修改,确定了"知识产权激励创新""强化知识产权保护""知识产权法治完善"三个主题,每个主题下再设置三个"映射点",形成了"一条主线、三个主题、九个映射点"(139)的基本框架(见图 1)。

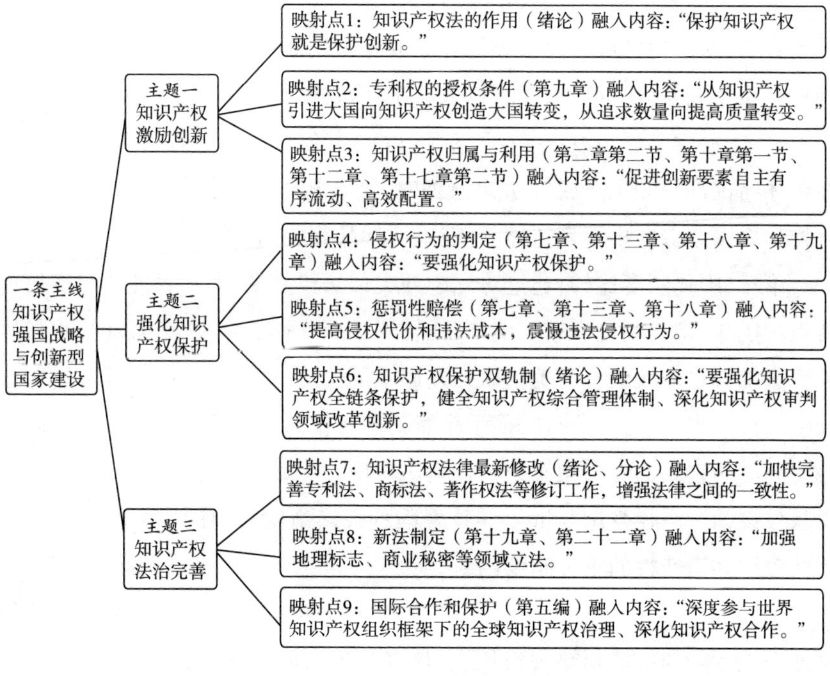


**图 1　课程总体设计框架**

2. 教学重难点及对重难点的处理

知识产权法学专业课推进“课程思政”的重点在于要求法学专业课程发挥思想政治教育作用、体现社会主义大学的育人导向。难点在于如何消除思想政治教育与专业教育相互隔绝的“孤岛效应”，破除专业课知识与价值引领的“两张皮”现象，真正实现知识传授与价值引领相结合。

为避免讲授过程中生搬硬套、专业知识与思政理论出现“两张皮”现象，“知识产权法学”课程思政尊重法学专业课程自身规律，在讲授内容的选择上突出“隐性教育”，不刻意设置“专章专节”。为进一步细化、落实教学指南的要求，在修订的教案和编写的示范案例集中导入思政元素时，考虑技巧、设计进路，不用宏大叙事，不作理论灌输，尽量以学生更易接受的形式来渗透和传达，力求“润物细无声”。针对我国高校传统法学教学模式“就法论法”、强调对现行法律制度与法律条文的研习，缺乏对立法背景、执法环境等政治因素关注的现状，本课程将思政元素投射至下列四个领域：

第一，制度背景与意义，阐明我国相关法律制度产生的历史背景、立法的考虑因素以及制度选择的必然性。例如，教师在讲解第十章第一节职务发明的专利权归属知识点时，深入挖掘2020年我国《专利法》修改新增第15条的政策背景，使学生理解如何正确处理职务发明创造中单位与技术人员之间专利权归属及利益分配问题，实现以人为本，激励创新的目标。

第二，制度发展与改革，介绍我国相关法律制度改革的政治考量。例如，在讲述绪论部分知识产权的法律保护时，结合知识产权强国战略，使学生树立推动中国制造向中国创造转变、建设商标品牌强国的意识。

第三，中外制度比较，通过对比中外类似法律制度，揭示我国法律制度的特点和优势，增强制度自信。例如，在讲述知识产权二审法院建设时，将最高人民法院知识产权法庭与美国联邦巡回上诉法院、德国专利法院等其他国家知识产权二审法院进行对比，使学生意识到其作为世界范围内首个在最高人民法院层面设立的专门化知识产权司法机构，是以习近平同志为核心的党中央从建设知识产权强国与世界科技强国的战略高度作出的重大决策部署和严格保护知识产权的重大制度创新。

第四，制度未来展望，结合我国未来经济社会发展蓝图，引导学生对法律制度未来发展的可能趋势进行探索，体现政治认同和家国情怀。例如，在讲述知识产权“双轨制”法律保护的改革与完善知识点时,引入《知识产权强国建设纲要(2021—2035 年)》,引导学生认识到在实践层面需要构建统一领导、衔接顺畅、快速高效的协同保护格局。

## 三、课程思政教学方法与评价方式

### (一)以学生为中心多元开放式教学方法

“知识产权法学”课程思政采取线上线下相融合的混合式教学模式,将以往“从线上到线下”的单向课堂结构,转变为“由线上到线下再到线上”的双向闭环结构。例如,在第一编第一章“著作权的客体”的学习中,学生只有先在线上完成自主学习(观看慕课教学视频、阅读文献资料、思考讨论题目、归纳出自主学习时无法解答的问题并通过学情调查向老师反馈等)才能顺利、高效地参与“如何判断作品独创性”的线下课堂小组讨论、案例分析等教学活动。有了线上的前期学习,在线下课堂上教师会快捷引导学生成为讨论的“主体”,真正实现“以学习者为中心”的探究式教学。

课后要求学生登录中国大学慕课课程平台,复习和巩固相关知识点,以小组为单位总结本组观点并发表于线上“课堂交流”板块,由其他同学再次评论,实现二次交流;阅读文献资料并完成思考题、课后作业及测评表;通过学情调查向老师反馈对本节课知识点的掌握情况以及对教学内容、教学方式等的评价;观看案例视频,阅读起诉书、判决书等资料,参与网络社会实践环节的互动讨论。由此,形成课堂教学和实践教学、课堂讲授和慕课平台、教师讲授和学生自学相融合的“线上预习—课堂教学—线上复习—网络社会实践”的四位一体教学模式。

### (二)综合评价思政育人效果

“知识产权法学”课程思政完善了课程考核方式和评价办法,包括思政要素的时代性、教学内容的多样性、教学方法的恰当性、教师素质的专业性、师生之间的互动性等。一方面以专业学习成效为基础,将专业学习的成绩以及能否激发学生对专业学习的热情作为首要评价指标;另一方面以价值引领成效为重点,将学生是否理解、认同并接受教师传递的思政元素,作为检验课程思政效果的重要评价指标。本课程在平时考核(慕课学习、课堂讨论、小组汇报、在线作业)、期中考核以及期末测试中融入思政元素,综合评价课程思政教学的效果。例如,在2020～2021学年第一学期的期末考试中设计了以下考题:"简述你对'创新是引领发展的第一动力,保护知识产权就是保护创新'这一论述的理解。(可在著作权法、专利法、商标法中任选一领域作答,也可做综合分析)"这一考题既可考查学生对我国创新驱动发展战略的理解,也检测了学生运用知识产权法学知识深刻理解现实国情的能力。

## 四、课程思政教学资源及研究开发

### (一)线上教学资源

"知识产权法学"慕课,爱课程(中国大学MOOC)平台线上教学资源,https://www.icourse163.org/course/SWUPL-1449261162。

### (二)线下教学资源

1.《知识产权法学》编写组编:《知识产权法学》(第2版),高等教育出版社2022年版;

2. 张玉敏主编:《知识产权法学》(第3版),法律出版社2017年版;

3. 李雨峰主编:《知识产权法入门笔记》,法律出版社2018年版;

4. 李雨峰、王迁、刘有东编著:《著作权法》,厦门大学出版社2006年版;

5. 马一德:《专利法原理》,高等教育出版社2021年版;

6. 杜颖:《商标法》(第2版),北京大学出版社2014年版;

7. 张耕主编:《知识产权法教学配套案例》,知识产权出版社2011年版;

8. 李明德:《美国知识产权法》,法律出版社2014年版;

9. 李明德等:《欧盟知识产权法》,法律出版社2010年版。

## 五、教学实例

### （一）知识产权保护助力创新发展

**“知识产权法学”课程思政教学设计样例一**

<table>
<tr><td colspan="4">一、基本情况</td></tr>
<tr><td>课程名称</td><td>知识产权法学</td><td>授课对象</td><td>法学专业三年级本科生</td></tr>
<tr><td>选用教材</td><td colspan="3">中宣部马工程教材《知识产权法学》，高等教育出版社 2019 年版</td></tr>
<tr><td colspan="4">二、课程目标</td></tr>
<tr><td>教学目标</td><td colspan="3">知识产权的法律保护作为知识产权法律制度的核心内容，是连接知识产权创造和运用的枢纽，也是当前实施创新驱动发展战略中需要重点解决的突出问题。本讲从理论与实务两个方面，深入讲解当前我国知识产权司法保护与行政保护相结合的双轨制法律保护体系面临的现实困境，以及知识产权法律保护的国家政策与改革举措，从而实现将知识传授与价值引领相结合，发挥课堂教学的思政教育主渠道作用</td></tr>
<tr><td>思政育人目标</td><td colspan="3">党的十九大报告是新时代中国社会主义法治建设的思想纲领，为知识产权的法律保护提供了方向和坐标。创新是引领发展的第一动力，加快建设创新型国家，有赖于强化知识产权的保护，从而为实现中华民族伟大复兴的中国梦营造良好的创新生态与法律环境</td></tr>
<tr><td colspan="4">三、教学内容</td></tr>
<tr><td>授课章节</td><td colspan="3">绪论</td></tr>
<tr><td>授课知识点</td><td colspan="3">1. 重点：如何从实践层面来贯彻党的十九大报告“强化知识产权保护”的要求<br>《国家知识产权战略纲要》指出：“加强司法保护体系和行政执法体系建设，发挥司法保护知识产权的主导作用，提高执法效率和水平，强化公共服务。”<br>2. 难点：如何发挥司法保护的主导作用<br>中共中央办公厅、国务院办公厅印发《关于加强知识产权审判领域改革创新若干问题的意见》，指出改革指导思想与改革目标。<br>（1）改革指导思想：全面贯彻落实党的十九大精神，以习近平新时代中国特色社会主义思想为指导，不断深化知识产权审判领域改革，充分发挥知识产权司法保护主导作用。<br>（2）改革目标：以完善知识产权诉讼制度为基础，以加强知识产权法院体系建设为重点，以加强知识产权审判队伍建设为保障，不断提高知识产权审判质量效率，加大知识产权司法保护力度</td></tr>
</table>

续表

| | |
|---|---|
| 思政融入点 | 1. 习近平主席在2014年APEC峰会上首次对新常态进行了系统阐述。在新常态下,以保护创新为宗旨的知识产权法律制度成为落实创新驱动发展战略的重要保障。<br>2. 习近平总书记在党的十九大报告中强调,创新是引领发展的第一动力,要实施创新驱动发展战略,加快建设创新型国家,强化知识产权创造、保护、运用。<br>3. 中共中央办公厅、国务院办公厅印发《关于加强知识产权审判领域改革创新若干问题的意见》,强调"知识产权保护是激励创新的基本手段,是创新原动力的基本保障,是国际竞争力的核心要素"。<br>4.《国家知识产权战略纲要》指出:"加强司法保护体系和行政执法体系建设,发挥司法保护知识产权的主导作用,提高执法效率和水平,强化公共服务。" |
| 四、教学方法 | |
| 教学方法 | 1. 引导式教学方法。课前阶段,教师提供给学生阅读材料和思考题进行预习;课堂阶段,引导学生思考、鼓励学生提问、肯定学生发言;课后阶段,教师提供课外补充阅读资料,并布置平时测试,引导学生学以致用。<br>2. 互动式教学方法。课上互动与课下互动并重,课堂教学与微信答疑结合,师生互动与生生互动并举。通过提问激发、主题讨论、情景模拟,打破教师"一言堂",鼓励学生由被动接受者变为主动探索者。<br>3. 案例式教学方法。以卡拉OK著作权许可使用费收取之争为例,分析著作权领域的国家版权局与文化部(现为文化和旅游部)两大部门存在的政策冲突。有助于学生理解我国以行政保护为主的知识产权"双轨制"法律保护缺陷,从而更深刻地领会新时代知识产权"双轨制"改革动因 |
| 五、教学资源 | |
| 阅读材料 | 1. 课前阅读材料。(1)曲三强、张洪波:《知识产权行政保护研究》,载《政法论丛》2011年第3期;(2)姜芳蕊:《知识产权行政保护与司法保护的冲突与协调》,载《知识产权》2014年第2期。<br>2. 课后阅读材料。(1)吴汉东:《中国知识产权法制建设的评价与反思》,载《中国法学》2009年第1期;(2)马长山:《新一轮司法改革的可能与限度》,载《政法论坛》2015年第5期 |
| 视频资料 | 短视频(3段,总时长:06:05)<br>1.[中国新闻]新闻观察:中国将全面强化知识产权保护(来源:央视网　发布时间:2019-11-25)。<br>2.[新闻30分]国家知识产权局　四项措施加强知识产权保护(来源:央视网　发布时间:2018-04-12)。<br>3. 知识产权海关保护(来源:腾讯视频　发布时间:2015-11-06) |

续表

| | |
|---|---|
| 思考题 | 1. 课前思考题。(1)知识产权的保护方式有哪些?(2)知识产权行政保护与司法保护的关系是什么?(3)当前我国知识产权行政保护存在哪些问题?<br>2. 课后思考题。未来我国知识产权保护的改革方向是什么 |

## (二)职务发明的利益分配之争

**“知识产权法学”课程思政教学设计样例二**

| | | | |
|---|---|---|---|
| 一、基本情况 | | | |
| 课程名称 | 知识产权法学 | 授课对象 | 法学专业三年级本科生 |
| 选用教材 | 中宣部马工程教材《知识产权法学》,高等教育出版社 2019 年版 | | |
| 二、课程目标 | | | |
| 教学目标 | 专利权保护关系到发明创造的激励创新和推广应用,对于促进科技发展具有重要作用,蕴含了习近平新时代中国特色社会主义思想与《知识产权强国建设纲要(2021—2035 年)》的指引。本讲从理论与实务两个方面,深入讲解当前我国专利法律制度中职务发明的发明人合法权益保护面临的现实困境,以及如何通过《专利法》来妥善解决职务发明中单位与发明人的利益矛盾,从而更好发挥专利权激励创新的基本保障作用,为高质量发展提供源源不断的动力 | | |
| 思政育人目标 | 创新是引领发展的第一动力,加快建设创新型国家,有赖于强化知识产权创造、保护与运用。本讲将知识传授与价值引领相结合,实现知识与价值教育的双重功能。通过深入讲解在职务发明中如何运用《专利法》切实保障发明人的合法权益来促进创新 | | |
| 三、教学内容 | | | |
| 授课章节 | 第十章第一节职务发明的专利权归属 | | |
| 授课知识点 | 1. 重点:(1)职务发明的认定;(2)职务发明的专利权归属;(3)职务发明中发明人的权利<br>2. 难点:如何妥善处理职务发明的利益分配?<br>根据《专利法》的规定,被授予职务发明创造专利权的单位应当给予完成人奖励,该专利实施后,应给予完成人合理的报酬。《民法典》第 849 条规定,完成技术成果的个人享有取得奖励的权利。《促进科技成果转化法》第 44 条、第 45 条对职务科技成果转化后的奖励和报 | | |

续表

| | |
|---|---|
| | 酬也作了细致规定。可见,上述规定明确了所有类型的职务技术成果完成人均有获得奖励或报酬的权利。但因职务科技成果、技术成果、职务发明创造之间存在交叉,立法关于奖励和报酬标准的具体规定,存在解释和实施中的潜在分歧。大多数职务科技成果都涉及劳动关系,立法上对此类奖励和报酬的具体或过细的规定的利弊也值得研究。为了促进科技成果转化,近年来我国大力推进职务科技成果权属改革。仅从专利的角度看,加强相关立法、政策的内在协调,协调好单位利益和其职工的利益,减少对企业自主经营的干预,是理论和实践中应当重视的问题 |
| 思政融入点 | 本案例通过讲述中村修二蓝光发光二极管(LED)职务发明的利益分配纠纷,深入挖掘2020年我国《专利法》修改新增第15条的制度背景。习近平总书记在全国科技创新大会、两院院士大会、中国科协第九次全国代表大会上强调:“积极实行以增加知识价值为导向的分配政策,包括提高科研人员成果转化收益分享比例,探索对创新人才实行股权、期权、分红等激励措施,让他们各得其所。”[1]通过将知识点讲授与价值引领结合使学生理解如何正确处理职务发明创造的专利权归属与利益分配问题,从而实现以人为本,激励创新的目标 |
| 典型案例 | 中村修二蓝光发光二极管(LED)职务发明的利益分配纠纷 |
| 互动设计 | 课堂讨论:<br>我国现有法律关于民事主体的规定,并没有限于只有自然人、法人或非法人组织可以成为知识产权人,请问人工智能产生的发明创造成果的专利权如何归属?是将人工智能拟制为发明人,还是将其作为自然人、法人或非法人组织从事创作活动的工具,或参照职务发明,将人工智能拟制为发明人,将人工智能的投资者、开发者、管理者等作为专利权人 |
| 四、教学方法 | |
| 教学方法 | 1. 引导式教学方法。课前阶段,教师提供给学生阅读材料和思考题进行预习;课堂阶段,引导学生思考、鼓励学生提问、肯定学生发言;课后阶段,教师提供课外补充阅读资料,并布置平时测试,引导学生学以致用。<br>2. 互动式教学方法。课上互动与课下互动并重,课堂教学与微信答疑结合,师生互动与生生互动并举。通过提问激发、主题讨论、情景模拟,打破教师“一言堂”,鼓励学生由被动接受者变为主动探索者。<br>3. 案例式教学方法。以在国际上具有重要影响力的诺贝尔奖获得者中村修二与原雇主日亚化学公司之间的职务发明利益分配之争为例,形象生动地反映了职务发明创造的利益分配处理不当,不仅严重打击员工积极性,而且会使核心技术人员离职,给单位甚至国家造成无法估量的损失 |

续表

| 五、教学资源 | |
|---|---|
| 阅读材料 | 1. 课前阅读材料。(1)蒋舸:《职务发明奖酬管制的理论困境与现实出路》,载《中国法学》2016 年第 3 期;(2)李洁琼:《日本职务发明制度:演进、革新和启示》,载《知识产权》2019 年第 5 期;(3)刘鑫:《职务发明权利配置的价值导向与立法选择——兼评〈专利法修订草案(送审稿)〉的相关规定》,载《电子知识产权》2019 年第 8 期。<br>2. 课后阅读材料。(1)朱丹:《执行本单位任务的职务发明的权利归属可否约定》,载《法律适用》2020 年第 5 期;(2)刘鑫、李婷婷、陈光:《职务发明权属“混合所有制”政策试点起作用了吗?》,载《科学学研究》2020 年第 7 期 |

[1]习近平:《为建设世界科技强国而奋斗——在全国科技创新大会、两院院士大会、中国科协第九次全国代表大会上的讲话》,载新华网,http://www.xinhuanet.com//politics/2016-05/31/c_1118965169.htm。

## (三)保护作品完整权

### “知识产权法学”课程思政教学设计样例三

| 一、基本情况 | | | |
|---|---|---|---|
| 课程名称 | 知识产权法学 | 授课对象 | 法学专业三年级本科生 |
| 选用教材 | 中宣部马工程教材《知识产权法学》,高等教育出版社 2019 年版 | | |
| 二、课程目标 | | | |
| 教学目标 | 保护作品完整权是指保护作品不受歪曲、篡改的权利。从文义上讲,歪曲是指故意改变事实或内容,篡改是指用作伪的手段改动或曲解。这两个词本身就含有主观上的故意和客观上的贬损行为。本讲从理论与实务两个方面,深入讲解保护作品完整权的基本原理,并且从典型案例出发,将思政教育元素与法学专业知识有机融合,突出“价值引领、能力培养、知识传授”三位一体的教学理念 | | |
| 思政育人目标 | 党和国家对知识分子高度尊重、高度重视。习近平总书记强调,全社会都要关心知识分子、尊重知识分子,营造尊重知识、尊重知识分子的良好社会氛围。[1]在讲授“修改权与保护作品完整权”这部分时,以习近平新时代中国特色社会主义思想为指引,通过将思政教育元素与法学专业知识有机融合,使学生认识到保护知识分子的修改权与保护作品完整权,有助于尊重和鼓励知识分子充分发挥自己的专业才智,为国家创新发展建功立业 | | |

续表

| 三、教学内容 | |
|---|---|
| 授课章节 | 第三章　著作权的内容　第一节　著作人身权 |
| 授课知识点 | 1. 重点:保护作品完整权的内容<br>保护作品完整权涉及两个方面的内容:一是作品本身遭受了改动;二是未改变作品本身,但对作品进行了其他利用行为,从而损害了作者的精神利益。比如,擅自改变作品的使用场景和使用目的,将庄严肃穆的乐曲用于滑稽、低俗的场合,将用于公益目的的美术作品用作商业广告等。<br>2. 难点:如何判断是否侵犯保护作品完整权<br>保护作品完整权并不是绝对的,要受到一定限制。在下列情况下变动作品不视为侵犯保护作品完整权:(1)为教学目的不得已对作品的用词、用语进行的改动;(2)为计算机硬件的正常运转或为版本升级而对计算机软件进行的必要改动;(3)为建筑物的扩建、改建、修缮等而对作品进行的改动;(4)被许可使用人对美术作品、摄影作品载体尺寸、大小进行的改动;(5)按照作品的性质、使用目的或按照诚实信用原则不得已对作品进行的其他改动。在适用诚实信用原则时,应考虑下列因素:侵权行为的程度、作品的性质、改动的目的、改动后公众可接触的程度、改动后使用的环境、使用人的权利等 |
| 思政融入点 | 1. 作为社会的精英、国家的栋梁、人民的骄傲,我国广大知识分子也是国家的宝贵财富,历来有浓厚的家国情怀、高远的治平之志和强烈的社会责任感。<br>2. 新时代下,知识分子践行爱国奋斗精神,要立足本职做有理想、有学问、有才干的实干家,不尚空谈,不眼高手低,不好高骛远。<br>3. 创新创造是知识分子与生俱来的品格,是知识分子之所以为知识分子的重要标识,更是新时代下爱国奋斗的最佳路径。<br>4. 文学艺术科学创作者们要充分发挥创新创造活力,将个人创作与服务经济社会发展结合起来,把自己的创作理想同祖国的前途、把自己的人生发展同民族的命运紧密联系在一起,扎根人民、奉献国家 |
| 典型案例 | 张牧野(天下霸唱)诉《九层妖塔》电影侵犯著作权纠纷案<br>[北京市西城区人民法院民事判决书,(2016)京 0102 民初 83 号;北京知识产权法院民事判决书,(2016)京 73 民终 587 号]<br>典型意义:《保护文学艺术作品伯尔尼公约》第 6 条之二规定,作者有权禁止对作品进行任何歪曲、割裂或者有损于作者声誉的其他损害。但我国《著作权法》并未限定歪曲、篡改要达到“有损作者声誉”的行为后果。司法实践中对于侵犯保护作品完整权是否要求歪曲、篡改达到有损作者声誉的程度认识也并不一致 |

续表

| | |
|---|---|
| 互动设计 | 课堂讨论：<br>侵犯保护作品完整权是否要达到有损作者声誉的程度？保护作品完整权不仅是著作人身权的核心内容，也是著作权侵权案件中司法判定的难点。例如，如何判定某一行为是否构成歪曲、篡改，是以著作权人感受的主观标准来判定，还是以一般理性人感受的客观标准来判定？ |
| 四、教学方法 | |
| 教学方法 | 1. 引导式教学方法。课前阶段，教师提供给学生阅读材料和思考题让其进行预习；课堂阶段，引导学生思考、鼓励学生提问、肯定学生发言；课后阶段，提供课外补充阅读资料，并布置平时测试，引导学生学以致用。<br>2. 互动式教学方法。课上互动与课下互动并重，课堂教学与微信答疑结合，师生互动与生生互动并举。通过提问激发、主题讨论、情景模拟，打破教师“一言堂”，鼓励学生由被动接受者变为主动探索者。<br>3. 案例式教学方法。本讲以侵犯保护作品完整权是否要达到有损作者声誉程度的典型案例为例，分析如何在实践中适用保护作品完整权 |
| 五、教学资源 | |
| 阅读材料 | 1. 课前阅读材料。(1)李雨峰：《精神权利研究——以署名权和保护作品完整权为主轴》，载《现代法学》2003 年第 2 期；(2)管育鹰：《保护作品完整权之歪曲篡改的理解与判定》，载《知识产权》2019 年第 10 期。<br>2. 课后阅读材料。(1)李莉：《论作者精神权利的双重性》，载《中国法学》2006 年第 3 期；(2)何炼红：《网络著作人身权研究》，载《中国法学》2006 年第 3 期。<br>3. 类案练习。张某耀诉长江日报社、武汉鹦鹉花园开发置业有限公司侵犯著作权纠纷案[湖北省武汉市中级人民法院民事判决书，(1999)武知初字第 7 号；湖北省高级人民法院民事判决书，(1999)鄂民终字第 183 号]。 |
| 思考题 | 1. 课前思考题。取得原作者许可的改编者有权对原作品进行必要改动，请问必要改动如何判断？<br>2. 课后思考题。结合我国《著作权法》有关保护作品完整权的相关规定，思考我国是否应当在立法上增加“有损作者声誉”的限制规定？ |

[1]严圣禾等：《弘扬担当精神　不负殷切期望——习近平总书记关于知识分子的讲话在知识界引起热烈反响》，载《光明日报》2017 年 3 月 6 日，第 4 版。

## 六、“知识产权法学”课程思政元素总览表

| 课程章节 | 重要的课程思政元素 | 相关联的专业知识或教学案例 | 所属思政维度 |
| --- | --- | --- | --- |
| 绪论 | 1. 强化知识产权保护是落实创新驱动发展战略的重要保障<br>(1)党的十九大报告强调,创新是引领发展的第一动力,要实施创新驱动发展战略,加快建设创新型国家,强化知识产权创造、保护、运用。<br>(2)习近平总书记指出,要加强国家创新体系建设,推动以科技创新为核心的全面创新,强化战略科技力量,塑造更多依靠创新驱动、更多发挥先发优势的引领型发展。[1]<br>(3)2018 年 2 月,中共中央办公厅、国务院办公厅印发《关于加强知识产权审判领域改革创新若干问题的意见》,强调“知识产权保护是激励创新的基本手段,是创新原动力的基本保障,是国际竞争力的核心要素”。<br>2. 强化知识产权保护的具体措施<br>2021 年 9 月 22 日,中共中央、国务院印发《知识产权强国建设纲要(2021—2035 年)》,强调“健全统一领导、衔接顺畅、快速高效的协同保护格局”,要坚持党中央集中统一领导,实现政府履职尽责、执法部门严格监管、司法机关公正司法、市场主体规范 | 知识产权的保护作为知识产权法律制度的核心内容,是连接知识产权创造和运用的枢纽,也是我国当前实施创新驱动发展战略和加快建设知识产权强国需要重点解决的突出问题。在讲授“知识产权的保护模式”内容时,通过将思政教育元素与法学专业知识有机融合,使学生认识到强化我国知识产权保护,蕴含了习近平新时代中国特色社会主义思想与党的十九大精神的指引 | 创新驱动发展 |

续表

| 课程章节 | 重要的课程思政元素 | 相关联的专业知识或教学案例 | 所属思政维度 |
| --- | --- | --- | --- |
| | 管理、行业组织自律自治、社会公众诚信守法的知识产权协同保护。对于如何处理知识产权行政保护和司法保护之间的关系，《知识产权强国建设纲要(2021—2035年)》指出要“明晰行政机关与司法机关的职责权限和管辖范围，健全知识产权行政保护与司法保护衔接机制，形成保护合力” | | |
| 第一编　著作权与相关权利 | 富强、民主、文明、和谐，自由、平等、公正、法治，爱国、敬业、诚信、友善的社会主义核心价值观集中体现了当代中国精神，是全体人民共同的思想道德基础和价值追求。我国的文学艺术创作者们在创作过程中应当将社会主义核心价值观融入智力成果，引导人民自觉践行 | 著作权客体的概念、种类以及著作权法不予保护的对象。<br>教学案例:《炉石传说》案。暴雪娱乐有限公司推出了《炉石传说:魔兽英雄传》的电子卡牌游戏，其以《魔兽世界》游戏为故事背景，玩家可以选用以魔兽系列中的不同英雄为主题的套牌进行对战游戏。请分析该游戏中卡牌牌面设计、卡牌和套牌的组合这两类对象是否属于著作权法所称的作品 | 文化自信 |
| 第二编　专利权与其他技术成果权 | 1. 专利权的保护对象与新技术创新领域的兴起密切相关。《知识产权强国建设纲要(2021—2035年)》及时就加快大数据、人工智能、基因技术等新领域新业态知识产权立法以及完善算法、商业方法、人工智能产出物知识产权保护规则作出部署，回应并更好体现了新时代推动高质量发展中加强专利保护的战略需要。 | 专利权的归属原则，尤其是职务发明、委托发明和合作发明的特别规定。<br>课堂讨论:我国现有法律关于民事主体的规定，并没有限于只有自然人、法人或非法人组织可以成为知识产权人，请问人工智能产生的发明创造成果的专利 | 技术强国 |

续表

| 课程章节 | 重要的课程思政元素 | 相关联的专业知识或教学案例 | 所属思政维度 |
| --- | --- | --- | --- |
| | 2. 最高人民法院《关于加强新时代知识产权审判工作　为知识产权强国建设提供有力司法服务和保障的意见》指出："充分发挥知识产权审判对科技创新的激励和保障作用，实现知识产权保护范围、强度与其技术贡献程度相适应。" | 权如何归属？是将人工智能拟制为发明人，还是将其作为自然人、法人或非法人组织从事创作活动的工具，或参照职务发明，将人工智能拟制为发明人，将人工智能的投资者、开发者、管理者等作为专利权人 | |
| 第三编　商标权与其他商业标记权 | 2021年9月22日，中共中央、国务院印发的《知识产权强国建设纲要（2021—2035年）》指出，要完善以企业为主体、市场为导向的高质量创造机制。以质量和价值为标准，改革完善知识产权考核评价机制。引导市场主体发挥专利、商标、版权等多种类型知识产权组合效应，培育一批知识产权竞争力强的世界一流企业 | 通过将知识点讲授与价值引领相结合使学生认识到强化商标权保护、实施品牌强国战略，蕴含了习近平新时代中国特色社会主义思想与党的十九大精神的指引。<br>教学案例："稻花香DAOHUAXIANG"商标侵权案。<br>课堂讨论：西南政法大学的注册商标专用权可能面临哪些侵权风险以及如何进行有效保护 | 品牌强国 |
| 第四编　与知识产权有关的反不正当竞争的权利 | 1. 强化知识产权保护是落实创新驱动发展战略的重要保障。<br>党的十九大报告强调，创新是引领发展的第一动力，要实施创新驱动发展战略，加快建设创新型国家，强化知识产权创造、保护、运用。习近平总书记指出，要加强国家创新体系建设，推动以科技创新为核心的全面创新，强化战略科技力量，塑造更多 | 不正当竞争行为的概念、特征、判定<br>教学案例：腾讯科技（深圳）有限公司、深圳市腾讯计算机系统有限公司与北京奇虎科技有限公司、奇智软件（北京）有限公司不正当竞争纠纷上诉案［最高人民法院民事判决书，（2013）民三终字第5号］ | 竞争有序 |

续表

| 课程章节 | 重要的课程思政元素 | 相关联的专业知识或教学案例 | 所属思政维度 |
|---|---|---|---|
| | 依靠创新驱动、更多发挥先发优势的引领型发展。[2]<br>2. 强化知识产权保护是提高我国国际竞争力的重要激励<br>2018 年 2 月，中共中央办公厅、国务院办公厅印发《关于加强知识产权审判领域改革创新若干问题的意见》，强调“知识产权保护是激励创新的基本手段，是创新原动力的基本保障，是国际竞争力的核心要素” | | |
| 第五编　知识产权国际条约 | 2021 年 9 月 22 日，中共中央、国务院印发的《知识产权强国建设纲要（2021—2035 年）》强调，要实施知识产权强国战略，回应新技术、新经济、新形势对知识产权制度变革提出的挑战，加快推进知识产权改革发展，协调好国内与国际关系，深度参与全球知识产权治理 | 主要知识产权国际条约，尤其是《与贸易有关的知识产权协定》、《保护文学艺术作品伯尔尼公约》、《保护工业产权巴黎公约》、《世界知识产权组织版权条约》以及《世界知识产权组织表演和录音制品条约》（WPPT）。<br>课堂讨论：知识产权国际条约对我国知识产权国内立法有什么影响？未来我国应当如何参与知识产权国际条约的制定和修改 | 深度参与全球治理 |

[1] 中共中央宣传部编：《习近平新时代中国特色社会主义思想学习纲要》，学习出版社、人民出版社 2019 年版，第 120～121 页。

[2] 中共中央宣传部编：《习近平新时代中国特色社会主义思想学习纲要》，学习出版社、人民出版社 2019 年版，第 120～121 页。

（李雨峰、郑重）

# “商法学”课程思政教学指南

## 一、“商法学”课程简介

1. 课程概况：“商法学”是教育部确定的法学核心课程和专业主干课程，主要面向法学本科生。自学校2003年开设“商法学”课程以来，始终以培养德法兼修的复合型法治人才为根本任务，并结合实践性课程特征，持续深化课程改革，取得了不错的成果。2009年获评国家精品课程、2013年入选国家精品资源共享课程、2019年入选重庆市一流线下课程、2023年入选重庆市一流线上线下混合课程。与此同时，课程团队秉持三全育人的培养理念，致力于课程思政的建设，该课程先后被评为校级、市级课程思政示范课程，新华思政推荐的精品思政课程。

2. 开设目的：商法是与市场经济联系最为密切的法律部分，应通过商业伦理、商业道德、商业诚信的法律表达，引导学生理解中华传统的财富观、伦理观，引导学生树立正确的义利观，引导学生将中华财富观中的正义性价值纳入现代经济生活中，发扬当代社会的伦理观念和经济行为观念。

3. 主要内容：本课程结合学科特色，切实贯彻“立德树人”“德法兼修”的培养理念，从新时代法学教育目标出发，运用建构主义教育理论，形成“商法学”课程思政关于底层联系、教育目标的具体架构、教学方法、考核评价的理论范式。通过人文意蕴感召和规范学生行为，发挥科学育人的思政功能，努力培养大批信念坚定、德法兼修、明法笃行的高素质法治人才。

4. 课程特色：本课程以培养“经世济民、诚信服务、德法兼修”的法治人才为建设目标，促进商法价值、商法知识与实践能力的多元互动，以期构建全面覆盖、类型丰富、层次递进、相互支撑的商法课程思政体系。课程坚持“1.1.5”原则，即“一条主线”，以爱党、爱国、爱社会主义、爱人民、爱集体为主线;“一个中心”,以思政教育为中心,从习近平法治思想、社会主义核心价值观、中华传统文化、宪法法治理念、职业伦理五个方面优化思政内容供给体系;“五个主题”则为商法总论、公司法、证券法、破产法、保险法五个教学主题,进而实现专业教育与职业教育双向并重的培养目标。

## 二、教学目标与教学内容

### (一)教学目标

通过总论、公司法、证券法、保险法、破产法等制度的理念与规范的教学,培养学生养成用法治思维和法治方式来处理日常生活中各种问题的习惯,养成遵循法律要求、依据法律规定、按照法律程序办事的行为习惯,牢固树立规则意识和责任观念,树立德法兼修的职业素养。比如,从商事主体的产生到消亡,从商事行为的发端到结束贯穿式透析思政元素,帮助学生了解商法各制度中蕴含的自由、公平、正义等法律理念,了解法律知识,最终确立法治信仰;将公平、诚信等法律原则与社会主义核心价值观联系,解读商法传统原则的时代意义。

### (二)教学内容

1. 设计思路

本课程遵循高等教育规律,切实贯彻“立德树人”“德法兼修”的培养理念,贯彻三个关键环节,即强化价值导向、提升知识系统性、提高课程实践性,实现教学育人目标。

(1)明德尚法。注意将社会主义核心价值观内化到教学的每一个环节,注重引导学生实现以德立身与法治立项相统一。

(2)法商融合。注重培养精通法律、了解商业的复合型卓越法律人才,积极通过典型案例、智慧教室、实验基础、实务导师等手段营造仿真培养环境;利用“课堂教学案例库”实施“课程思政”,案例选择上注意知识传授与价值引领的统一以及“思政味”和“科学性”的统一,实现“隐性思政”与“显性思政”相结合。

(3)知行合一。注重学生在知行合一中的主动学习和提升,以实现学生知识、能力、德行"三位一体"的全面发展。

(4)道术互嵌。"走进商法,专业深度;走出商法,人生高度。"此点,是课程负责人多年来在教学中向学生表达的关于商法学习与人生发展的基本理念。商法知识学习是术,德行与智识提升是道。商法文化、商法制度在本质上是社会的、历史的。应结合经济、历史的人文传统,交流商法制度,让学生在商法学习中接受人文熏陶。

2. 教学重难点

商法传统教学存在两大共识性难题:第一,难学;第二,难懂。

(1)难学。商法是与市场经济联系紧密、应用性很强的法;商法涵盖中国多个不同法学领域和学科,规模和体系庞杂、内容繁多。商法具有较强活力和生命力,因此其较凌乱,易变动。

(2)难懂。大学生远离商业实践,在商业领域的参与经验值很低,很难理解商法所调整对象的复杂的商业机理与法律逻辑。

如何让学生"爱学商法,学懂商法,用好商法"是本教学创新要解决的核心问题。

3. 重难点的应对

(1)打破壁垒,开拓教学新思路。秉持新文科新法学的教育理念,以"人"的现代化为价值引领,将商业创新与法律创新相统一,回应新时代的新需要,拥抱未来社会的新挑战。

(2)打造智慧教学立体结构。通过"课前导学—课堂教学—课后作业",激活学生内在自觉性;通过建立资料库,利用影视资源、课程资源、商业案例、专业资源等,开阔学生视野;通过补充商境模拟所需的商情、案情,以及商经管领域的基础知识和商事法治发展的前沿动态,并进行不同学科或理论观点的比较探究以及商业实践的背景了解,为学生提供持续性学习的路径指引——授之以渔。利用群课堂、腾讯会议等智慧型混合教学工具,建立师生随时交互的动态立体交际环境。由此,实现"任务驱动＋典型案例＋关键技能＋素质拓展"的有效融合,创新混合式教学结构。

(3)搭建"三环导入"教学路径。按照"是什么—为什么—怎么样"的逻辑线路,从法律文本解释入手,过渡到法律价值引导,上升到立法实践回归,形成"事实逻辑—价值逻辑—实践逻辑"层层递进的三环,实现求知、铸魂、践行三者的有机融合。

## 三、课程思政教学方法与评价方式

### (一)教学方法

1. 嵌入式教学法。教师及时捕捉思政教育元素并进行教育效果的经验判断,备课时走出法学学科知识教授的围栏,将国内外政治、经济、文化、生活等产生的法学影响导入教案,创设恰当的情境展开教学,将法律学习生活化、基本理论生活化,在法律学习中透析法理情理,寓说教与启迪于一体。

2. 课堂实践教学法。引 MBA 案例进课堂,推行以学生参与的全面性、教学开展的组织性、教学内容的系统性为基本要素的实践课堂基本模式。

3. 五互教学法。师生之间、学生之间实现主体互动,课堂内外、学校内外实现环节互动,线上线下实现环境互动,理论与实践实现内容互动,知识与德育实现目标互动,促进专业之"境"与爱国之"情"、为善之"心"、向上之"意"的有机结合。

为此,将充分利用国家精品课程、国家精品资源共享课、重庆市精品在线开放课程、课程思政示范课、马工程《商法学》教材配套的完整教学视频等团队的现有教学资源。

### (二)评价方式

1. 多维测评,实现以评促学。构建合理和公平的课程评价体系,不仅有线上评价、线下评议,过程性评价、结果性评价等评价体系,而且还应有公平客观的量化评价标准。

2. 客观量化评价与主观效度检验。将出勤、发言、作业等作为平时成绩,平时成绩与期末成绩占总成绩的比例为 60% 和 40%;教师评阅与学生相互评阅成绩的比例为 50%。

3. 第二课堂给予激励。将参加模拟法庭辩论赛、公司并购法律实务训赛等课外活动作为平时成绩的加分依据,给予 5% ~10% 的加分。

## 四、课程思政教学资源及研究开发

课程秉持"民本天下、商达经纬"的家国情怀,将学生人文素养的培养融入法律素养训练,通过培育社会性、系统性、发展性、实践性等四大思维体系,让学生在法律理念、法律规范的学习中树立正确的政治观、责任观、价值观、公平观、诚信观、利益观等六种观念,进而实现应用型卓越法治人才的育人目标。

通过拓展商法思政三元维度,多重挖掘思政教育资源。其一,贯穿式透析。从商法本质特征看商法课程思政的内在逻辑。基于人类社会与中国商事制度发展的双重维度,挖掘商法与社会、商法与道德、商法与经济之间的内在联系,即从社会性把握商法发展与中国式现代化道路的契合;从道德性把握商法制度与社会主义核心价值观的契合;从经济性把握商法理念与经济发展政策的契合。其二,递进式挖掘。本课程将增加商法教学之深度,借此深度挖掘提炼制度背后所蕴含的思想价值和精神内涵。以公司治理为例,从微观层面论之,其是各方利益的衡平之术,所体现的乃是公正、平等的价值内涵;从宏观层面论之,其亦是自治与管制的冲突与协调,不仅是有限自由之体现,更是我国法治思想的具化。其三,发散式探索。商事制度的温度内化于传统文化与社会主义核心价值观之中。因而,本课程借助发散式思维模式探究商事制度中的人文关怀,寻找思政要素。

## 五、教学实例

### (一)教学实例一:公司社会责任

1. 学理知识:《公司法》第 19 条、第 20 条,公司社会责任的规范理解。

2. 价值目标:在商法规范的技术逻辑与国情逻辑的关系分析中,实现知识讲授与德育教育的全方位结合、内嵌性结合。

3. 思政元素:提升营商环境法治化、义利观、财富观(分配正义)。

4. 教学手段:课堂实践课——公司如何承担社会责任?模拟辩论。

5. 教学设计:关于 2008 年汶川地震的社会捐赠,万科地产被骂而王老吉被赞,如何评价?

6. 问题:(1)为何万科地产被骂而王老吉被赞?(2)法律评价与道德评价的差异?(3)万科股东可否对董事会发动侵权诉讼?(4)假如你是万科地产的公司董事,你会怎么决策?(5)如何认识公司最佳利益?

### （二）教学实例二：公司治理

1. 学理知识：《公司法》第五章公司组织机构设置。

2. 价值目标：培育学生的商事思维，使学生树立正确的财富观。

3. 思政元素：商业诚信、产权家精神、营商环境。

4. 教学手段：引入 MBA 案例，模拟公司治理。

5. 教学设计：

（1）案情导入：在某公司成立之初，5 名发起人股东作出股权结构设置，第一大股东和第二大股东所持的股权合计只有 49.4%，即在绝大多数情况下要有 5 名股东中的 3 名以上股东同意才能形成公司的重要决策。公司股票公开发行上市后，发起人股东的持股比例进一步摊薄，持股比例最大的为 22.7%，有 3 名股东以 14.25% 的持股比例并列为第二大股东；所有大股东均是自然人；公司董事会 10 名董事中只有 5 名属股东董事，外部董事占据了半数席位，对公司决策的影响较大。

（2）问题导入：对该公司治理结构的总体评价？为什么需要健全决策的制衡机制？股权结构分散的利与弊？

（3）交流讨论：全班同学分为五组对该公司股东的持股比例、董事人数与组成、当前公司治理的可改善空间等问题进行讨论发言；各组进行了积极的发言、质言和探讨，在案例研究中夯实所学的公司治理相关知识和实践运用。

（4）学生评价：对于公司治理有了更深刻的理解，对于股东会、董事会、监事会的设置有了立体化认知，培养了解决公司相关纠纷的实务精神。

### （三）教学实例三：商事主体制度

1. 学理知识：掌握商事主体法定类型，了解公司设立的基本规则。

2. 价值目标：掌握商事基础制度，了解市场前沿。

3. 思政元素：供给侧结构性改革、社会主义核心价值观。

4. 教学手段：拓展第二课堂（观看公司的历史纪录片）。

5. 教学设计：通过公司设立、资本制度的变迁规律，展示公司设立的立法标准态度的不断发展；揭示股东与股东的博弈式合作的内在逻辑，在潜移默化中让学生接受主流价值观的熏陶，培养学生的合作精神、交往能力、创新精神、竞争意识、承受能力。

教学过程（见图1）：

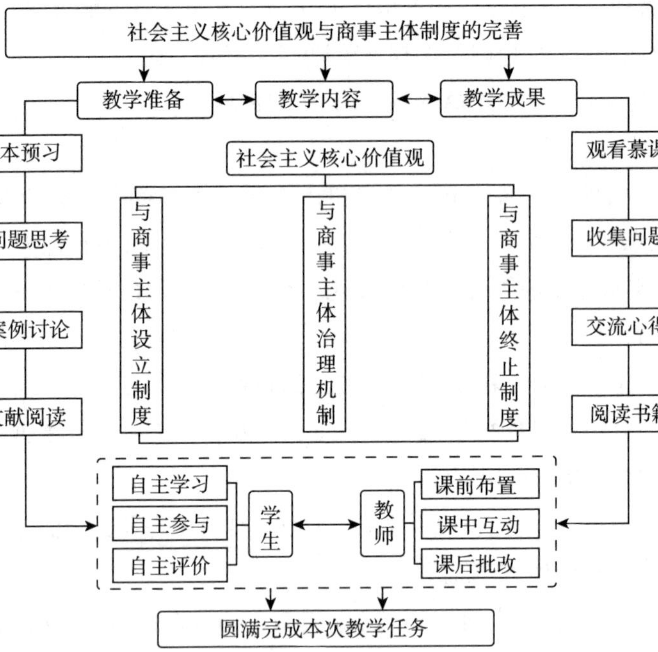


**图1　教学过程思路**

## 六、"商法学"课程思政元素总览表

| 课程章节 | 重要的课程思政元素 | 相关联的专业知识或教学案例 | 所属思政维度 |
| --- | --- | --- | --- |
| 第一章　商法总论 | 通过对商法发展进行历史性回顾，让学生了解中国共产党领导下的中国特色社会主义市场经济法治的发展历程，深化对共产党的认识和理解，增强"四个意识"、坚定"四个自信"、做到"两个维护" | 一、商法的概念<br>商法，是指调整商事关系的法律规范的总称。特定的调整对象是商法作为部门法存在的前提，也是建立和研究商法的基础。商法的调整对象是商事关系，商事关系就是平等主体之间基于营利性活动所形成的社会关系。 | 社会主义核心价值观 |

续表

| 课程章节 | 重要的课程思政元素 | 相关联的专业知识<br>或教学案例 | 所属<br>思政维度 |
| --- | --- | --- | --- |
| | | 二、商法的性质和特点<br>作为私法的商法本身充分体现了商事主体之间的平等精神和意思自治，最集中地反映着平等和自由的价值观。<br>三、商法的地位<br>商法与其他法律一道肩负着法治构建的使命，社会层面的法治价值观紧密关联，承载着国家层面的价值观。<br>四、商法的历史与发展<br>从比较法的视角出发观察我国的商法沿革可知，商法的修改愈加服务于和谐文明社会，致力于营造良好的市场经济环境 | |
| 第二章　商事登记 | 商业登记是商事组织获得合法商主体资格的必要前提，是国家对商主体实施有效管理的重要一环，也是保障市场交易安全、维护第三人利益和社会公共利益的基础。因此，减少行政权力干预、赋予投资者更大的自主权是我国商事登记制度改革的一条主线，是自由价值观的集中体现 | 一、商事登记概述<br>商事登记是申请人的申请登记行为与主管机关的审核登记注册行为相结合的一种综合性行为，是国家对商事活动实施法律调整、进行宏观控制的必要手段和必要环节。<br>二、商事登记原则<br>强制登记原则、全面审查原则、登记公开原则。有助于确保市场准入的平等、保障设立企业过程中各方利益的公平实现、依法维护市场基本秩序。<br>三、公司设立<br>旨在让学生在《公司法》变革过程中了解中国社会主义市场经济的发展 | 习近平法治思想 |

续表

| 课程章节 | 重要的课程思政元素 | 相关联的专业知识或教学案例 | 所属思政维度 |
|---|---|---|---|
| 第三章　公司资本制 | 让学生掌握资本与相关法律概念的关系、公司法的资本原则和资本形成制度、股份发行的分类等相关问题。了解我国资本制度的变化历程如何与社会主义市场经济相适应。在出资过程中,强调社会主义核心价值观中的“诚信”对股东出资行为的引导 | 一、公司资本原则<br>公司资本三原则是保障债权人利益的基本制度,是维护交易安全与社会经济秩序稳定的根本制度。<br>资本三原则体现了社会主义核心价值观中的“公正”价值。股东基于有限责任原则的保护,将经营风险转移至债权人,确立资本三原则有利于保护债权人的利益,与社会主义核心价值观相呼应。<br>二、公司资本形成制度<br>公司资本形成制度包括法定资本制、授权资本制、折中资本制。从资本形成中法定资本制度到授权资本制度的发展以及折中资本制度的出现,既反映了经济关系与商业经营不断发展的客观要求,也表明了商法的发展顺应市场经济的发展。<br>三、股东出资<br>我国公司法对出资形式的规定采取列举加抽象出资标准相结合的方式。但是,实践中对于出资形式的限定呈现出日益宽松的趋势,这体现了尊重私主体的自治意思,体现了社会主义核心价值观的“自由”价值 | 中华传统美德“财富观” |

续表

| 课程章节 | 重要的课程思政元素 | 相关联的专业知识或教学案例 | 所属思政维度 |
| --- | --- | --- | --- |
| 第四章 公司治理机制 | 公司是以营利为目的的社团法人。应以社会主义核心价值观为引导,平衡营业自由与分配正义价值观的关系,合理配置公司组织机构,平衡相关者利益 | 一、公司组织机构<br>社会主义核心价值观中的平等价值体现在股东平等原则之中;董事信义义务体现了商业诚信的职业准则。<br>二、公司人格否认制度<br>符合中国传统美德也符合社会主义核心价值观,彰显了诚信与公正原则。<br>三、公司财务会计制度<br>启示学生自觉维护社会公共利益,把个人利益融入社会公共利益中以实现个人利益 | 增强制度自信 |
| 第五章 公司的变更、解散与清算 | 公司的安全退出对于市场经济的稳定具有重要意义。引导学生树立正确的责任观、社会观、市场观 | 一、公司的变更<br>公司合并、分立和组织变更的程序及效率与公司资本运营的安全密切相关。在合并、分立和变更的过程中,强调各方利益主体的平衡保护,体现了公平和诚信的法治精神。<br>二、公司的终止<br>公司的终止不仅影响股东和债权人的利益,还会影响许多利益相关人的利益。为保障公司职工等利益相关人的利益,必须通过法定程序分配公司财产,这体现了公平和法治的价值理念。<br>三、公司清算<br>对清算义务人的法定义务和责任的规制,体现了平等、公正的社会主义核心价值观 | “办理破产”指标,提升营商环境的法治化 |

续表

| 课程章节 | 重要的课程思政元素 | 相关联的专业知识或教学案例 | 所属思政维度 |
| --- | --- | --- | --- |
| 第六章　破产程序法 | 破产制度发挥着维护正常的债权债务清偿秩序、维护社会安定、实现资源优化组合以及促进经济发展的作用。通过对课程的讲解，使学生能以客观全面的态度对待社会中的企业破产现象。并借助社会主义核心价值观中的平等价值观等检视破产清算中权利设置、财产分配、利益衡平的制度缺陷与可取之处 | 一、破产申请与受理<br>破产程序的开始，即以破产案件的受理为标志。破产申请的条件的准确设定直接关系到债权人、债务人的利益的保护。因此，如何在破产过程中平衡债权人和债务人的利益冲突成为破产法亟须解决的难题，这就需要社会主义核心价值观中的“平等、公正”的法治精神的引导。<br>二、破产拯救程序<br>基于促进社会福利增长、维护社会稳定和加强弱者保护的基本要求解读重整制度的正当性和完整性。根据对“自由需要边界”的理念，重点讲授破产重整中的债务人自我管理的规范要求。<br>三、破产清算程序<br>破产清算作为一种清偿债权人、股东分配剩余财产的法律制度，是市场经济主体退出资本市场的末端程序，对内涉及股东、职工、董监高等的权利与权益，对外涉及债权人的利益保障。因而，本讲目的在于认知、理解破产清算制度，学习在面临多方利益主体时如何运用制度实现公平正义 | 社会主义核心价值观 |

续表

| 课程章节 | 重要的课程思政元素 | 相关联的专业知识<br>或教学案例 | 所属<br>思政维度 |
|---|---|---|---|
| 第七章　破产实体法 | 分配正义、弱者保护 | 一、破产程序中的债权人<br>破产程序的目的在于一揽子处理债务人与所有债权人之间的债权债务关系。债权人会议的设立则为每个债权人参加破产程序、行使权利提供了保障，这就为充分保障债权人的利益提供了便利，同时有利于高效率地解决破产案件，体现了社会主义核心价值观中的“和谐”“公正”“平等”的价值理念。<br>二、破产权利<br>破产抵消权、撤销权、取回权的审慎适用体现了社会主义核心价值观中的“和谐”“公正”“平等”的价值理念。<br>三、特别制度<br>职工债权人生存利益的特别保护；建设工程优先款等别除权的规范充分体现了中国“仁爱”的法治理念 | 宪法法治思想、社会主义核心价值观 |
| 第八章　证券法投资者保护 | 证券市场的运行特点以及投资者在证券市场中的基础地位，决定了证券法要以保护投资者权益为宗旨。《证券法》对投资者权利保护系统的全新打造和科学构建，不仅是因应一种强烈而现实的市场运行和社会发展需求的重大举措，也是我国证券市场迈向法治化、成熟化进程的重要标志 | 一、信息披露制度的优化<br>信息披露是贯彻证券法公开原则的重要体现。围绕思政聚焦点——“强国之路的资本市场支持”，阐释投资领域的国家战略、法律法规和相关政策。<br>二、看门人的责任强化<br>在全面注册制改革下，券商、律师事务所、会计师事务所等中介机构的执业责任被压实。导入“商达经纬、民本天下”，引导学生树立法治思维，遵守投资行业职业道德；遵循经世济民、诚信服务的发展规律 | 习近平法治思想；树立我国资本市场制度自信 |

续表

| 课程章节 | 重要的课程思政元素 | 相关联的专业知识或教学案例 | 所属思政维度 |
|---|---|---|---|
| 第九章 证券自治规则的理解 | 我国证券发行制度从审核制到注册制的演变过程，是中国特色社会主义制度自信的显性融入 | 一、注册制的演变<br>强化以信息披露为核心的审核机制，将发行股票的价值判断权交给市场和投资者。这是深化供给侧结构性改革，政府简政放权，全面打造三化营商环境，助力经济的高质量发展的具体体现。<br>二、多层级资本市场<br>引导学生了解我国多层级资本市场构建的逻辑与意义，了解经济政策的顶层设计，即活跃资本市场、推动股票发行注册制走深走实、发展多元化股权融资、大力提高上市公司质量、培育一流投资银行和投资机构等 | 弘扬中国制度自信，彰显中国力量 |
| 第十章 保险法 | 保险制度是一项重要的经济制度，具有分散风险、消化损失的功能，具有迥异于储蓄、救济、保证的特征。因此，应强调社会主义核心价值观中的“平等”“和谐”“友善”对保险制度规范的引导 | 一、保险法性质<br>通过法律规范保险市场的竞争行为，体现了社会主义核心价值观中的“法治”理念。<br>二、保险利益<br>防范道德风险，加强公民道德建设，实现法治与德治的有机统一发挥着至关重要的作用。<br>三、最大诚信原则<br>最大诚信原则是民法中的诚信原则在保险法中的体现，也是社会主义核心价值观中的“诚信”理念的凸显 | 社会主义核心价值观 |

（曹兴权、武翠丹）

# “国际私法学”课程思政教学指南

## 一、“国际私法学”课程简介

世界各国民商事法律制度各异,各国法律体系林立,处理跨国民商事交往中的“冲突”具有重要意义,国际私法应运而生。国际私法以解决法律冲突为中心任务,以涉外民商事法律关系为调整对象,包括冲突法、国际民商事诉讼程序、国际商事仲裁、外国人的民事法律地位、国际统一实体法,是处理国际民商事法律争议的一门独立的法律部门。世界上存在着各种各样的冲突,而国际私法是解决不同国家民商事法律冲突的法律,也被称为“法中之法”,在英美法系国家被形象地称为“冲突法”;在大陆法系国家通常被称为“国际私法”。

本课程以法学本科生为主要授课对象,课程的主要目的是让学生系统地了解国际民商事法律争议的解决路径,重点掌握涉外民商事案件的处理流程,获得涉外法治人才的知识技能,为推动国际民商事交往、维护国家利益与私人利益打下牢固基础。

本课程的内容丰富全面,包括国际私法的基本理论与方法;国际私法最核心的内容——国际民商事法律适用(冲突法)及其在不同领域如涉外物权、涉外婚姻家庭等领域的适用问题;国际民商事争议解决如国际民事诉讼、国际商事仲裁的基础理论与实务知识;区际民商事法律问题。

本课程兼具理论性与实务性,具有独特的法律内容(如准据法、反致等),在涉外实务中应用性极强,应配合本课程中英文在线课程,打造国际私法线上线下多样教学平台。

## 二、教学目标与教学内容

通过本课程的教学,培养学生形成厚实的国际私法基础知识体系,使学生掌握处理涉外民商事争议的有效路径，正确适用冲突规范选择准据法，娴熟地开展外国法查明，进而有效衔接民法、民事诉讼法、商法、国际公法等已修课程，融合多部门法的应用，为涉外民商事争议的解决提供完善的法律意见。同时，潜移默化地形塑学生的社会主义核心价值观，令其深刻领悟人类命运共同体的思想在国际私法中的体现，使其擅于运用中外法律思维，掌握娴熟的法律英语技能和宽广的比较法视野，成为应用复合型的高端涉外法律人才。

本课程课堂主体部分为线下教学，配合中英文线上课程，包括在线国际私法、民事诉讼法、全英文国际私法等，主要采取了传统教学与现代教学相结合的方式，在铺垫国际私法的基础理论知识之后，引导学生重点学习国际私法的基础概念和重要制度，将其与各大涉外民商事法律部门结合起来，并运用于涉外物权、涉外婚姻家庭、涉外债权、涉外知识产权等诸多领域，掌握处理涉外民商事案件的最核心的思路。尔后，针对国际民商事争议解决的方式，引导学生学习国际民事诉讼和国际商事仲裁的基础知识，熟练掌握中国的最新立法规定，理解法律背后的政策选择，并将其灵活运用到司法实践中，通过案例的分析与解读，了解未来国际民商事争议的发展趋势。

课程的教学重点在于国际民商事争议解决（国际民事诉讼与国际商事仲裁）与法律适用部分（包括了一般的法律适用理论与各具体分则）；难点在于使学生跳脱国内法思维模式，形成涉外法治思维模式，并合理理解国际私法在涉外交往中的作用，掌握国际民商事争议解决的核心要求与多元化手段的合理选择，形成涉外案件处理的基本思路，最终将其灵活运用于涉外司法中。对于上述重点和难点问题，采取铺垫基础知识加上案例解析的方式。首先，重视基础知识，对于国际私法中的“法理肌理”进行合理分布、生动讲解；其次，在基础知识上，结合国内外经典案例进行教学，使学生多方位理解国际私法知识在国际司法实务中的体现与运用，最终落脚到中国相关规则的运用上。

## 三、课程思政教学方法与评价方式

在我国经济社会发展进入新时代的背景下，“国际私法学”的教学应当更加注重学生综合素质的培养，尤其是对于社会主义核心价值观认同和践行的积极性与主动性。因此，将思政教学方法融入“国际私法学”课程中，对于提高教学质量和培养学生综合素质具有重要意义。

### （一）课程思政教学方法

1. 案例教学法

在“国际私法学”课程中，教师可以选取一些典型案例，引导学生分析其中涉及的国际私法问题，培养学生的法律思维和实际操作能力；同时，通过案例教学法的运用，还可以引导学生了解我国在处理国际私法案件方面的政策和原则，增强学生对涉外民商事政策的了解与认同。

2. 课堂讨论法

在“国际私法学”课程中，教师可以选取一些热点问题或具有争议性的国际私法问题进行课堂讨论，引导学生积极参与讨论并发表自己的观点；同时，通过课堂讨论法的运用，可以培养学生的语言表达能力和逻辑思维能力，同时也可以帮助学生了解不同国家和地区的法律文化和价值观念，增强学生的跨文化交流能力。

3. 社会实践法

在“国际私法学”课程中，教师可以组织学生进行法律援助、法律咨询、法院旁听等实践活动，帮助学生了解实际问题的复杂性和多样性，提高学生的法律实践能力；同时，通过社会实践法的运用，还可以帮助学生了解涉外民商事案件的特殊性，拓展学生解决实际问题的思路并丰富其应用国际私法知识的体验。

### （二）课程思政教学评价方式

1. 考试评价

传统的考试评价方式主要以笔试为主，注重考查学生的理论知识掌握情况。然而，这种评价方式难以全面反映学生的综合素质和实际能力。因此，需要改进考试评价方式，可以增加实践操作和论文写作等环节的考查比重，以更好地反映学生的综合素质和实际能力；同时，还可以引入面试等考查方式，了解学生的语言表达能力和逻辑思维能力等。

2. 过程评价

过程评价方式是一种注重学生学习过程和全面发展的评价方式。在“国际私法学”课程中,教师可以引入过程评价方式,关注学生的学习态度、课堂表现、作业完成情况等方面,以更好地反映学生的综合素质和实际能力;同时,还可以引入同学互评等评价方式,增加学生之间的交流和互动。

总之,将思政教学方法融入“国际私法学”课程中具有重要意义。通过多种具体教学方法及评价方式的应用可以有效地提高教学质量并培养学生的综合素质,同时也可以帮助学生更好地了解社会主义核心价值观并践行于实际生活中,从而实现人文素养的提升和全面发展,并最终实现“国际私法学”课程思政教学目标。

## 四、课程思政教学资源及研究开发

### (一)“国际私法学”课程思政教学资源

1. 教学案例:通过引入真实的国际私法案例,可以帮助学生更好地理解国际私法理论在实践中的应用;同时,案例教学也可以培养学生的批判性思维和解决问题的能力。

2. 在线课程:通过目前我校自建的国际私法中文在线课程,国际私法全英文在线课程,并搭配国际民事诉讼法中文在线课程,实现深浅相结合、线上线下相结合,给学生更多思政元素的平台选择。

3. 模拟法庭:模拟法庭是一种非常有效的教学方式,可以帮助学生更好地理解国际私法实践。通过模拟真实的法庭场景,学生可以更好地理解法官、律师和其他法律职业者的角色和职责。

与模拟法庭类似的,还有模拟仲裁庭,这也是一种很受学生欢迎和喜爱的“国际私法学”课程思政资源,其功能与效用与模拟法庭类似。

4. 学术讲座:邀请国际私法领域的专家学者进行学术讲座,可以让学生了解到最新的学术研究成果和理论动态,从而开阔他们的理论视野。

### (二)教学资源研究开发

1. 国际私法教学案例的开发。我国已加入 WTO 二十多年,在涉外经济交往中产生了大量的涉外民商事诉讼案件,最高人民法院也在中国裁判文书网上将这些案件的裁判文书予以公开。因此,我国国际私法教学案例资源是极为丰富的。任课教师应当结合课程内容收集国际私法案例,并进行分析和筛选,提炼出适合国际私法课堂教学使用的案例,也可以筛选出一些适合学生课后研习的案例,供学生课外自学。

2. 多元在线课程开发。目前已经投入使用的在线课程包括中文国际私法、中文国际民事诉讼法、全英文国际私法,与国际私法教学相配套的在线课程如涉外婚姻家庭法、国际商事仲裁法等均在筹备过程中。多样的在线课程适用于现代教学的发展趋势,能给学生提供多样化、灵活性的学习平台。

3. 模拟法庭的开发与建设。若想模拟法庭活动发挥出良好的效果,需要做好以下准备工作:一是要有专业和敬业的指导教师。指导教师的经验、能力和态度对模拟法庭活动开展得成功与否有决定性影响。二是要进行广泛的宣传和动员,让学生了解与广泛参与,根据法庭角色组建团队。即使不能参队,也可以观摩和点评。三是要形成机制、注重长效。可以考虑把模拟法庭固定为教学活动的一部分,并建立考评制度。

4. 其他教学资源的开发。其他“国际私法学”课程思政教学资源的开发,要结合具体情况,尽力而为。如学术讲座,我校教师与校友中有许多非常著名的国际私法学者,也有许多非常优秀的涉外民商事法官和律师,可以邀请他们举办讲座,分享自己的经历和经验;此外,也可以与相关法院进行沟通,邀请他们在我校模拟法庭等场所开展涉外民商事案件的审判活动。

## 五、教学实例

### (一)教学实例一:西门子国际贸易(上海)有限公司与上海黄金置地有限公司案

西门子国际贸易(上海)有限公司(以下简称西门子)与上海黄金置地有限公司(以下简称黄金置地)均系注册在上海自贸区的外商独资企业。黄金置地作为业主与承包商西门子签订关于某建筑高(低)压配电系统供应工程的协议,在协议履行过程中双方产生纠纷,双方协议中的仲裁条款约定的仲裁机构为新加坡国际仲裁中心(SIAC)。2007 年,双方依据协议中的仲裁条款向 SIAC 提起仲裁。黄金置地以西门子在合同履行过程中存在实质性违约行为为由,要求解除合同,停止支付货款,同时要求其支付违约赔偿金。西门子提出反请求,要求黄金置地履行其在合同项下的付款义务。SIAC 最终裁定支持西门子的仲裁反请求,驳回了黄金置地的仲裁请求。

SIAC 的仲裁裁决作出后,黄金置地已实际履行了仲裁裁决中的部分付款义务,西门子依据《承认及执行外国仲裁裁决公约》(以下简称《纽约公约》)申请承认和执行仲裁裁决,要求黄金置地履行全部付款义务。黄金置地提出的抗辩理由主要为:双方均为在中国注册成立的法人,合同履行地亦为中国境内,双方的民事法律关系无涉外性,因此,双方约定的在境外仲裁机构仲裁的条款无效,对于该等有违我国公共政策的仲裁裁决应当不予承认和执行。

1. 中国就"涉外性"的判定标准如何?如何为在自贸区注册登记的外商独资企业提供司法保障?

2. 中国法院是否应承认与执行新加坡国际仲裁中心(SIAC)的裁决,依据是什么?

3. 中国法院如何审查该裁决是否违背公共秩序?

该案系全国首例涉自贸区外商独资企业间承认与执行外国仲裁裁决案。通过对本案的学习,能较好地理解中国为"支持仲裁"所作的探索,对建设更为开放包容、适合营商的国际司法环境,对深化落实"一带一路"倡议有着重要意义。

案件启示:裁判结果体现了保护当事人意思自治,改善自贸区营商环境的精神,对今后涉上海自贸区的同类案件审理和我国仲裁制度的进步具有积极意义。本案涉及两个中国法人之间在中国境内履行的买卖合同,审判实践中一般认为此类合同并不具有涉外因素,然而,由于双方当事人在主体性质以及合同履行环节均涉及自贸区的特殊性,法院认为在当前上海自贸区推进投资贸易便利的改革背景下,更应给予上述涉外因素必要重视。

### (二)教学实例二:上海海事法院承认与执行英国法院判决的裁定

2010 年,大新华控股公司为香港大新华轮船公司向挪威 SPAR 公司提供租船合同的履约担保。后因香港大新华轮船公司申请清盘,SPAR 公司在英国高等法院对大新华控股公司提起诉讼。英国高等法院、上诉法院先后作出判决,判令大新华控股公司承担担保责任。因大新华控股公司系在我国上海登记注册的企业，SPAR 公司向上海海事法院申请承认相关英国法院判决。

1. 上海海事法院承认与执行英国法院判决的依据是什么？

2. 上海海事法院应审查哪些条件？

3. 该案中，如何判定中国与英国是否存在互惠关系？

本案为最高人民法院下发 2021 年《全国法院涉外商事海事审判工作座谈会会议纪要》后第一起运用“法律互惠”承认外国法院判决的案例，具有典型意义。通过本案，学生可以掌握承认与执行外国判决的立法依据与新变化，理解立法背后体现的中国司法的特点。

案件启示：随着我国“一带一路”建设和高水平对外开放的深入实施，如何通过推动民商事判决的跨境承认与执行，公正高效化解跨境经贸纠纷，营造法治化营商环境是中国法院面对的时代命题。合理确定互惠关系的判断标准对于促进国家间相互承认和执行判决具有重要意义。拓宽互惠原则的适用范围，正是中国法院在新时期对此作出的积极回应。本案系我国对英国法院判决予以承认的首例案件，也是中国法院适用法律互惠原则的有益探索，营造了健康向好的判决跨境执行环境，进一步加强我国同世界各国间的司法协作互信基础，充分展现了我国在国际商事纠纷解决领域开放包容的大国司法形象。

通过对这些案例的探讨，教师可以帮助学生了解国际私法在解决跨国纠纷中的作用，同时培养学生的法律素养和国际视野。同时，教师还可以引导学生思考我国在国际私法领域的现状和未来发展趋势，增强学生的爱国情怀和使命感。

## 六、“国际私法学”课程思政元素总览表

| 课程章节 | 重要的课程思政元素 | 相关联的专业知识或教学案例 | 所属思政维度 |
| --- | --- | --- | --- |
| 绪论 | 1. 国际私法学在中国的发展；<br>2. 为什么要学习国际私法 | 1. 国际私法虽为舶来品，但是经过在中国多年的发展，尤其是与马克思主义结合起来，形成了具有中国特色的理论体系，以及具有中国风格的学术体系。 | 坚持走中国特色社会主义法治道路；责任教育 |

续表

| 课程章节 | 重要的课程思政元素 | 相关联的专业知识或教学案例 | 所属思政维度 |
| --- | --- | --- | --- |
| | | 2. 学习国际私法，是习近平法治思想与全面依法治国的必然要义，应加强涉外法治工作，注重培养涉外法治人才 | |
| 第一章 国际私法概论 | 1. 国际私法的范围；<br>2. 国际私法的历史 | 1. 我国国际私法学者韩德培建立的“一机两翼”理论，能真实反映国际私法理论的发展。<br>2. 国际私法的历史发展上，习近平法治思想在诸如平等互惠说等方面的体现 | 政治认同、法治教育 |
| 第二章 法律适用理论与法律选择方法 | 中国的法律适用理论 | 中国的法律适用理论，反映了中国学者在国际私法学术理论上的参与 | 爱国教育 |
| 第三章 国际统一实体法理论与方法 | 1. 国际统一实体法的地位；<br>2. 国际实体法条约的使用方法与国际商事惯例的使用方法 | 1. 明确国际统一实体法与冲突法之间的关系，二者相互配合，理解各自的优缺点。<br>2. 中国法院的实践表明，中国遵守中国作为缔约国的国际条约，并充分尊重国际惯例的适用 | 法治教育、法治思维 |
| 第四章 冲突规范与准据法的确定 | 冲突规范与准据法的发展趋势 | 中国的国际私法规则（冲突规范）和准据法的确定方法趋于灵活性，合理保护民商事主体的合法权益，促进国际民商事交往 | 法治教育、社会责任教育 |
| 第五章 准据法适用的一般问题 | 1. 强制性规定；<br>2. 外国法查明多元化平台的构建 | 1. 随着现代社会的发展，各国在重大政治和经济领域都有着利益要求，因此各国均对涉外民商事法律关系有着强制性规定。应合理理解强制性规则的合 | 法治教育、参与国际社会治理的能力 |

续表

| 课程章节 | 重要的课程思政元素 | 相关联的专业知识或教学案例 | 所属思政维度 |
|---|---|---|---|
| | | 理性、适用顺序。中国《涉外民事关系法律适用法》第4条及其司法解释的规定，明确了我国的基本态度。<br>2. 我国建设诸多外国法查明平台，服务于我国法院与中外当事人，提升我国法院处理涉外案件的能力，增加国际司法公信力 | |
| 第六章　民事主体 | 1. 国家和国际组织的特殊法律地位；<br>2. 自然人行为能力的法律适用规则 | 1. 了解中国出台《外国国家豁免法》的背景与现实需求，理解对等原则。<br>2. 自然人行为能力的例外规则之一，行为地法优于属人法，给予民商事交往中的当事人更多的合理预期 | 爱国教育、法治教育 |
| 第七章　婚姻家庭 | 1. 父母子女关系法律适用规则；<br>2. 收养法律适用规则；<br>3. 扶养与监护法律适用规则 | 1. 在父母子女关系、扶养、监护法律适用规则上我国均采取了实体正义的价值取向，采用了“有利于”原则，贯彻了弱者利益保护原则。<br>2. 在涉外收养上，我国法律适用规则如涉外收养关系的成立采用重叠适用冲突规范，有助于保护双方当事人尤其是被收养人的利益 | 法治教育、社会责任教育 |
| 第八章　继承 | 1. 法定继承同一制与区别制；<br>2. 遗嘱继承的法律适用规则 | 1. 法定继承中同一制与区别制各有优劣，并理解中国立法的选择。<br>2. 遗产继承法律适用规则尤其是遗嘱形式的“尽可能使之有效”的规则，平等保护跨国遗嘱遗产当事人的合法权益 | 法律自信、法治教育 |

续表

| 课程章节 | 重要的课程思政元素 | 相关联的专业知识或教学案例 | 所属思政维度 |
| --- | --- | --- | --- |
| 第九章　物权 | 不动产物权法律适用规则 | 不动产物权的法律适用理论关涉该法律关系的本质,中国与国际社会的理论基础虽有不同,但规则一致 | 法治教育 |
| 第十章　合同 | 1. 中外合资经营企业合同、中外合作经营企业合同、中外合作勘探开发自然资源合同的法律适用规则;<br>2. 劳动合同、消费合同的法律适用规则 | 1. 中外合资经营企业合同、中外合作经营企业合同、中外合作勘探开发自然资源合同的法律适用采用单边冲突规则,有利于保障我国的主权、重大利益免受损害。<br>2. 劳动合同、消费合同的法律适用规则,有利于保护弱者利益 | 爱国教育、社会主义核心价值观教育 |
| 第十一章　侵权 | 我国一般侵权规则允许当事人意思自治 | 在侵权行为发生后,当事人可以协议选择侵权行为适用的法律。引入意思自治可以提高双方当事人对侵权结果的可预期性,提高法律适用的效率。这是我国涉外侵权法律适用立法的一大创新之处 | 爱国教育、法治教育 |
| 第十二章　知识产权 | 知识产权条约的适用不一定不优先于国内法适用 | 法院在审理涉外民商事案件时,我国缔结或参加的国际条约优先于我国国内法适用,但知识产权领域的国际条约已经转化或者需要转化为国内法律的除外,因为知识产权条约通常规定的是最低保护标准 | 社会主义核心价值观教育 |
| 第十三章　其他民商事关系 | 1. 我国关于涉外海事关系的法律适用规则;<br>2. 我国关于涉外票据关系的法律适用规则 | 1. 月光之路企业有限公司等与远东海产品开放型控股公司等船舶抵押合同纠纷上诉案。<br>2. 何某廉与伍某赏等涉外票据追索权纠纷上诉案 | 爱国教育 |

续表

| 课程章节 | 重要的课程思政元素 | 相关联的专业知识或教学案例 | 所属思政维度 |
|---|---|---|---|
| 第十四章 国际民商事争议及其解决机制 | 1.“一站式”纠纷解决机制的构建；<br>2. 我国国际商事法庭的建立 | 1.“一站式”纠纷解决机制的构建有利于快速、高效地解决纠纷，更好地维护当事人的合法权益。<br>2. 最高人民法院针对涉外商事案件的特点创立国际商事法庭，体现了司法为民 | 社会主义核心价值观教育 |
| 第十五章 国际民事诉讼 | 1. 我国与数十个国家签订了国际民事司法协助协定，而且参加了《关于向国外送达民事或商事司法文书和司法外文书公约》和《关于从国外调取民事或商事证据的公约》；<br>2. 规定因在我国领域内履行中外合资经营企业合同、中外合作经营企业合同、中外合作勘探开发自然资源合同发生纠纷提起的诉讼，由我国法院专属管辖 | 1. 我国积极缔结或参加国际司法协助条约或协定，体现了我国促进国际交流、保护当事人权益的立场。<br>2. 三类特殊合同由我国法院专属管辖，与这些合同的法律适用规则一样，有利于保障我国的主权、重大利益免受损害 | 参与国际交流；社会主义核心价值观教育 |
| 第十六章 国际商事仲裁 | 1 我国仲裁机构的重组；<br>2. 我国国际商事仲裁机构达 600 多个，全球最多 | 1. 我国积极参与国际经济交往，重组仲裁机构，为涉外经贸纠纷的解决提供多元化途径。<br>2. 我国对商事纠纷解决的重视，我国对仲裁制度的重视 | 社会主义核心价值观教育 |
| 第十七章 区际民商事法律冲突 | 1. 我国四个法域形成的历史背景与现状；<br>2. 我国区际法律冲突的解决途径 | 1. 我国四个法域是在旧中国贫穷落后，备受西方列强欺凌的历史条件下形成的。我们尊重历史，正视现实，积极解决涉港澳台地区的民商事纠纷。 | 爱国教育 |

续表

| 课程章节 | 重要的课程思政元素 | 相关联的专业知识或教学案例 | 所属思政维度 |
| --- | --- | --- | --- |
| | | 2. 我国参照国际法律冲突的解决方式来解决区际法律冲突，这是由我国区际法律冲突的特殊性决定的，是实事求是的做法 | |
| 第十八章　区际民商事司法协助（互助） | 1. 我国的区际司法协助（互助）；<br>2. 涉台司法互助 | 1. 我国的区际司法协助（互助），体现了各法域同属一国，相互尊重，密切协作的特点，有利于积极妥善地解决好区际民商事纠纷案件。<br>2. 涉台司法互助是海峡两岸关系发展的重要组成部分，是两岸同属一国的例证 | 爱国教育、社会主义核心价值观教育 |

（刘元元、王贵枫）

# “国际经济法学”课程思政教学指南

## 一、“国际经济法学”课程简介

本课程以习近平新时代中国特色社会主义思想为指引，助力培养有中国立场、全球格局、专业能力的涉外法治人才。本课程是面向本科生，以线上线下混合式教学为手段的法学专业核心课程公开课，总学时48学时。

本课程立足马工程重点教材《国际经济法学》，主要内容涵盖国际经济法基本理论、国际贸易法、国际贸易管理与世界贸易组织法、国际投资法、国际货币金融法、国际税法、国际经济贸易争端等专业知识。

本课程的特色主要包括：一是体现习近平法治思想。坚持不懈用习近平新时代中国特色社会主义思想铸魂育人，将“坚持统筹推进国内法治和涉外法治”、构建人类命运共同体和新型国际关系、共商共建共享的全球治理观等思政内容充分融入课程设计。二是服务涉外法治人才培养目标。关注我国参与全球治理中的重点与难点，通过设计与知识点相关的前沿问题讨论，提供拓展阅读素材，并辅以模拟法庭等训练方式，培养学生分析、处理涉外经济法律事务的能力。三是体现了“为未来学习”的教学革新。教师帮助学生构建知识体系、知识难点框架，科学设置研讨议题，引导学生以小组讨论方式运用所学知识解决实际问题，实现自主学习与集中学习、理论知识与实践能力的结合。

## 二、教学目标与教学内容

### （一）教学目标

1. 价值目标

拓展学生的国际视野，增强其开放与法治意识。习近平总书记指出：“在经济全球化深入发展的条件下，我们不可能关起门来搞建设，而是要善于统筹国内国际两个大局，利用好国际国内两个市场、两种资源。要顺应我国经济深度融入世界经济的趋势，发展更高层次的开放型经济，积极参与全球经济治理，促进国际经济秩序朝着平等公正、合作共赢的方向发展。”①在经济全球化的背景下，中国社会主义市场经济体制与国际市场体制接轨，促进构建开放型经济新体制。中国作为发展中国家中的新兴经济体，要坚定不移地谋求和平、发展、合作、共赢之路，做国际法治的建设者和坚定维护者，促进建立公平合理的国际经济秩序。学习国际经济法学、了解和熟悉国际经济法律制度与规则及其基本原理，有助于学生开阔视野，增强法治意识，做改革开放和依法治国的促进者；有利于促进国际法治与国内法治的良性互动，推进国家治理体系和治理能力现代化。

2. 知识目标

提高中国参与国际规则制定的能力，增强中国在国际法律事务中的话语权和影响力，运用法律手段维护中国主权、安全和经济利益。在经济全球化的今天，国际社会更为注重全球治理和国际法治，推行规则导向。这就需要学习国际经济法，掌握国际经济法的基本概念和体系以及各分支的常见法律制度，全面了解国际经济法的发展趋势，做到理论与实践相结合，培养运用国际经济法知识分析对外经济交往中各种典型问题的能力，以此维护国家主权和利益。

3. 能力目标

以习近平新时代中国特色社会主义思想为指引，助力培养有中国立场、全球格局、专业能力的涉外法治人才，提高其处理国际经济法律事务的实际工作能力。国际经济法学是一门专业性、综合性、实践性均很强的学科，需将国内法规则与国际法规则结合起来，积极入手剖析和解决国际经贸法律问题，突破单纯理论灌输误区，强化法学实际法务操作能力，有助于培养和提高学生的法律理论素质和思维能力，使其妥善处理涉外经济法律事务，维护当事人的正当权益。

---

① 习近平：《不断开拓当代中国马克思主义政治经济学新境界》，载《求是》2020 年第 16 期。

## (二)教学内容

本课程以马工程重点教材《国际经济法学》为内容基础,旨在讲授国际经济法的基础概念和各分支的具体知识。学习该课程需要先完成合同法、知识产权法、海商法、票据法、仲裁法、诉讼法、经济法、国际公法等课程的学习。通过课前慕课学习、课堂理论讲授、案例学习、课堂讨论、课后作业等方式,培养学生分析国际经济交往中常见问题及解决这些问题的能力。

首先,绪论部分需要重点掌握国际经济法学的研究对象、性质及其地位、历史发展、学习意义和方法。其次,国际经济法概述部分的重难点在于国际经济法的概念与特征、国际经济法的主体、国际经济法的渊源、国际经济法的基本原则。最后,对于分论部分,可以重点关注以下11个方面的内容:(1)关于国际货物贸易的私法性规范,例如,货物买卖、运输、保险、支付等领域重要的国际公约、国际商务惯例以及行业性规范;(2)关于国际货物贸易的国内管制规范,如关税法、保税制度、出口管制法、外汇管制法以及进出口检验检疫、原产地规则等;(3)关于国际货物贸易的国际管制规范,如世界贸易组织法、区域贸易协定等;(4)关于国际技术贸易的各国国内管制规范,如国际技术贸易的主要类型、国际技术贸易的进出口登记和审批程序、国际技术贸易合同的主要内容等;(5)与国际技术贸易直接相关的知识产权国际保护法律制度,例如,《与贸易有关的知识产权协定》《保护文学艺术作品伯尔尼公约》《保护工业产权巴黎公约》《保护表演者、录音制品制作者和广播组织罗马公约》等;(6)国际服务贸易法,主要是世界贸易组织的《服务贸易总协定》以及各国相关国内法;(7)关于外商投资的各国国内立法和双边投资协定等国际法规范,包括投资定义、投资待遇、投资保护、国有化和征收补偿问题、投资争端解决机制等;(8)国际货币金融法,包括关于国际货币体制的《牙买加协定》《国际货币基金协定》,关于国际融资法律制度的跨国银行监管、国际商业贷款协议、国际银团贷款、国际项目融资、国际融资租赁以及关于国际证券的各国管制法律制度等;(9)国际税法,包括跨国税收关系的形成、国家间双边税收协定关于税收权益分割的主要内容、国际逃避税的主要手段及其防范措施等;(10)国际经济组织法,如国际货币基金组织、世界银行、区域性国际开发银行、欧盟、北美自由贸易区等的法律制度;(11)国际经济争端解决法,包括常见的国家之间、国家与私人之间、私人与私人之间的国际经济争端类型，以及典型的争端解决方式，包括世界贸易组织争端解决机制、国际投资争端解决中心（ICSID）提供的国际投资仲裁、国际商事仲裁、国际民商事诉讼判决的承认与执行等知识。

由于本课程具有极强的实践性，对学生提出了较高的要求。教师在课堂上需要与学生积极开展互动，鼓励学生对实务和案例的自主思考，启发他们的多种分析思路。学生如果依然习惯于聆听教师单向灌输、自己在下面记笔记的传统学习方式，将不能很好地适应国际经济法课堂的互动要求。这需要大力加强对学生的引导和教育，以求教学相长之效。

## 三、课程思政教学方法与评价方式

### （一）课程思政教学方法

本课程思政教学方法可以归纳为以下几种基本方式：一是讲授式。针对教学内容中所蕴含的思政元素进行直接、简明的阐释，并进行价值观层面的教育。二是情景式。针对教学内容中涉及历史发展或有真实案例印证的知识点，通过视频素材、数据素材、互动设计、图示和板书等，营造一个具有思政元素的虚拟宏观环境（情景），教师在该环境中开展专业教学，并通过营造的环境润物细无声地影响学生。三是研讨式。通过对蕴含思政元素的教学内容进行主题设计，通过引导学生分组讨论，对思政要素进行适切的印证和强调，开展潜移默化的思政教育。四是模拟法庭式。以现实案例或模拟案例切入，挖掘其中的思政元素，并引导学生通过“角色扮演”“模拟法庭”“模拟谈判”的形式，切身感受运用国际经济法维护我国权益的场景和“交锋”，从而引发学生共鸣。五是思政式。对于教学中明显属于思政课的内容，如富强民主、爱国敬业、职业操守等，采用“思政课”的方式进行教学。在本课程思政建设中，这几种方法既可以组合使用，也可以单独使用，通过循循善诱、由浅入深的教学，全面开展恰如其分、恰到好处的课程思政改革，既化解了教学的重难点问题，又润物细无声地实现了价值引领。

### （二）课程思政评价方式

学生是课程思政最直接的学习者、感受者、获益者，评价课程思政既需要基于供给侧、投入端的考查,也需要在需求侧、产出端进行考查;应立足于学生思想政治素养的发展,在“三全育人”的总体格局中反映出课程思政建设的有效性。为实现这一目标,应该通过多种评价方式的结合,并遵循“评价—反思—改进”的思路,推动教学改进、课程优化,从而增强课程思政在学生思想政治素质的提升和价值引领方面的效用。

在评价主体方面,坚持以学生、教师、学校为评价主体,即学生对于课程教学效果的评教与反馈,教研室或同行教师对于课程思政效果的评价,以及学校通过教学督导、课程思政教案比赛、课程思政教学能力比赛、课程思政教学案例库建设等方式进行评价与监督。

在评价方式方面,采取“教学设计评价 + 教学过程观察 + 学生反馈”的模式。其中,“教学设计评价”,是指针对本课程的教学设计(或教案)、教学素材思政元素的开发、学生课堂表现性材料(作业、发言与互动记录、教师课堂评价)、教师教学反思等以文字方式呈现的内容进行系统评价,是一种静态的评价方式。“教学过程观察”,是指对于教学过程动态进行观察和评价,主要针对教学过程中教师对思政元素的融入方式与程度、师生互动的效果、学生的参与度、课程教学方法的适切性、教师在课程思政教学中的素养和对课堂教学的管理等,是一种动态的评价方式。“学生反馈”即是站在学生的获得感、体验感的角度对本课程思政教学进行评价,可以通过设置课程思政教学评教问卷的形式,让学生针对思政元素设置的挑战度、课堂教学中的体验度、教学资料与素材支持、教师教学素养等进行反馈。这些方式同样适用于立足线上或以线上为辅、线上线下相结合的“国际经济法学”课程思政教学模式。

## 四、课程思政教学资源及研究开发

“国际经济法学”课程思政教学资源应是多元化、多样化的。这既包括教材本身,又包括课外教学资源;既包括线上教学资源,又包括线下教学资源;既包括学校本土教学资源,又包括校外教学资源;既包括文本教学资源,又包括视频音频等教学资源;既包括已有教学素材资源,又包括教师、教学团队建设、研发、设计的新教学资源;既包括理论为主型教学资源,又包括案例或实证教学资源;既包括课堂教学资源,又包括实践教学资源。这些资源不仅仅服务于课程设计,还是组织教学、选用教学活动、制定评估方案过程中可以利用的资源。

本课程思政内容的建设和相关课程资源的运用、开发,应该坚持“以学生发展为中心”“以教师教学为基础”“以学科属性为引导”“以学校特色为依托”,以保证“国际经济法学”课程落实“立德树人”的任务。

1. 教材与课外教学资源。马工程《国际经济法学》教材是本课程教学资源的核心,现有教材为“国际经济法学”课程思政提供了建设基础。除教材外,《习近平法治思想概论》《习近平谈治国理政》等重要理论著作,我国外交部、商务部就相关问题的立场表态,权威报纸、期刊学术论文等也是课程教学资源的重要来源。

2. 线上与线下教学资源。本课程思政不仅包括在线下可以获取到的教材、著作、期刊、报纸、报告等教学资源,还包括线上教学资源。通过整合与构建线上教学资源,优化线下教学素材,促进线上线下资源有机衔接,形成纸质资源与立体化资源的互为补充。其中,“国际经济法学”课程的线上教学资源包括大学生慕课、爱课程、重庆高等教育智慧教育平台上线的优质课程,国家智慧教育公共服务平台,还包括我国国家部委官方网站的素材,以及国际组织网站上中国参与辩论的发言、提交的改革方案与立场文件等。

3. 校本与校外教学资源。本课程应依托本校资源的本土化,为课程思政建设、课程资源开发和运用服务。校本教学资源既包括与国际经济法学相近或相关的课程、教学活动,也包括结合学校自身办学特点、师资队伍以及学生发展需求而自主开发、实施与评价的课程,例如,教学团队开设的“涉外法治概论”课程。校外教学资源主要是指兄弟院校开发的相关专业教学资源。

4. 文本与音视频教学资源。除教材、教学 PPT 等课堂思政教学素材之外,官方音视频资料、优质微课、国际组织“线上小课堂”等音视频资源也是“国际经济法学”课程思政教学中的重要资源。

5. 原素材与新资源。原素材主要是指所用教材中提及的相关事件或理论;而新资源则是指通过教师、教学团队对于国际经济法思政资源库的建设,在资料库中提供的与该事件或理论相关的视频、图片或数据资料。应补充多模态教学资源,并通过进行积极的话语分析进一步向学生展示其对于我国主权、安全与发展利益的重要意义和价值。此外,新资源还包括基于马工程《国际经济法学》教材打造建设的线上慕课、知识点微课等。

6. 理论与案例教学资源。理论教学资源主要指习近平新时代中国特色社会主义思想、习近平法治思想、习近平外交思想等重要理论以及教学教材,并将这些资源充分融入课堂教学中;案例教学资源即是针对教学知识点而挖掘、整理的能够体现思政元素的案例,并通过"案例教学+研讨"的方式引导学生树立正确的价值观、激发学生的家国情怀。例如,通过华为、Tik Tok案,让学生了解如何运用法律手段、运用国际经济法维护我国企业的权益和我国主权、安全与发展利益,了解我国如何通过"坚持统筹推进国内法治和涉外法治",通过涉外立法为我国企业反制外国不当措施提供法律支撑和依据。

7. 课堂与实践教学资源。课堂教学资源是指直接作用于课程思政教学的资源,是针对学生课程学习目标、学习效果等的教学资源。实践教学资源则是通过多方面把握课程思政的有效性与否以及课程教学目标的实现与否的重要资源。本课程的实践教学资源,不仅包括学生创新创业比赛、模拟法庭竞赛,还包括学术会议与合作交流论坛。课程教学团队的实践教学资源包括但不限于学生双创项目、"互联网+"大学生创新创业大赛、"挑战杯"中国大学生创业计划竞赛、中国WTO模拟法庭比赛、法兰克福国际投资模拟仲裁庭、国际投资模拟仲裁大赛(FDI MOOT)、国际商事仲裁模拟仲裁庭(Vis-MOOT)、红十字国际人道法模拟法庭竞赛等。此外,中国—东盟法治论坛以及其他的法学教育与法学研究合作交流论坛、学术会议等也是检视课程思政效果的重要资源渠道,学生通过备赛、参赛、项目设计、论文撰写等体现其在这些实践资源中对于思政元素的学习、感受、感悟和收获。

## 五、教学实例

### (一)教学实例一:国际经济法概论——国际经济法的基本原则

1. 课程内容的重点与难点

(1)重点:理解国际经济法的基本原则;国际经济法的基本原则在党的二十大报告、习近平新时代中国特色社会主义思想等中的体现;变动中的国际经济法与国际经济秩序。

(2)难点:如何协调国家行使经济主权与履行国际条约义务之间的关系;如何理解公平互利原则中"公平"的含义。

2. 课程挖掘的思政资源分析

课程可挖掘的思政资源主要包括:"人类命运共同体理念""坚持统筹推进国内法治和涉外法治""新发展格局""新型国际关系""共商共建共享的全球治理观""四个自信"等思政内容,培养学生的家国情怀、敬业精神、责任意识和法治精神。

讲解国际经济法的基本原则时,可将"人类命运共同体理念""新型国际关系""共商共建共享的全球治理观"等思政内容融入教学过程。播放习近平主席在博鳌亚洲论坛2018年年会开幕式上的主旨演讲视频,分析其中蕴含的"相互尊重、公平正义、合作共赢的新型国际关系"思想。在讲解"国际合作以谋发展原则"时,授课教师可通过网络平台播放习近平主席于2015年9月26日在联合国发展峰会上的讲话等视频,提前给学生发布关于构建人类命运共同体的内容、百年变局下的中国外交、"为国家担当 对世界尽责"等热点新闻,有效回应、引导、启发学生利用这些内容重点分析中国在抗击疫情中发挥的作用及其中所蕴含的国际经济法基本原则,通过师生互动,提升学生对于人类命运共同体意识的认同感,引导学生明确社会责任与担当。

3. 课程思政执行

(1)课前预习:统一提前发放课程思政材料,要求学生预习,并在慕课上了解国际经济法的基本原则的相关框架内容。

(2)知识点介绍:讲授国际经济法的基本原则,并对"新型国际关系""共商共建共享原则""全球治理""人类命运共同体"等治国理政思想的含义进行介绍。

(3)课堂提问与分组讨论:在"一带一路"倡议及其实践中,中国提出和倡导了"共商、共建、共享""开放包容""互学互鉴""互利共赢""伙伴精神""人类命运共同体"等一系列理念,请学生思考这些理论与国际经济法的基本原则的关系。

(4)课后思考:学生结合本节课所学知识,思考在"一带一路"倡议中体现了哪些国际经济法的基本原则？在中美经贸摩擦中，美国的做法违反了哪些国际经济法的基本原则？

4. 课程思政理念及分析

（1）课程思政的核心理念。本课程与习近平外交思想密切相连。因此，本课程深度融入构建人类命运共同体和新型大国关系、共建“一带一路”、全球治理的中国方案等思政内容，培养学生为人民谋幸福，为民族谋复兴，为世界谋大同的家国情怀。助推有立场、有格局，善用国际经济法维护国家利益的法治人才的培养。

（2）思政内容的融入点。第一，国家经济主权原则——坚持和平共处五项原则，尊重各国自主选择的社会制度和发展道路，尊重彼此核心利益和重大关切，走对话而不对抗、结伴而不结盟的国与国交往新路，不搞唯我独尊、你输我赢的零和游戏，不搞以邻为壑、恃强凌弱的强权霸道，妥善管控矛盾分歧，努力实现持久和平；尊重各国自主选择社会制度和发展道路的权利，尊重文明多样性，一国的事情由本国人民做主，国际上的事情由各国商量着办。第二，公平互利原则——“推动建设相互尊重、公平正义、合作共赢的新型国际关系”。第三，国际合作以谋发展原则——“要以‘一带一路’建设为重点”“遵循共商共建共享原则”“中国秉持共商共建共享的全球治理观”“积极参与全球治理体系改革和建设”；“坚持和平发展道路，推动构建人类命运共同体”的思想。

5. 教学反思

有些学生对专业知识的学习缺乏自信心和学习动力，缺少主动发言的热情；有些学生预习不到位，无法参与讨论等。针对该情况，本课程贯穿“为未来学习”的理念。教师在课前预先布置预习范围并发放阅读材料要求学生先进行一定的预习。教师重在教而不是讲，不仅传授知识，更多的是培养学生主动和自我学习知识的能力，以应对未来的知识更新和出现的问题。在学的阶段，明确方向和知识体系，做到有的放矢。在理解阶段，对重难点和学习方法，要做到释疑解惑，在线下课堂，组织和引导学生运用所学知识处理国际经济法律问题，做到学以致用。

## (二)教学实例二:国际货物买卖合同法——国际贸易术语

1. 课程内容的重点与难点

(1)重点:《2010 年国际贸易术语解释通则》以及 2020 年版的重要变化;全面掌握 FOB、CIF、CFR 这三个术语的区别与联系。

(2)难点:《2010 年国际贸易术语解释通则》每一种术语的含义、买卖双方的责任、费用承担、风险转移划界;《2020 年国际贸易术语解释通则》的变化,在同学们没有任何外贸实务的背景下,“再现”各贸易术语的流程。

2. 课程挖掘的思政资源分析

了解统筹推进国内法治和涉外法治的现实意义,秉持共商共建共享的全球治理观,加快推动涉外法治建设,有利于营造和平稳定的国际环境、睦邻友好的周边环境、平等互利的经贸环境、互信协作的安全环境。

学生应有效掌握国际货物贸易实务操作的基本思维框架,熟练运用所学知识分析国际货物贸易中的常见简易案例。特别是了解在“一带一路”倡议下,在货物运行流程中到底用什么样的贸易术语更能切合买卖双方的利益诉求?每种术语下买卖双方责任、费用、风险转移的承担?

3. 课程思政执行

(1)课前预习:先统一提前发放有关贸易术语的材料,要求学生预习,并在慕课上了解 FOB、CIF、CFR 三个术语的内容。

(2)引入话题:观看“榴莲‘小泰’的‘一带一路’之旅”视频,3 分钟左右。

(3)“思维导图”推演(该部分需要板书,时长 15 ~ 20 分钟):观看视频后,由老师以思维导图的方式进行教学。课程采用翻转课堂形式,由学生提问,老师解答由该“话题”引出的国际经济法方面的问题,获取学生需求、调动学生积极性。

(4)通过图解、动画视频学习贸易术语。

(5)观看“全球首个‘智慧零碳’码头”视频(5 分钟),了解海上货物运输的优势。教师在讲授了三个重要适用水路运输的术语后,通过视频“再现” + 讲授的方式,引导学生讨论中国的“双碳承诺”。

(6)分类总结贸易术语,口诀记忆(见图 1)。

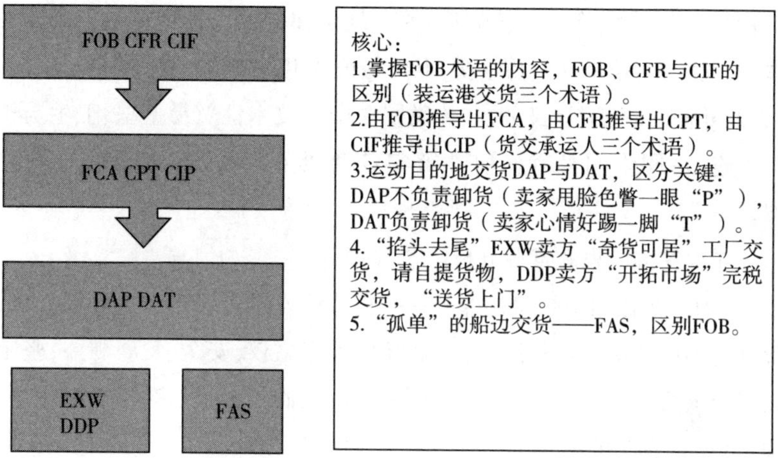


**图1　贸易术语及口诀记忆**

(7)课堂讨论:陆运与海运哪个更便宜? 天津港——泰国曼谷港 20gp 的集装箱运输,运费 1800 元人民币左右。

4. 课程思政理念及分析

包括:(1)“一带一路”倡议的核心“共商共建共享”,设施联通——民心相通。

(2)关税征收,特别是在《区域全面经济伙伴关系协定》下,榴莲“零关税”,自由贸易的优势,互利互惠。

5. 教学反思

同学们没有海上货物运输的知识背景,先以“一带一路”倡议的话题引入,引发同学们的讨论,然后配以图片、动画进行教学,归纳总结教学重点,最后回到国际规则制定的核心,我们要坚定不移地谋求和平、发展、合作、共赢之路,做国际法治的建设者和坚定维护者,促进建立公平合理的国际经济秩序。

### (三)教学实例三:市场准入规则——货物贸易中的关税壁垒与非关税壁垒

1. 课程内容的重点与难点

(1)重点:货物贸易中的关税壁垒:关税与关税壁垒;关税减让义务;进

出口货物分类制度;海关估价制度;原产地法律制度。货物贸易中的非关税壁垒:关税配额;技术性贸易壁垒;卫生与植物卫生措施(作业部分)。

(2)难点:关税减让义务;非关税壁垒中的技术性贸易壁垒、卫生与植物卫生措施;在同学们没有任何外贸实务背景下,“再现”贸易管理的流程框架。

2. 课程挖掘的思政资源分析

(1)习近平法治思想概论部分——坚持统筹推进国内法治和涉外法治:统筹推进国内法治和涉外法治,更好维护国家主权、安全、发展利益;坚定维护以联合国为核心的国际体系、以国际法为基础的国际秩序;综合利用立法、执法、司法等手段开展斗争。

(2)热点事件:“一带一路”倡议实施十周年硕果累累,高水平对外开放;华为发布最新 Mate 60 系列突破西方科技封锁;日本核污染水排海行径侵犯各国人民健康权、发展权和环境权。

3. 课程思政执行

包括:(1)课前预习:先统一提前发放有关关税壁垒与非关税壁垒的材料,要求学生预习,并在慕课上了解基础内容。

(2)引入话题:观看“榴莲‘小泰’的‘一带一路’之旅”视频,3 分钟左右。

(3)关税与关税税则(以榴莲为例):关税税则是一国或单独关税区通过立法程序制定并公布实施的税率目录表。该表按进出口商品类别排列,是海关征税的重要法律依据。通常包括税则号、商品名称和税率三部分内容。

(4)技术性贸易壁垒(“口罩被拒”):根据世界贸易组织《技术性贸易壁垒协定》(TBT 协定),所有产品,包括工业品和农产品,均应遵循该协定的规定。该协定重点在技术法规和标准、技术法规和标准的遵守及合格评定程序方面规定了成员的义务。“口罩被拒”案例,由教师根据美国拒绝中国的 KN95 口罩入关的资源整理,以思维导图的方式呈现。

(5)课堂讨论与作业:针对日本政府 2023 年 8 月 24 日启动福岛核事故污染水排海,中国海关总署发布《关于全面暂停进口日本水产品的公告》。中国外交部发言人汪文斌在例行记者会上回答记者提问时表示,8 月 24 日,日本政府无视国际社会的强烈质疑和反对,单方面强行启动福岛核事故污染水排海，中方对此表示坚决反对和强烈谴责，已向日方提出严正交涉，要求日方停止这一错误行为。问：第一，只要日本的核污水排放符合了原子能机构的标准就可以排海了吗？第二，请简述中国暂停进口原产于日本的海鲜产品的合法性？

4. 课程思政理念及分析

包括：(1)观看“一带一路”倡议“榴莲‘小泰’的‘一带一路’之旅”视频，以思维导图的方式，让学生自由发问，提出教学相关内容。例如，“一带一路”倡议的核心问题，即关税是什么？关税到底怎么收？收多少？

(2)将“口罩被拒”事件以思维导图方式呈现，引导学生提问，什么是国际标准？到底谁的标准更好？帮助学生理解非歧视待遇原则和必要性要求。介绍热点事件：华为 Mate 60 系列手机突破了美国“芯片制裁”；海关总署发布《关于全面暂停进口日本水产品的公告》。

5. 教学反思

首先，以“一带一路”倡议的话题引入，引发同学们的讨论，然后配以视频等教学资源，归纳总结教学重点。其次，利用热点事件，引发共情、共鸣。最后，回到教学目标，我们要坚定不移地谋求和平、发展、合作、共赢之路，做国际法治的建设者和坚定维护者，促进建立公平合理的国际经济秩序。

## 六、“国际经济法学”课程思政元素总览表

| 课程章节 | 重要的课程思政元素 | 相关联的专业知识或教学案例 | 所属思政维度 |
| --- | --- | --- | --- |
| 绪论 | 1. 坚持用习近平新时代中国特色社会主义思想铸魂育人；<br>2. 遵循马克思主义的世界观和方法论并将其应用于理论研究与法律实践；<br>3. 坚持想国家之所想、急国家之所急、应国家之所需等 | 1. 国际经济法学的研究对象；<br>2. 国际经济法学的性质及其地位；<br>3. 国际经济法学的历史发展；<br>4. 学习国际经济法学的意义和方法；<br>5. 国际经济法学的框架体系 | 1. 政治认同；<br>2. 法治意识；<br>3. 家国情怀 |

续表

| 课程章节 | 重要的课程思政元素 | 相关联的专业知识或教学案例 | 所属思政维度 |
|---|---|---|---|
| 第一编　国际经济法概述<br>第一章　国际经济法的基础理论 | 1. 学思践悟习近平法治思想；<br>2. 把握社会主义核心价值体系的内核，将培育践行社会主义核心价值观与法学理论及实践紧密结合；<br>3. 弘扬以改革创新为核心的时代精神；<br>4. 坚持想国家之所想、急国家之所急、应国家之所需等 | 1. 国际经济法的概念与特征；<br>2. 国际经济法的主体；<br>3. 国际经济法的渊源；<br>4. 国际经济法的基本原则 | 1. 政治认同；<br>2. 法治意识；<br>3. 文化素养；<br>4. 家国情怀 |
| 第一编　国际经济法概述<br>第二章　变动中的国际经济法与国际经济秩序 | 1. 坚持用习近平新时代中国特色社会主义思想铸魂育人；<br>2. 遵循马克思主义的世界观和方法论并将其应用于理论研究与法律实践；<br>3. 坚持想国家之所想、急国家之所急、应国家之所需等；<br>4. 学思践悟习近平法治思想 | 1. 经济全球化背景下国际经济法的变动与发展；<br>2. 国际经济法与国际经济秩序改革 | 1. 政治认同；<br>2. 法治意识；<br>3. 家国情怀 |
| 第二编　国际货物买卖法<br>第三章　国际货物买卖合同法 | 1. 坚持想国家之所想、急国家之所急、应国家之所需等；<br>2. 学思践悟习近平法治思想；<br>3. 坚持把国家、社会、公民的价值融为一体 | 1. 国际货物买卖合同及相关规则；<br>2. 国际货物买卖合同的成立；<br>3. 国际货物买卖合同的履行；<br>4. 国际货物买卖中的违约与救济 | 1. 家国情怀；<br>2. 法治意识 |
| 第二编　国际货物买卖法<br>第四章　国际货物运输和保险法 | 1. 学思践悟习近平法治思想；<br>2. 坚持想国家之所想、急国家之所急、应国家之所需等；<br>3. 弘扬以改革创新为核心的时代精神 | 1. 国际海上货物运输法；<br>2. 国际航空货物运输法；<br>3. 国际陆路货物运输法； | 1. 法治意识；<br>2. 家国情怀；<br>3. 文化素养 |

续表

| 课程章节 | 重要的课程思政元素 | 相关联的专业知识或教学案例 | 所属思政维度 |
|---|---|---|---|
| | | 4. 国际多式联运法律体系；<br>5. 国际货物运输保险法；<br>6. “一带一路”倡议下的国际运输体系发展 | |
| 第二编　国际货物买卖法<br>第五章　国际贸易支付法 | 1. 学思践悟习近平法治思想；<br>2. 提升运用法治思维和法治方式的能力等；<br>3. 坚持想国家之所想、急国家之所急、应国家之所需等 | 1. 国际贸易支付中的汇票；<br>2. 汇付与托收；<br>3. 信用证；<br>4. 国际保理 | 1. 法治意识；<br>2. 家国情怀 |
| 第三编　国际贸易管理与世界贸易组织法<br>第六章　国际货物贸易管理法 | 1. 学思践悟习近平法治思想；<br>2. 提升运用法治思维和法治方式的能力等；<br>3. 坚持想国家之所想、急国家之所急、应国家之所需等；<br>4. 追求实现公平与正义的法律职业理想 | 1. 贸易待遇制度；<br>2. 关税及相关制度；<br>3. 非关税措施；<br>4. 贸易救济措施；<br>5. 其他贸易制度；<br>6. 义务例外制度 | 1. 法治意识；<br>2. 家国情怀；<br>3. 道德修养 |
| 第三编　国际贸易管理与世界贸易组织法<br>第七章　国际服务贸易管理法<br>第八章　知识产权的国际保护与技术贸易管理法 | 1. 提升运用法治思维和法治方式的能力等；<br>2. 坚持想国家之所想、急国家之所急、应国家之所需等 | 1. 服务贸易及法律框架；<br>2.《服务贸易总协定》的一般纪律与义务；<br>3.《服务贸易总协定》的具体纪律与义务；<br>4. 知识产权的国际保护；<br>5. 基于知识产权的技术贸易及其管理 | 1. 法治意识；<br>2. 家国情怀 |

续表

| 课程章节 | 重要的课程思政元素 | 相关联的专业知识或教学案例 | 所属思政维度 |
| --- | --- | --- | --- |
| 第四编　国际投资法<br>第九章　国际投资的法律形式<br>第十章　国际投资的国内法制<br>第十一章　促进与保护投资的国际法制 | 1. 坚持法治国家、法治政府、法治社会一体建设，全面推进依法治国；<br>2. 提升运用法治思维和法治方式的能力等；<br>3. 坚持想国家之所想、急国家之所急、应国家之所需等；<br>4. 追求实现公平与正义的法律职业理想 | 1. 外商投资企业与外国公司分支机构；<br>2. 政府与外国投资者合作开发与建设；<br>3. 外国投资的管理与保护制度；<br>4. 对外投资的管理和保护制度；<br>5. 双边投资条约与区域性协定投资规则；<br>6. 多边投资担保机构公约；<br>7. 世界贸易组织有关投资的协定 | 1. 法治意识；<br>2. 家国情怀；<br>3. 道德修养 |
| 第五编　国际货币金融法<br>第十二章　国际货币法<br>第十三章　国际银行法<br>第十四章　国际证券法 | 1. 学思践悟习近平法治思想；<br>2. 坚持法治国家、法治政府、法治社会一体建设，全面推进依法治国；<br>3. 提升运用法治思维和法治方式的能力等；<br>4. 坚持想国家之所想、急国家之所急、应国家之所需等 | 1. 货币与货币主权；<br>2. 国际货币制度；<br>3. 国际商业贷款；<br>4. 国际银行监管；<br>5. 国际证券发行与交易；<br>6. 国际证券监管合作 | 1. 法治意识；<br>2. 家国情怀 |
| 第六编　国际税法<br>第十五章　税收管辖权与避免国际重复征税<br>第十六章　防止国际逃税与避税 | 1. 学思践悟习近平法治思想；<br>2. 坚持法治国家、法治政府、法治社会一体建设，全面推进依法治国；<br>3. 提升运用法治思维和法治方式的能力等；<br>4. 坚持想国家之所想、急国家之所急、应国家之所需等 | 1. 税收管辖权；<br>2. 国际重复征税；<br>3. 国际税收协定；<br>4. 跨国所得的征税协调；<br>5. 消除国际重复征税的方法；<br>6. 国际逃税与避税的概述；<br>7. 国际逃税与避税的主要方式； | 1. 法治意识；<br>2. 家国情怀 |

续表

| 课程章节 | 重要的课程思政元素 | 相关联的专业知识或教学案例 | 所属思政维度 |
| --- | --- | --- | --- |
| | | 8. 规制国际逃税和避税的国内税制；<br>9. 防止国际逃税与避税的国际合作 | |
| 第七编　国际经济法贸易争端解决<br>第十七章　国际经济法贸易争端解决 | 1. 提升运用法治思维和法治方式的能力等；<br>2. 坚持想国家之所想、急国家之所急、应国家之所需等；<br>3. 追求实现公平与正义的法律职业理想 | 1. 国际商事争端解决方式；<br>2. 国家与他国国民间的投资争端解决机制；<br>3. 世界贸易组织的争端解决制度 | 1. 法治意识；<br>2. 家国情怀；<br>3. 道德修养 |

（田路、殷维）

# “环境资源法学”课程思政教学指南

## 一、“环境资源法学”课程简介

“环境资源法学”属于教育部发布的《法学类教学质量国家标准(2021 年版)》中的“1 + 10 + X”法学专业核心课程之一,其是根据学校办学特色开设的必修课模块中的专业主干课,面向全体法学专业本科生,教学总时长为 48 学时。

“环境资源法学”的开设目的在于,以学思践悟习近平法治思想、习近平生态文明思想在环境资源法领域的丰富内涵和法治知识为重点,致力于培养德才兼备且具环境大局观,具有扎实的环境法学理论基础和熟练的职业技能,具备高质量法律服务能力,坚持中国特色社会主义法治体系和熟悉国际环境法规则的复合型、应用型、创新型生态文明法治人才。

“环境资源法学”的主要内容包括环境资源法的产生与发展概况、环境资源法基本原则、环境资源法基本制度、环境资源法律责任、污染防治法、自然资源保护法、生态保护法和国际环境法等知识原理与体系。

“环境资源法学”的课程特色体现在:一是紧扣中国式现代化建设对培养一流生态环境法治人才的现实需求,将思想性、知识性与时代性融为一体;二是以讲经典故事、评典型案例、议百姓生活的方式切入环境资源法学原理,力求寓教于乐、学思用相统一;三是依托首批国家级线下一流课程、重庆市线上一流课程和重庆市本科高校课程思政示范建设项目等平台,由重庆市级优秀教学团队承担教学和建设任务。

## 二、教学目标与教学内容

### (一)教学目标

1. 价值目标

“环境资源法学”以习近平法治思想、习近平生态文明思想为指引,力求将价值塑造、知识传授和能力培养融为一体,寓价值观引导于教育教学过程之中,将建设导向正确、体系科学、运行可靠、育人有效的“环境资源法学”课程思政作为价值目标,引导学生体会和感受新时代生态文明建设经历的“历史性、转折性、全局性变化,美丽中国建设迈出重大步伐”,切实增强学生的“四个自信”,持续提升学生对我国生态环境保护已有成效的自豪感和化解未来生态环境问题的能力。

2. 知识目标

“环境资源法学”课程结合国家生态环境保护的重大战略需求,深入挖掘思政资源,将“绿水青山就是金山银山”、“人与自然是生命共同体”、“中国式现代化是人与自然和谐共生的现代化”、生态文明、绿色发展、美丽中国等思政元素与“环境资源法学”课程内容紧密结合,寓培养家国情怀等价值观引导于知识传授和能力培养之中;使学生基本掌握国际、国内的环境资源立法概况,能够站在中国立场、人民立场分析国际、国内的环境问题,能够对日本核污水排海等国际环境违法行为提出有专业素养、有家国情怀的批评意见,能够熟练运用既有的环境法律为政府、企业等主体提供环境法律服务,进而高标准实现立德树人的根本任务。

3. 能力目标

通过对“环境资源法学”课程的学习,学生能够掌握发现、分析和解决复杂环境问题的方法论,能够提升认识世界、改造世界的能力,能够自如面对未来环境行政执法、环境司法审判、突发环境事件应急等环境法律服务可能蕴含的挑战;进而培养德才兼备且具有扎实的环境法学理论基础和熟练的职业技能,具备高质量法律服务能力,坚持中国特色社会主义法治体系和熟悉国际环境法规则的复合型、应用型、创新型生态文明法治人才。

### （二）教学内容

1. 设计思路

习近平生态文明思想是指导“环境资源法学”课程教学的根本遵循和理论依据，课程致力于将习近平生态文明思想与课程专业知识深度嵌套，从整体结构上定位导向。例如，以“生态兴则文明兴”的生态历史观引出生态环境保护和美丽中国建设的必要性；以“坚持人与自然和谐共生”的生态价值观引出保护优先、预防为主等环境资源法的基本原则；以坚持“绿水青山就是金山银山”的生态发展观引出生态产品财产权、排污权交易等基本制度；用“良好生态环境是最普惠的民生福祉”的生态民生观引出以受益者补偿为核心的生态补偿等基本法律制度；用“山水林田湖草是生命共同体”的生态系统观引出生态保护中的系统治理原则；以“用最严格制度最严密法治保护生态环境”的生态法治观引出我国的环境法律责任制度；用“建设美丽中国全民行动”的生态行动观引出公众参与环境保护的体制机制；用“共谋全球生态文明建设”的生态共赢观引出国际环境法的相关知识体系。

2. 教学重难点

一是要充分挖掘课程思政资源，将新时代国家环境治理的新理念新思想新战略与生态环境法律政策有机融合，增强课程内容的新颖性和时政性；二是要立足求学求知者的心理特质和认知能力，用可感可学可用可信的事例和方法，突出课程育人的引领性和实用性；三是要充分吸纳和睿智萃取生活实践中的新探索新成效新趋势，强化课程建设的人民性和发展性。

3. 对重难点的处理

“环境资源法学”课程以形成导向正确、内容科学、结构合理、系统完备、协同高效的教学内容为目标，致力于从教学资源、教学内容、教学方式和教学评价四个方面化解“环境资源法学”课程思政遇到的教学重难点问题。具体而言，在教学资源方面，“环境资源法学”应当吸收最新的环境治理理念和法律政策文件，并将其作为翻转课堂的重要阅读材料，使学生们能够充分了解我国当前最重要的环境治理要求，从而增强学习者的敏锐性和思考能力。在教学内容上，要以课程知识的完整性和系统性为主干，既不能机械化地为思政而思政，也不能片面追求课程思政而将课程应有的知识体系碎片化，关键是要根据课程各章的知识内容选好思政素材，把艰深的知识原理讲授与生动的社会实践有效有机结合。在教学方式上，要突出教学活动的师生二元主体结构，根据教学内容恰当运用互动式教学法、研究式教学法、实践教学法和案例式教学法等，力求课程思政教学的雅趣性和共情力。在教学评价方面，要细化考核项目，通过小论文、课堂讨论、团队作业等方式，综合考核学生的思想意识、知识水平和实践能力。

## 三、课程思政教学方法与评价方式

### （一）课程思政教学方法

1. 类比互鉴融通法

课程思政与思政课程应当形成同向同行、协同育人的良性循环，由此创造了类比互鉴融通法。类比互鉴融通法是思政课教师与课程思政老师通过交流对话，促进和保障环境资源法学在价值观、重要理念、逻辑思维、理论分析等方面进行类比、互鉴和融通的教学方法。例如，对于碳达峰碳中和、绿色发展等问题的理解，总体上应该是以马克思主义的立场、观点和方法作为"大逻辑"，进而才是"环境资源法学"课程的"小逻辑"，不应当用"小逻辑"或者"以西否中"的错误思维进行课程讲授，由此形成以马克思主义为方法论的中国哲学社会科学体系和教育教学体系。

2. 互动式教学法

课程思政要以学生为中心，发挥学生的主体性作用，教师要做好画龙点睛工作，加强引导和总结提炼，从而将学生的感性认识升华到理性认识，由此创造出以"画龙点睛"为核心的互动式教学法。所谓"画龙"，是指教师在充分讲解某个专题后，能够系统全面、逻辑清晰且言简意赅地进行知识观点总结。所谓"点睛"，是指教师在与学生的互动过程中，能够用个性化的、形象生动的、切近学生心理的表达，通过"点睛之语""点睛之论""点睛之释""点睛之辩""点睛之策"等使老生常谈的话题常讲常新，使同学们能够触类旁通。

3. 研究式教学法

教师团队通过先组织学生阅读生态环境相关书籍、资料和典型案例，观看图片、视频等方式,引导学生了解"碳达峰碳中和目标""习近平生态文明思想""用最严格制度最严密法治""山水林田湖草是生命共同体"等基础知识;然后通过互动式教学指导学生积极主动地对相关问题进行探究,进而让相关思政理念真正地融入学生头脑,全面培养学生运用习近平生态文明思想发现、分析和解决问题的意识和能力。

4. 信息化教学法

课程教师应当在适度沿用传统的多媒体教学的基础上,借助现代信息技术、网络资源,通过在线网络课程、微课小视频、虚拟仿真等方式,利用信息化教学手段活化教学内容。例如,在学习环境资源法律责任时,通过观看视频《污染防治攻坚战部署 8 个战役　用最严格制度最严密法治保护生态环境》,讨论责任追究反作用于环境保护的可能与限度。利用信息化教学手段可以活化教学内容,提高教学的形象性和感染力。

5. 案例式教学法

"环境资源法学"课程思政应当警惕文科课堂局限于理论学习的问题,让案例在理论学习与实践应用之间发挥桥梁作用,通过对"云南绿孔雀案""大象北渡南归""常州外国语学校污染事件"等案例的分析,让学生置身事内深入了解实践中的环境问题,从而提高其理解、分析和解决环境问题的能力。

6. 实践教学法

"环境资源法学"课程教师应当运用社会实践、实验、实地调研等方式,灵活开展"第二课堂"。例如,带领学生调研国家级自然保护区生态修复成果以及生态保护教育情况并开展现场教学,使学生深刻领会我国生态环境保护发生的历史性、转折性、全局性变化,体会"人不负青山,青山定不负人"的道理,进而提升思政元素融入的有效性。

### (二)课程思政评价方式

1. 评价主体与评价维度

"环境资源法学"课程思政的评价应采用双向式评价,评价主体包括授课老师和学生。授课老师对学生的评价侧重于学生在学习中所表现出来的情感、态度、价值观的变化,对习近平生态文明思想的理解和接受度、对学科专业知识的掌握度，以及对与学科专业相关的社会现象的分析能力等；学生对授课老师的评价侧重于“环境资源法学”课程思政内容设计的合理度以及对课程思政教学方法的接受度等方面。

2. 评价活动的展开

(1) 评价原则

定性评价、过程性评价、发展性评价是“环境资源法学”课程思政评价的三大原则。首先，“环境资源法学”课程思政评价要注重定性评价而非定量评价。其次，由于思想政治素质发展的过程性，评价应该更注重过程而不应该唯结果论，注重描述性评价而非区分性评价。最后，在评价中应该遵循发展的原则，即关注学生纵向的自我发展，减少横向比较。

(2) 评价标准与方法

“环境资源法学”侧重于从态度、价值观和专业知识三个层面开展效果评价，评价侧重于形成性评价，提升成绩评定公信力。“环境资源法学”的考核方式为：平时成绩占比60%，期末考试成绩占比40%，其中，平时成绩又分为作业项目(占比30%)和慕课成绩(占比30%)。慕课成绩由学生参与慕课学习，完成相应测评后通过系统自动生成。慕课学习的实践、内容、指标检测等由教学团队设定并随时更新。作业项目包括小论文不少于2篇、案例分析报告不少于2篇、读书笔记1篇、团队作业至少1次，以及提交课堂演讲稿和课程学习全周期综合评价(包括思想表现、出勤率、课堂发言、创新性思考、学习能力提升)等。小论文和案例分析报告的写作体例、字数要求等，均由授课教师统一发布。为了追踪学生的学习情况，客观评价学生的学习效果，“环境资源法学”课程建立了一学生一档案制度。该制度既是学生学习全过程的档案记载，也是教学团队成员教学活动的完整记录，有效发挥了督促学生专心学和督促教师潜心教的“双督促”功效。

## 四、课程思政教学资源及研究开发

“环境资源法学”课程蕴含了丰富的思政元素，更与国家重大战略紧密结合。为此，“环境资源法学”课程思政，一方面致力于落实习近平生态文明思想、贯彻“立德树人”和“四个回归”的教育理念；另一方面以服务“生态文明建设”“碳达峰、碳中和”等国家重大战略为根本导向，以干扰、抑制和影响学生学习“环境资源法学”的学习欲望和学习质量的消极因素为靶点，以课程思政内化、教学方式更新为抓手，统筹推进课程思政、教学任务、教学方式等教学元素的一体化、高质量建设。

### （一）课程思政教学资源

1. 课程思政理论资源

习近平法治思想和习近平生态文明思想是马克思主义在当代中国的创新与发展，是对中国传统优秀生态文化的继承与发扬，是中国特色社会主义理论的最新成果。“环境资源法学”课程思政建设应当以习近平法治思想与习近平生态文明思想作为价值论与方法论指引，将马克思主义法律观作为课程思政教育主流意识形态的话语表达，取材中国生态文明建设相关的法治事件和法治人物，将“环境资源法学”课程思政讲深、讲透、讲活。

2. 课程思政文献资源

包括：(1)《习近平法治思想概论》编写组：《习近平法治思想概论》，高等教育出版社 2021 年版；(2) 中共中央宣传部、中华人民共和国生态环境部编：《习近平生态文明思想学习纲要》，学习出版社、人民出版社 2022 年版；(3) 中共中央文献研究室编：《习近平关于全面依法治国论述摘编》，中央文献出版社 2015 年版；(4) 中共中央宣传部编：《习近平新时代中国特色社会主义思想学习纲要》，学习出版社、人民出版社 2019 年版；(5) 习近平：《论坚持人与自然和谐共生》，中央文献出版社 2022 年版等。

3. 课程思政网络资源

西南政法大学环境资源法教学团队依托慕课(MOOC)线上教学平台，建设了与线下“环境资源法学”课程思政相配套的网络课程资源库，为学生打造了“课堂在场、课外在线”的课程思政互动资源。

### （二）教学资源的研究开发

1. 交流互鉴，着力协同育人。习近平生态文明思想为“环境资源法学”课程思政提供了取之不尽、用之不竭的智慧源泉。“环境资源法学”课程教师应当主动与思政课程教师进行交流，通过探讨使《习近平新时代中国特色社会主义思想概论》中的习近平生态文明思想与“环境资源法学”无缝衔接、互相增益等方式,培养具有“家国情怀、专业素养”的新时代生态文明法治人才。同时,要建立多跨育人师资库,丰富育人新机制,重视从实务实践部门优选师资,以代表性人士和典型事例引导学生成长。

2. 紧扣时代脉搏,完善教学内容。结合教育部《新文科建设宣言》、教育部、中央政法委《关于坚持德法兼修实施卓越法治人才教育培养计划 2.0 的意见》等要求,“环境资源法学”教学应当发挥学科的交叉专业优势,紧密结合生态学、环境科学等前沿知识打造具有“文理交融”特点的“新文科”课程,从而培养适应新时代要求、具有自信心、自豪感和自主性的应用型复合型文科人才。

3. 力抓数字资源,促进共建共享。整合学科内外、学院内外、学校内外等各方面资源,聚焦“环境资源法学”课程思政的数字资源建设,把最新思想、最新实践、最新案例数字化、集合化,实现开放共享,持续完善。

## 五、教学实例

### (一)教学实例一:环境资源法的基本原则

1. 教学目标

(1)价值目标

习近平总书记指出,“良好生态环境是最公平的公共产品,是最普惠的民生福祉”①。那么,“环境资源法学”中的预防原则、保护优先原则和公众参与原则如何助力“环境民生观”的实现?

(2)知识、能力目标

学生通过对本章的学习,能够掌握我国环境资源法的基本原则的内涵,能够通过环境资源法的基本原则分析解决问题,填补法律漏洞,实现法律效果、政治效果和社会效果相统一。

2. 教学内容

(1)课程设计思路

教师引入环节:首先,2020 年,习近平主席在第七十五届联合国大会一

① 习近平:《推进生态文明建设需要处理好几个重大关系》,载《求是》2023 年第 22 期。

般性辩论上，提到我国要努力争取于2030年前实现碳达峰，于2060年前实现碳中和。二氧化碳是自然界本就存在的物质，碳中和意味着要对二氧化碳进行减排，由此产生的疑问在于，二氧化碳在科学界并未被确立为污染物，那么为何习近平总书记提出于2030年前实现碳达峰，于2060年前实现碳中和呢？这就牵涉到环境资源法中的预防原则和保护优先原则。其次，习近平总书记指出，“良好生态环境是最普惠的民生福祉”①。在新的民生政绩观指导下，我国极大地提升了环境规制的强度，在环境行政规制已经成型的情况下，我国应当如何推动和落实环境领域的公众参与？

学生讨论环节：第一，探讨2060年前中国实现碳中和的理论基础与实施路径？第二，《党政领导干部生态环境损害责任追究办法（试行）》要求地方发生生态环境损害时，要实行“党政同责”，追究党的干部的环境责任的意义何在？

师生探讨环节：第一，当经济发展目标与环境保护目标相冲突时，我们的处理原则是什么？第二，《环境保护法》确立了公众参与原则，并以专章规定了“信息公开和公众参与”，上述做法如何体现“群众路线”的根本要求？

课后思考环节：引导学生思考环境保护优先原则如何体现习近平总书记关于“两山理论”的思想要义？

课后作业：阅读埃莉诺·奥斯特罗姆的《公共事物的治理之道：集体行动制度的演进》，并撰写读书笔记。

（2）教学重点

包括：第一，环境资源法基本原则的含义；第二，公众参与原则与“群众路线”的关系；第三，损害担责原则与“用最严格制度最严密法治保护生态环境”要求的异同。

（3）教学难点

理解习近平生态文明思想与环境资源法基本原则的指导与被指导关系。

① 习近平：《推动我国生态文明建设迈上新台阶》，载《求是》2019年第3期。

### （二）教学实例二：环境诉讼专题

1. 教学目标

（1）价值目标

以“用最严格制度最严密法治保护生态环境”为指引，引导学生掌握环境民事责任、环境行政责任与环境刑事责任，并根据罪责刑相适应要求，理解上述三种责任的协调衔接。

（2）知识、能力目标

学生通过对本章的学习，厘清环境资源法律责任和其他法律责任的区别、对环境资源案例进行分析，准确掌握不同性质法律责任的构成要件，掌握环境诉讼的分类和诉讼制度的程序要求。

2. 教学内容

（1）课程设计思路

教师引导环节：教师介绍“用最严格制度最严密法治保护生态环境”是习近平生态文明思想的重要内容。习近平总书记强调，“加快制度创新，强化制度执行，让制度成为刚性的约束和不可触碰的高压线”①。

典型案例视频启发：通过最高人民法院2021年公布的环境资源审判典型案例——被告人周某荣等二十八人污染环境案，分析环境刑事法律责任的构成要件、责任认定与“认罪认罚”的处理；通过观看视频《污染防治攻坚战部署8个战役 用最严格制度最严密法治保护生态环境》，讨论责任追究反作用于环境保护的可能与限度。

实践案例探讨：重庆市人民政府、重庆两江志愿服务发展中心诉重庆藏金阁物业管理有限公司、重庆首旭环保科技有限公司生态环境损害赔偿、环境民事公益诉讼案是最高人民法院发布的典型案例，课程以该案例进行案例讨论和教学，关注实践中环境民事法律责任承担的根据、构成要件和责任承担方式。

学生讨论环节：组织学生讨论生态文明建设与习近平生态文明思想的

① 《坚决打好污染防治攻坚战 推动生态文明建设迈上新台阶》，载《党建》2018年第6期。

关系。

师生互动环节：组织学生针对上述典型案例，从原被告不同的角度就环境污染侵权责任的认定发表法律意见，最后由教师进行总结。

学生课后思考：环境法律责任如何体现习近平总书记关于“让制度成为刚性的约束和不可触碰的高压线”的要求？

(2)教学重点

包括：第一，习近平生态文明思想关于“用最严格制度最严密法治保护生态环境”的生态法治观的内涵与外延。第二，环境民事法律责任：中共中央、国务院推行的生态环境损害赔偿制度的内涵与实施、环境民事法律责任的构成要件、环境民事法律责任的举证责任分配、环境民事法律责任因果关系的认定、环境民事法律责任的责任承担方式。

(3)教学难点

包括：第一，习近平法治思想、习近平生态文明思想的形成背景与现实意义；环境行政责任的构成要件；环境刑事责任的重要罪名。第二，违法性是否为环境民事侵权的构成要件？中共中央、国务院推行的生态环境损害赔偿与环境民事公益诉讼的关系与协调之策。

### (三)教学实例三：污染防治法专题

1. 教学目标

(1)价值目标

习近平总书记指出，“实行垃圾分类，关系广大人民群众生活环境，关系节约使用资源，也是社会文明水平的一个重要体现”①。通过学习习近平总书记关于垃圾分类的要求，让学生认识到实行垃圾分类的重要性和必要性，并通过有效的督促引导，让更多人行动起来，养成垃圾分类的好习惯，一起为绿色发展、可持续发展作出应有的贡献。

(2)知识、能力目标

学生通过对本章的学习，了解我国当前各类型环境污染现状及其存在的

---

① 《培养垃圾分类的好习惯　为改善生活环境作努力　为绿色发展可持续发展作贡献》，载《人民日报》2019年6月4日，第1版。

问题，掌握污染防治法基本规范体系和制度体系，掌握并区分环境污染的不同类型，了解各主要污染物种类及其排放标准，将所学知识应用到具体环境污染的案例分析之中。

2. 教学内容

(1)课程设计思路

教师话题引入：生态环境部、中共中央宣传部、中央精神文明建设指导委员会、教育部、共青团中央、全国妇女联合会六部门发布《“美丽中国，我是行动者”提升公民生态文明意识行动计划(2021－2025年)》，旨在引导全社会牢固树立生态文明价值理念，推动构建生态环境治理全民行动体系。随着环境责任社会化议题的形成，全民参与环境保护成为一项热议的话题。此部分将以生活垃圾分类为例，讲述生活垃圾分类的原因、实施现状以及探讨同学们应当承担的“建设美丽中国全民行动”的垃圾分类义务该如何履行。

案例启发：通过案例启发学生思考环境保护法的实施方式，例如，生活垃圾分类、环评公众参与、环境公益诉讼等形式能否算是环境保护法的实施方式。

学生互动设计：通过虚拟案例的方式，组织学生分组并充当原告、被告、专家证人与法官等角色，对环境公益诉讼案例进行探讨，包括如何通过“私人执法”建设生态文明。

学生课后思考：细读“泰州市天价环境公益诉讼案”的一审和二审判决书，并结合最高人民法院《关于审理环境民事公益诉讼案件适用法律若干问题的解释》、最高人民法院《关于审理环境侵权责任纠纷案件适用法律若干问题的解释》等思考：假如此案件发生在《民法典》实施之后，案件的结果是否会发生改变？如果改变如何提起环境公益诉讼才能更好维护环境正义？

(2)教学重点

习近平生态文明思想关于“建设美丽中国全民行动”的生态行动观的内涵与外延。

(3)教学难点

“建设美丽中国全民行动”的生成缘由、实施情况和制度举措。

## 六、“环境资源法学”课程思政元素总览表

| 课程章节 | 重要的课程思政元素 | 相关联的专业知识或教学案例 | 所属思政维度 |
| --- | --- | --- | --- |
| 第一章 环境资源法概述 | 1. 以“生态兴则文明兴”为核心的生态历史观。<br>2. 以“坚持人与自然和谐共生”为核心的生态价值观。<br>3. 以“绿水青山就是金山银山”为核心的生态发展观。<br>4. 以“良好生态环境是最普惠的民生福祉”为核心的生态民生观。<br>5. 以“山水林田湖草是生命共同体”为核心的生态系统观。<br>6. 以“用最严格制度最严密法治保护生态环境”为核心的生态法治观。<br>7. 以“建设美丽中国全民行动”为核心的生态行动观。<br>8. 以“共谋全球生态文明建设”为核心的生态共赢观 | 本章采用启发式教学：通过播放环保教育视频《环境污染——人类的灾难》加深学生对环境问题及环境保护重要性的认识，同时通过对经济发展与环境保护关系的讲解，系统解释“绿色发展观”。并给学生留下了总结归纳“两山理论”、生态文明、绿色发展提出的背景和意义的思考题 | 民生福祉 |
| 第二章 环境资源法的基本原则 | 1. 2020 年，习近平主席在第七十五届联合国大会一般性辩论上，提出我国要争取在 2030 年前实现碳达峰，在 2060 年前实现碳中和。二氧化碳是自然界本就存在的物质，碳中和意味着要对二氧化碳进行减排，由此产生的疑问在于，二氧化碳在科学界并未被确立为污染物，那么为何习近平总书记提出在 2030 年前实现碳达峰，在 2060 年前实现碳中和呢？这就牵涉到环境资源法中的预防原则和保护优先原则。 | 本章采取讨论式教学形式：在 2030 年前实现碳达峰，在 2060 年前实现碳中和的目标离不开环境资源法中的预防原则和保护优先原则。通过设计讨论题“2060 年前中国实现碳中和的理论基础与实施路径”“当经济发展目标与环境保护目标相冲突时应当如何处理”，引导学生思考“环境保护优先原则如何体现习近平总书记关于‘两山理论’的思想要义” | “两山理论” |

续表

| 课程章节 | 重要的课程思政元素 | 相关联的专业知识或教学案例 | 所属思政维度 |
| --- | --- | --- | --- |
| | 2. 习近平总书记指出,"良好生态环境是最公平的公共产品,是最普惠的民生福祉"[1]。在新的观念的指导下,我国极大地提升了环境规制的强度,在环境行政规制已经成型的情况下,我国推动环境公众参与的意义何在?又当如何落实环境领域的公众参与 | | |
| 第三章 环境资源法的基本制度 | 1. 习近平主席指出,绿色发展应当"追求人与自然和谐""追求绿色发展繁荣""追求热爱自然情怀""追求科学治理精神""追求携手合作应对"[2]。绿色发展作为一种发展理念,如何体现到具体的环境法律制度之中,将成为本节课的深化和拓展内容。<br>2. 2019年1月1日,我国正式废除环评资质的认定规定。废除环评资质是党中央、国务院为了落实"放管服"改革而推动的资质废除,此时就出现了国家整体权力收缩的大背景与环境问题需要放权、赋权的小气候之间的悖逆,如何协调这种张力是环境法律制度改革的核心取向。<br>3. 习近平总书记关于"人与自然和谐共生的现代化"的论述 | 案例教学:在授课中穿插一些制度实施的案例,并加以分析,让学生结合自己的经历与认识,对相关制度进行比较,考察环境基本制度的实施情况,通过讨论的方式,进一步弄清楚本章的重点与难点。<br>启发式教学:通过对环境资源法学基本制度的种类、制度实施的条件的讲解,让学生形成基本制度知识体系,引导学生从制度构建方面理解基本制度在环境资源法学中的功能、地位。例如,通过"天津港爆炸事故"分析我国环境影响评价制度的基本制度缺陷,并引导学生思考完善之策 | 人与自然和谐共生 |

续表

| 课程章节 | 重要的课程思政元素 | 相关联的专业知识或教学案例 | 所属思政维度 |
| --- | --- | --- | --- |
| 第四章　环境诉讼 | 习近平总书记指出，“用最严格制度最严密法治保护生态环境”[3]。我国的法律责任主要分为民事责任、行政责任与刑事责任。那么，环境民事责任、环境行政责任与环境刑事责任如何体现“最严格制度最严密法治”，在责任的追究中，又应当如何实现上述三种责任的协调衔接 | 案例探讨：组织学生针对“江苏毒地案”，从维护环境公共利益、原告等角度分析、发表法律意见。<br>整理最近五年我国的环境公益诉讼案件，引导学生进一步理解谁可以提起环境公益诉讼？在哪儿提起环境公益诉讼？如何具体进行环境公益诉讼？继而真正理解什么是环境公益诉讼？最后由教师进行总结 | 用最严格制度最严密法治保护生态环境 |
| 第五章　污染防治法 | 1. 习近平总书记强调，实行垃圾分类，关系广大人民群众生活环境，关系节约使用资源，也是社会文明水平的一个重要体现。[4]习近平总书记指出，推行垃圾分类，关键是要加强科学管理、形成长效机制、推动习惯养成。要加强引导、因地制宜、持续推进，把工作做细做实，持之以恒抓下去。要开展广泛的教育引导工作，让广大人民群众认识到实行垃圾分类的重要性和必要性，通过有效的督促引导，让更多人行动起来，培养垃圾分类的好习惯，全社会人人动手，一起来为改善生活环境作努力，一起来为绿色发展、可持续发展作贡献。 | 以知识讲授为主，采用启发式与探讨式的教学方法，重点关注大气污染防治中的环境法律基本制度。让学生在课前了解我国排污收费制度的发展历史与环境税的相关出台背景 | 建设美丽中国全民行动 |

续表

| 课程章节 | 重要的课程思政元素 | 相关联的专业知识或教学案例 | 所属思政维度 |
|---|---|---|---|
| | 2. 习近平总书记关于"建设美丽中国全民行动"的论述 | | |
| 第六章 自然资源法 | 1. 党的十八大以来,习近平总书记从生态文明建设的整体视野提出"山水林田湖草是生命共同体"的论断,强调"统筹山水林田湖草系统治理""全方位、全地域、全过程开展生态文明建设"。生态文明建设应当统筹保护山水林田湖草,使资源的利用和开发符合生态环境规律。<br>2. 耕地保护涉及自然资源的用途管制制度,那么,耕地保护是如何体现自然资源用途管制的,在实践中又面临怎样的问题。<br>3. 习近平总书记关于"山水林田湖草是生命共同体"的论断 | 讨论式教学:课前安排学生查阅资料,讨论自然资源国家所有权公权说、私权说以及双阶段说。学生阅读资料,发表对自然资源国家所有权不同学说的看法,教师根据学生的发言和讨论情况进行总结 | 自然资源国家所有 |
| 第七章 生态保护法 | 中共中央办公厅、国务院办公厅联合印发《关于划定并严守生态保护红线的若干意见》,在中央层面上形成了生态保护红线"一条线""一张图"的基本思路。生态红线制度的确立是推动生态保护的重要制度,那么,何为生态红线制度,如何落实生态红线制度,生态红线制度的问题与对策又是怎样的 | 启发式学习:启发引导学生对于生态伦理进行分析;讨论动物保护的范围以及当前立法的不足与完善。并探讨不同地区少数民族生活习俗对生态保护制度建设的影响 | 山水林田湖草是生命共同体 |

续表

| 课程章节 | 重要的课程思政元素 | 相关联的专业知识或教学案例 | 所属思政维度 |
|---|---|---|---|
| 第八章 国际环境法 | 1. 2020年，中国国家主席习近平在气候雄心峰会上指出：“地球是人类共同的、唯一的家园。让我们继往开来、并肩前行，助力《巴黎协定》行稳致远，开启全球应对气候变化新征程！”气候问题是典型的全球性问题，每个国家靠自身的努力都不能独自解决，因此全球的环境治理协调就成为现实所需。<br>2. 习近平主席关于“国际社会应该携手同行，共谋全球生态文明建设之路”[5]的论述。<br>3. 习近平主席关于“面对生态环境挑战，人类是一荣俱荣、一损俱损的命运共同体，没有哪个国家能独善其身”[6]的论断 | 采用启发式、讨论式相结合的方式，通过阅读气候变化会议决议或形成的法律文件，分析国际环境责任的分配。引导学生结合国际环境法回顾国内环境法，并结合国际环境法原则分析环境权和发展权的关系 | 共谋全球生态文明建设 |

[1] 习近平：《推进生态文明建设需要处理好几个重大关系》，载《求是》2023年第22期。

[2] 习近平：《共谋绿色生活，共建美丽家园——在2019年中国北京世界园艺博览会开幕式上的讲话》，载《人民日报》2019年4月29日，第2版。

[3] 习近平：《推动我国生态文明建设迈上新台阶》，载《奋斗》2019年第3期。

[4]《培养垃圾分类的好习惯 为改善生活环境作努力 为绿色发展可持续发展作贡献》，载《人民日报》2019年6月4日，第1版。

[5] 习近平：《论坚持人与自然和谐共生》，中央文献出版社2022年版，第92页。

[6] 习近平：《共谋绿色生活，共建美丽家园》，载《人民日报》2019年4月29日，第2版。

（张志辽、何江）

# “劳动与社会保障法学”课程思政教学指南

## 一、“劳动与社会保障法学”课程简介

本课程是面向法学本科生的必修课。通过对本课程的学习,学生能够系统掌握劳动与社会保障法学的基础知识、基本理论以及有关主要法律规定;了解社会法学科全貌及其内在联系、研究前沿,具有掌握制度背景的宏观视野;了解法律困惑的实际症结,具有较强的实务运用能力、对理论的较高兴趣和研究能力。有利于增强学生对马克思主义理论的思想认同、理论认同、情感认同,对中国特色社会主义的道路自信、理论自信、制度自信、文化自信。

本课程主要包括基本理论、就业促进、劳动合同、集体劳动关系、劳动基准、劳动监察与劳动争议处理、五种社会保险、社会求助等内容。恩格斯曾指出:资本和劳动的关系,是我们全部现代社会体系所围绕旋转的轴心。劳动与社会保障法是私法公法化、公法私法化法律运动之产物,在第三法域中居于基础性、主干性的重要地位,既关涉私法和公法理论,也在不断完善的社会法理论中丰富自己。本课程既涉及第三法域中的若干重大理论问题,同时也涉及数量众多、内容庞杂的法律法规的运用。本课程肩负着宏观与微观双重使命,教师在系统讲授基本知识的同时,应注意密切结合中国国情和其他学科的研究成果,参考国外最新成果。

## 二、教学目标与教学内容

### (一)教学目标

本课程的教学坚持辩证唯物主义和历史唯物主义的世界观和方法论,以马克思主义和习近平新时代中国特色社会主义思想为指导,将专业知识与课

程思政天然相融，强调社会主义核心价值观的引领，全方位、全过程、多维度引导学生形成正确的世界观、人生观、价值观。学生能够系统掌握劳动与社会保障法学的基础知识、基本理论以及有关主要法律规定；通过课前自学慕课小视频、阅读指定教学资料、完成测试试题，提高自主学习能力、概括归纳能力；通过课中针对慕课和指定资料的师生问答、分组讨论以及同学之间和师生之间的互动，提高合作能力、思维能力、辩论能力；通过课后不定期的社会热点话题、典型案例分析等讨论、开放式作业、案例分析报告的撰写，提高写作能力、表达能力、创新能力。这有利于实现培养应用型、复合型、德法兼备的社会主义法治人才的目标。

### （二）教学内容

本课程的教学重难点主要有三方面，即专业理论知识的阐释、重点法律规定的应用、专业知识与课程思政的融合。本课程利用现代信息技术，实现线上教学和线下教学、课堂教学与课外教学的有机衔接。首先，线上教学部分。本课程使用本校刘俊教授团队打造的“劳动与社会保障法学”慕课。该慕课以马工程教材为基础，综合凝练出 70 个核心知识点并以此为基础录制了 70 个课程视频，深入讲解核心知识点，辐射相关基础知识，体系结构完整。其次，线下教学部分。课堂教学着重采用鉴定式案例分析法教学，该分析法是法学教育中已经被证明行之有效的训练法律思维、法律适用能力的法学教学方法，在深入探讨实务案例的基础上，寓法理于实例、变说教为启迪，缩短学生知识内化为能力的过程。最后，线上线下结合部分。线下教学以线上教学为基础，采用翻转式课堂教学法，教师课前给学生指定阅读资料和慕课视频；课堂教学中针对性地进行随堂小测试、提出专门设计的问题或场景，与学生互动交流；课后针对课堂内容设置思考题、社会热点问题和典型案例分析、开放式话题讨论等。

## 三、课程思政教学方法与评价方式

### （一）教学方法

首先，以高尚的理念和素养为基础。只有让“立德树人”成为每位教师的神圣使命与岗位责任,才能让专业教师在育人上形成协同效应,潜移默化地把价值引领、能力培养和知识传授贯穿于课堂教学之中。按照“四有好老师”的要求,筑牢教师的理想信念,提升教师的道德情操和育人能力等。其次,以强大的教育内容融合能力为关键。教师应注重教育路径设计,强化思政元素与专业知识之间的天然融合,帮助学生运用马克思主义的立场、观点和方法来分析回应教学中的现实问题和需求,引导学生形成正确的辩证思维、历史思维和实践思维,鼓励学生个人或团队结合专业进行延伸性学习,促进思政与专业相长,提升学生的信仰、价值与精神。最后,以创新教学方式方法为核心。教师要选择贴近学生思想特点的内容,创新教学方式方法,通过启发式、探究式、讨论式等方式,增强师生互动交流;从生动鲜活的实例出发,找准专业知识的思政载体,反对填鸭式灌输,杜绝生拉硬扯、“两张皮”现象,营造一个具有思政元素的情景;针对专业知识中所蕴含的思政元素进行直接和简洁的阐明,结合专业教学讲故事,对思政要素进行适切的印证和强调等。

### (二)评价方式

本课程从需求端和供给端两个角度进行课程思政评价。从需求端而言,学生是课程思政的受众,而学生思想政治水平的提升是一个循序渐进的过程,因此课程思政评价方式应从学生学习过程着手进行过程性评价,包括对学生从专业知识学习中的发言、讨论、小论文等中所表现出来的情感、态度、价值观进行评价。同时,专业课教师还应与学生的年级辅导员协同合作,持续性、跟踪式地进行评价。从供给端而言,教师是课程思政的提供主体,因此课程思政评价应着眼于教师教学全过程、全方位,包括教师对学生学情的掌握情况、课程思政的设计开发成果、教育教学方式方法的应用情况、课程思政实施中的反思和发展、学生的评教反馈等方面。

## 四、课程思政教学资源及研究开发

本课程的课程思政已取得如下成绩:2022 年荣获国家一流线上课程称号,2021 年荣获重庆市一流线上课程称号和重庆市一流线上线下混合式课程称号;校级课程思政示范项目;校级本科教学创新团队(A 类)。

课程思政教学资源的研究开发主要有:(1)本课程教学团队参与了马工程教材《劳动与社会保障法学》的编撰与修改。(2)本课程教学团队已制作慕课,以马工程教材为基础录制了70个课程视频,该视频在中国慕课平台上广受好评。(3)本课程教学团队与出版社合作,开发完成了包括教学案例、法律法规与司法解释、历年国家统一法律职业资格考试真题和课程教学练习考核测评试题等在内的数据库。(4)根据课程思政要求修订了《劳动与社会保障法学教学大纲》,并完成《劳动与社会保障法学教案》的撰写。根据课程思政要求优化了教学大纲,增加了"课程思政教学目标",在教学原则中强调了"课程思政的基本准则",在每一章中增加"课程思政融入"板块;在教案中进一步细化了"课程思政融入""与线上慕课的衔接"两个栏目,为课程思政和翻转式课堂教学提供坚实的支撑和制度性保障。(5)通过学习、培训、集体教研活动多渠道全面提升本课程团队成员的水平与能力。一是开展集体政治学习、开会交流,让团队成员具有过硬的政治素质。本团队成员绝大多数为中共党员,除正常参加党员例行的政治学习外,还阅读了大量的课程思政文献资料,并多次开会交流,深入掌握马克思主义、习近平新时代中国特色社会主义思想。二是积极参加教育教学培训。本课程团队全部成员均参加了"高校教师课程思政教学能力培训",部分成员还参加了学校组织的"技术赋能教学——混合式教学设计与实践""聚焦实际问题,探索科学方案——思政元素的挖掘与融入"等培训。三是实施集体教研活动。个人的力量总是渺小的,通过传帮带活动、集体备课、教学设计经验交流、现场教学观摩、专题教学探讨等集体教研活动,变"单打独斗"为"联合作战",充分发挥团队的集体合力。(6)选取了丰富、鲜活、天然融入专业知识的大量思政素材。我们注重读原著、学原文、悟原理,融入专业知识的思政素材既包括马克思主义经典著作,如《资本论》中的论述,也包括马克思主义中国化时代化的著述,如习近平总书记关于民生、劳动安全卫生、人民健康等系列重要讲话,中共中央、国务院《关于构建和谐劳动关系的意见》,党的十九大以来的会议决议等。

## 五、教学实例

### （一）基本信息

| | | | |
|---|---|---|---|
| 章节名称 | 第一章　劳动法基本理论，第一节　劳动法概述 | | |
| 周次 | 第一周 | 教学时数 | 2 学时 |
| 授课对象 | 三年级法学专业本科生 | 授课方式 | 讲授、问答、分组讨论 |
| 课程负责人签名 | | | |

### （二）前端学情分析

1. 教学内容分析

本节课是“劳动与社会保障法学”课程的第一章第一节。主要学习内容为劳动法的调整对象与适用范围，共 2 学时。其中，调整对象，尤其是劳动关系及其从属性为 1 学时；劳动关系主体资格及适用范围为 1 学时。除劳动法、劳动关系、从属性等重要概念外，更要掌握并运用劳动关系认定的相关知识。对第一章的内容，通过思维导图的形式展示内容结构，引导学生树立整体框架意识。（见图 1）

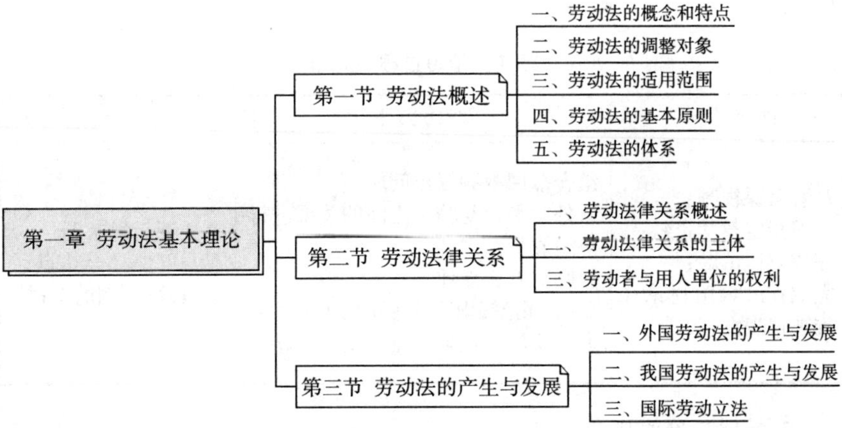


**图 1　课程内容思维导图**

2. 学生特征分析

本课程授课对象是大学三年级第一学期法学专业的本科生。在学习本课程之前,他们已经学习了法理以及宪法、民法、刑法等主要部门法,对法学的基本概念、基础知识与基本理论有了一定的理解与认识。因此,本课程一方面要传授劳动与社会保障法本身的专业知识;另一方面,要通过鉴定式案例分析法(请求权基础分析法)来强化和提升学生的法律思维能力和法律适用技能。学生通过学习能够以专业知识去发现、分析、解决社会生活中的诸多劳动与社会保障法问题。

### (三)教学目标设计

1. 知识与技能

通过本节课的学习,学生能够识记劳动法、劳动关系、从属性等重要概念,领会劳动关系的法律特征、从属性的外在表现,运用劳动关系认定的相关知识解决常见案例;能够结合所学知识,对平台企业与其从业人员之间的关系、劳动法的"三分法"、劳动者的分层调整、"类雇员"等社会热点问题和学界研究前沿问题提出自己的观点与看法。

2. 过程与方法

本节课采用线上线下混合式教学模式,学生线上线下学习时间的分配为1∶3,即线上学习时间占25%,线下学习时间占75%。其过程与方法如表1所示:

**表1　学习过程与方法**

| 课前/线上 | 课中/线下 | 课后/线上 |
|---|---|---|
| 观看慕课视频;<br>学习指定教学资料;<br>完成测试试题;<br>完成在线分组讨论并推选代表发言 | 结合慕课视频提出问题;<br>就外卖平台与骑手之间的关系进行小组发言;<br>教师对发言点评;<br>总结、深挖知识要点,强调重点内容;<br>通过比较法视野拓宽学生思考路径 | 完成课后思考题;<br>参与网上社会热点话题、典型案例的探讨 |

3. 情感与价值观

通过对劳动法基础理论的学习,学生可以深刻认识马克思劳动价值论,践行习近平法治思想,体会"以人民为中心"的思想内涵在劳动法领域的具体运用,树立正确的劳动价值观,深刻理解尊重劳动人民主体地位的重要性,重视“劳动与社会保障法学”。

### (四)教学内容

1. 教学重点:(1)劳动关系及其法律特征;(2)劳动法的调整对象;(3)劳动法的适用范围。

2. 教学难点:(1)人格上的从属性及其外在表征;(2)经济上的从属性及其外在表征;(3)从属性理论在劳动关系认定中的运用。

### (五)教学策略分析

1. 线上线下混合式教学法。学生注册并登录爱课程平台,观看由马工程教材首席专家刘俊教授带领本教学团队打造的《劳动与社会保障法学》慕课。本节内容对应的是慕课中的“第一章:劳动法基本理论”中的第1个和第2个视频,即《什么是劳动法:形式与实质》《劳动法的适用范围:劳动关系与劳务关系的区别》。学生应下载本节课件与指定阅读资料,结合教材、思维导图预习本节内容,完成课前测试试题。在课堂教学完成后,学生进入爱课程平台完成本节思考题,并结合本节学习内容进行拓展性社会热点话题、典型案例的讨论。

2. 翻转式课堂教学法。翻转课堂是教师事先将教学资源给学生,学生在线自主观看学习,在课堂上提出问题,形成教学和学习思维方式的翻转,强调以学生为中心,以问题为导向。学生通过提前的预习,在分组讨论、合作探究中提出自己的见解。这种方式促进了课堂教学与课外教学、线上教学和线下教学的有机整合,既强调教师在引导、启发、掌控教学过程中的主导性作用,也注重学生在全过程学习中的主体意识和积极性、主动性,多形式培养学生的各项能力。

3. “课程思政”教学法。注重“课程思政”引领,落实立德树人教育战略,有机结合价值塑造、知识传授与能力培养。马克思主义理论,尤其《资本论》对近代社会以来的生产方式和生产过程的揭示,与劳动关系从属性、如何认定劳动关系有着天然联系,本节课的专业知识可完美承载思政内容,有利于学生坚定理想信念、形成正确“三观”。

### (六)教学过程设计

1. 课前预习

向学生提前预告学习内容,学生观看慕课视频《什么是劳动法:形式与实质》《劳动法的适用范围:劳动关系与劳务关系的区别》,下载本节课件与指定阅读资料,结合教材、思维导图预习本节内容,完成课前测试试题。学生初步了解即将学习的知识要点,建立学习内容的基本框架。

2. 与慕课的衔接

包括:(1)衔接慕课视频《劳动法调整的劳动关系》,并结合教材阐述劳动关系的法律特征;(2)衔接慕课视频《实质劳动法》,阐述以从属性为基点的劳动法体系框架及特点;(3)衔接慕课视频《劳动关系三个基本判定条件》,阐述从属性理论及其在劳动关系认定方面的重要作用。

3. 以实例提问,检测学生对从属性理论的认识并为深化这一知识奠定基础

包括:(1)以无偿劳动、家务劳动方面的举例,让学生判断劳动关系是否成立;(2)以承揽关系、委托关系方面的举例,让学生区分劳动关系与劳务关系。

在点评学生回答情况的基础上,通过易混淆知识点的追问,让学生进一步思考何为从属性理论中的“管理”或“控制”?

4. 由学生小组代表发言,由教师点评

由课前分好的三个小组写出研究报告,推选发言人进行发言。每组时间不超过5分钟。教师与其他学生一起作为观众,听取学生代表的总结汇报,并随时记录下学生在汇报中出现的各种问题;教师对学生发言进行总结,提炼出学生的错误理解或遗漏,指出需要拓展的学习内容。让学生在发言和听取发言、点评中深入体会本节课的知识内容,通过分组讨论锻炼其合作能力、表达能力、抽象能力等。

5. 课程思政的无缝融入

根据马克思主义理论,尤其是《资本论》中的伟大论断,对从属性产生原因进行分析,从而使专业知识与课程思政天然融合。

6. 探讨域外法，归纳从属性理论的重点

具体包括：成文法国家，如德国有关立法草案、最终立法及其争议（《有关〈劳务派遣法〉及其他法律的修正法》，即德国《民法典》第611a条），被日本学界视为集大成的日本劳动基准法研究会《关于劳动基准法之"劳工"的判断基准》；判例法国家，如英国判例 Market Investigations v. Minister of Social Security[1969]2 QB 173，美国最高法院1992年判例 Darden v. Nationwide MutualIns. Co.，英美法国家在学理上比较有影响力的控制权标准、经济现实标准以及最近的"ABC"标准。

7. 课后拓展性在线讨论

由教师和助教结合知识点在慕课讨论板块发起热点话题、典型案例的讨论，在讨论中为学生指明方向，拓展和延伸课堂学习的知识点，增强学生的实践能力。

## 六、"劳动与社会保障法学"课程思政元素总览表

| 课程章节 | 重要的课程思政元素 | 相关联的专业知识或教学案例 | 所属思政维度 |
|---|---|---|---|
| 第一章 | 在马克思主义唯物史观和辩证分析法下讲授社会化大生产、劳动关系的本质和重要特征；习近平新时代中国特色社会主义思想，尤其是习近平法治思想，"以人民为中心"的思想内涵在劳动法领域的具体运用。帮助学生树立正确的世界观和价值观，引导学生尊重劳动人民主体地位，让学生已学习的马克思主义知识得到印证、实感和运用 | 劳动法的概念和调整对象、劳动关系的概念及其特征、劳动法基本原则的内容、劳动者的界定及范围、劳动者的主体资格、劳动者权利体系。使学生能够运用有关知识来认定劳动关系，运用本章的基本原理分析具体劳动法实例 | 引导学生深入了解习近平法治思想，"以人民为中心"的思想内涵在劳动法领域的具体运用；增强其法治意识 |

续表

| 课程章节 | 重要的课程思政元素 | 相关联的专业知识或教学案例 | 所属思政维度 |
| --- | --- | --- | --- |
| 第二章 | 党中央、国务院关于就业优先和积极就业政策的决议，习近平总书记关于就业、职业培训的系列重要讲话，社会主义核心价值观（尤其是平等、法治）。让学生已学习的习近平新时代中国特色社会主义思想得到印证和运用 | 劳动就业的概念和特征、国家或政府在劳动就业方面的职责。使学生能够运用就业平等权和反就业歧视有关知识解决实务案例 | 使学生深入理解社会主义核心价值观（尤其是平等、法治），增强文化素养、道德修养 |
| 第三章 | 将习近平新时代中国特色社会主义思想贯穿于劳动合同法律制度之中，尤其是中共中央、国务院《关于构建和谐劳动关系的意见》中关于依法保障职工基本权益、全面实行劳动合同制度的决定和要求；社会主义核心价值观，尤其是公正、法治。引导学生自觉践行习近平新时代中国特色社会主义思想，弘扬社会主义核心价值观，坚持“以人民为中心”的思想，坚定“四个自信” | 劳动合同的分类、形式、内容和效力，劳动合同变更的条件，劳动合同解除的事由、程序及经济补偿，劳动合同的终止，违法解除劳动合同及其法律后果，劳务派遣和非全日制用工的特别规定，劳动规章制度的订立和效力。使学生能够运用本章相关知识解决劳动合同争议案件 | 引导学生坚定对祖国的道路自信、理论自信、制度自信、文化自信，坚定拥护党中央的政策方针并积极落实，坚定对党的政治认同 |
| 第四章 | 结合党的十九大报告、习近平新时代中国特色社会主义思想中的“以人民为中心”，党的十九大报告关于“社会主义协商民主”的决议，中共中央、国务院《关于构建和谐劳动关系的意见》的有关要求，阐释分析我国集体协商、集体合同制度 | 集体协商代表的确定、义务和保护性法律规定，集体合同的概念和特点、集体合同与劳动合同的联系和区别，集体合同订立的内容和程序以及集体合同的效力。使学生能够运用有关知识，进行集体协商并签订集体合同 | 结合中共中央、国务院《关于构建和谐劳动关系的意见》的有关要求，阐释分析我国集体协商。利于学生理解并掌握我国集体合同制度，提升其法律素养，增强其法治意识 |

续表

| 课程章节 | 重要的课程思政元素 | 相关联的专业知识或教学案例 | 所属思政维度 |
| --- | --- | --- | --- |
| 第五章 | 运用马克思主义政治经济学原理分析工资、工时制度中的相关法律问题，加强对于我国社会主义劳动关系本质的理解；深刻领会劳动基准制度对调整工资、工时、休息等制度的作用，以及对构建和谐劳动关系的重大意义；践行“以人民为中心”的思想和社会主义核心价值观 | 工作时间和休息时间的概念、种类以及法律法规于此方面的主要规定，延长工作时间的概念及其法律规制，工资的构成和主要形式，最低工资制度和工资支付保障制度，女职工特殊劳动保护，未成年工特殊劳动保护 | 使学生加深对劳动基准制度知识的学习和理解，学会运用劳动基准的相关规定维护自身的劳动权利，增强法律素养 |
| 第六章 | 结合习近平总书记关于全面依法治国的系列讲话，中共中央、国务院《关于构建和谐劳动关系的意见》关于预防、解决劳动争议的有关规定分析我国劳动争议处理机制 | 劳动争议的概念、特点和受案范围，劳动争议的分类和我国劳动争议处理机制，劳动争议调解和劳动争议仲裁的主要规定，劳动争议调解、仲裁与诉讼的衔接和劳动争议诉讼的管辖、当事人、举证责任 | 分析我国劳动争议处理机制。引导学生树立遇事找法，解决问题靠法的法治思维 |
| 第七章 | 通过党的十九大报告，习近平总书记关于社会保障、人民健康的系列讲话，展示我国已建成世界上规模最大的社会保障体系的伟大成就，有利于引导学生深刻体会社会主义核心价值观，不断增强“四个意识”、坚定“四个自信”、做到“两个维护” | 社会保障有关概念及其特征，社会保障与相关的社会福利、社会保险、社会优抚之间的区别和联系，社会保障权与国家责任，社会保障法的基本原则，社会保障法律关系的主体和内容 | 引导学生深刻体会社会主义核心价值观，不断增强政治意识、大局意识、核心意识、看齐意识 |
| 第八章 | 党的十九大报告对养老保险理论与制度建设的引领性与指导性，我国步入老龄化社会后的系列政策。让学生切身感受到中国社会保障事业的迅猛发展，增强国家自豪感，坚定“四个自信” | 养老保险的概念、特征，我国养老保险的基本构成，职工基本养老保险的适用范围，基本养老保险关系的转移、续接，基本养老保险待遇的给付标准和给付内容，企业年金 | 让学生切身感受到中国社会保障事业的迅猛发展，增强国家自豪感；激发学生的家国情怀 |

续表

| 课程章节 | 重要的课程思政元素 | 相关联的专业知识或教学案例 | 所属思政维度 |
|---|---|---|---|
| 第九章 | 党的十九大报告对社会保障体系建设的要求,进行社会主义核心价值观教育,培育学生尊老爱幼、慈善救济、乐于助人等公民素养,进行爱国主义教育、诚信以及法律意识教育 | 医疗保险的概念、特征,医疗保险法律关系各方主体之间的权利义务关系,职工医疗保险的覆盖范围、基金筹集和待遇支付,居民基本医疗保险的主要内容,生育保险的主要内容 | 培育学生尊老爱幼、慈善救济、乐于助人等公民素养,提升其道德修养 |
| 第十章 | 习近平总书记关于劳动安全、卫生工作的系列重要讲话;党的十九大报告关于"完善失业、工伤保险制度"的阐释分析;习近平法治思想的宣讲;法治建设的中国立场 | 工伤保险的概念及特征、工伤保险的基本原则、工伤认定标准和认定程序、工伤医疗期待遇、因工致残待遇、因工死亡待遇 | 对习近平法治思想进行宣讲以及阐述法治建设的中国立场。<br>激发学生的国家认同感 |
| 第十一章 | 马克思主义对资本主义就业失业观点的批判;习近平总书记关于促进就业的系列讲话;党中央、国务院关于促进就业、建立失业保险的有关决定和政策 | 失业保险的概念及特点、失业保险的功能、失业保险的覆盖范围、我国失业保险基金的筹集、失业保险待遇的支付条件、失业保险待遇的内容和标准、失业保险金的支付期限和终止 | 让学生了解党中央、国务院关于促进就业、建立失业保险的有关决定和政策。增强学生的政治认同感 |

(熊晖、李满奎)

# “证据法学”课程思政教学指南

## 一、“证据法学”课程简介

“证据法学”课程思政面向法学专业在读本科生和研究生。

“证据法学”课程思政开设目的是以中国特色社会主义法治体系为框架，以对证据法学基础理论、基本概念、基本规则的教学为基础，构建中国特色哲学社会科学学科体系、学术体系、话语体系；引导学生关注国家重大战略，了解相关行业及纠纷类型中的证据运用原理及规则；以证据法哲学为基础，深化传统文化教育，创新教学模式，通过在线开放课程进一步扩大课程思政的实效性质及影响力。

“证据法学”课程思政的主要内容包括：证据法的基本价值、学习证据法学的意义、证据法基本原则、证据规则、证据运用实践和证明原理。

“证据法学”课程思政的特色包括：汇集优质资源，集合团队力量，对标打造示范课程；紧扣时政热点，丰富思政案例，准确领悟思政原理；创新教学方式，加强教学研究，促进教学效果提升。

## 二、教学目标与教学内容

### （一）教学目标

1. 价值目标：其一，将习近平法治思想的核心要义之一“坚持建设德才兼备的高素质法治工作队伍”与证据法学的教学意义结合起来，让学生们清晰地认识到学好证据法的重要价值；其二，将全面推进依法治国、推进国家治理体系和治理能力现代化的目标与证据法治发展结合起来，突出学好证据法、健全证据法制的宏伟目标；其三，通过对证据法原理和功能的讲述，启迪学生的人文关怀，使学生贯彻以“人民为中心”的司法理念。

2. 知识目标：以思政教育促进专业知识学习为要求，将课程思政教育落到实处。以往的课程思政教育浮于表面，授课教师的任务没有落到实处，课程思政教育效果不佳。本课程针对此问题，通过教学团队在授课前进行集体课程思政落实会、构建课程思政元素映射表等方式，努力培养出德法兼修，具备家国情怀等高尚道德素养的新时代法治人才。

3. 能力目标：其一，在课程内容的组织上，兼顾学生理论素养的培养和实践能力的培养，对于证据的基本理论、证据的审查判断、证据规则与证明规则等问题均有讲授，培养学生的实际运用能力；其二，区别于传统意义上的案例教学，团队在教学实施的过程中倡导实现更为贴合司法实践的"案卷＋模拟庭审"教学，提供具有典型意义的案卷供学生进行证据分析，必要时候组织学生进行模拟庭审，培养证据运用能力。

### （二）教学内容

"证据法学"教学内容分为三编，分别是绪论、证据论和证明论。绪论包括证据法学概述、证据法的理论基础、证据法的基本原则和证据法的历史沿革；证据论包括证据概述，证据的基本属性，证据的学理分类，证据的基本规则，物证，书证，电子数据，视听资料，犯罪嫌疑人、被告人的供述和辩解，被害人陈述，当事人陈述，证人证言，鉴定意见，笔录类证据；证明论包括证明概述、证明对象、证明责任、证明标准、证明环节和证明方法。整个课程内容围绕着证据审查判断和综合运用的具体规则展开，每一章节有机融入习近平法治思想、马克思主义哲学原理、社会主义核心价值观的具体内容、"四个自信"等思想政治教育元素，以思政元素重塑教学大纲，以证据法理论表达思政内涵，理论系统性强，现实应用性突出。

1. 课堂设计思路

该课程采用课前预习、课堂学习和课后讨论的教学模式。第一，课前预习阶段，学生预习资源库中的思维导图和教学课件。第二，课堂学习阶段，这一阶段是知识学习的核心阶段，教师通过司法实务中的真实案例引导学生关注证据问题，之后教师对核心内容进行讲解。在讲解的过程中，教师还会引导学生主动积极思考相关问题以及让学生尝试对具体案例的证据问题进行分析。第三，课后讨论阶段，教师在课程讨论区发布讨论问题，参加课程的学生在讨论区参与讨论。

2. 核心内容板块

(1)证据法的基本价值的思政教学。通过介绍证据法与诉讼法的关系,引导学生认识证据法的学习与中央提出与强调的全面推进依法治国、防范冤假错案、实现公平正义的内在关系,打通专业知识学习和思政教育的隔阂。

(2)学习证据法学的意义的思政教学。通过将习近平法治思想核心要义之一“坚持建设德才兼备的高素质法治工作队伍”与证据法学的教学意义结合起来,让学生清晰地认识到证据法治在法治建设中的重要意义,以及学好证据法的重要价值。

(3)证据法基本原则的思政教学。通过“以事实为依据、以法律为准绳”倡导实事求是的求真精神,能够让学生深入了解刑事诉讼证据制度背后的马克思主义精神内核,从而加深学习印象;取得更好的课堂教学与思政育人效果。应以“实事求是”的基本精神与客观生动的教学案例为切入点,系统地向学生传授非法证据排除规则、重调查研究不轻信口供原则以及证据的真实性合法性等相关知识点。

(4)证据规则的思政教学。引导学生充分认识到证据规则的构建与适用具有保证个案正确认定事实、准确适用法律的意义,而且在中央推进的司法改革和监察体制改革的背景下,证据规则的效力和统摄功能会在证据审查认定和证据衔接上发挥显著的作用。

(5)证据运用实践的思政教学。引导学生理解如何在司法实践中运用证据,才能让人民群众在每一个司法案件中都感受到公平正义。“打官司就是打证据”,这是指导诉讼实践的首要理念,法律职业工作者在证据运用实践中应当起到模范带头作用,将以人民为中心的法治理念融入证据司法之中,将证据作为查明案件事实、实现正义的基础。

(6)证明原理的思政教学。引导学生理解马克思主义中的辩证唯物主义认识论的基本内涵,使学生在司法证明中能够运用辩证法和矛盾分析法。引导学生理解为何在我国刑事司法事实认定中应坚持实质真实原则和证据确实、充分的证明标准。

3. 教学重难点

其一,思政元素融入教学内容的程度的加强。虽然基本上每一章节都设计了思政的映射点，但是在部分章节融入的深度明显不够，在整个课程融入的广度有待加强，教学内容与思政的融洽度有待提升。其二，思政元素融入线上教学的力度。团队老师参与的积极性和专业性还有待提升。目前思政元素融入线下教学的方式比较生动形象，切入点比较好，但是线上教学尚未设计出合适的思政方案。

对重难点主要通过改进教学方法予以应对：第一，继续创新课堂教学模式，推进现代信息技术在课程思政教学中的应用。扩大线上课程的覆盖面，探索线上线下混合式教学模式的发展。利用现代技术激发学生的学习兴趣，引导学生深入思考，促进优质资源在各区域、层次、类型的高校间共享共有。第二，建立课程团队思政集体教研制度。定期开展集体备课，利用传帮带机制提升青年教师的教学能力，将最新的思想政治教育内容融入证据法学的教学当中，定期更新课程资源；鼓励支持思政课教师与专业课教师合作教学教研，以课程为基础开展教学课题研究，进行教学论文写作。

## 三、课程思政教学方法与评价方式

1.“证据法学”思政教学方法的主要思路

首先，单设2课时的专门的证据法思政课堂，以“理论阐释—规则适用—实践运用”为基本思路，将习近平法治思想、马克思主义中的辩证唯物主义认识论、我国宪法关于尊重和保障人权的价值追求、以人民为中心的法治理念、中央关于全面推进依法治国的改革方略、大数据与人工智能快速发展的现实需求、刑事司法政策同证据法体系性地结合起来，讲述证据法在推进国家治理体系和治理能力现代化方面的应有作为。其次，在课程讲授过程中，分别在基础理论和规则的理解与适用部分进一步阐释以上理念、政策、战略如何与法律知识技能的掌握和运用相结合。

2.“证据法学”思政教学方法的具体应用

根据课程内容，制作PPT，筛选视频资料、课前阅读与课后拓展资料。通过在教学团队内部试讲的形式，听取改进建议，修改完善教学方案。深化对证据法基本原则、基础概念以及具体规则的教学，增强学生的证据意识并提高学生的证据运用能力，以及善用法治思维和法治方式维护自身权利、化解矛盾纠纷的意识和能力。聚焦监察体制改革、以审判为中心的诉讼制度改革、认罪认罚从宽制度改革、司法改革热点问题,关注公民对于诉讼证据的认识和把握,实现以人民为中心的法治理念。注重理论与实践的结合,通过案例教学等方式提升学生将理论知识运用于司法实践的能力。

3.“证据法学”思政教学方法的评价方式

是否促进了证据法学教学的专业化、复合化、科技化水平的提升?是否获得了专家学者和同学们的较高评价?是否转变了学生的学习态度和方式,使得学生的学习效率和质量明显提高?是否培养了学生对证据法学术科研的兴趣和能力?是否提升了教师的教学能力、专业功底和团队老师的自身专业水平?

## 四、课程思政教学资源及研究开发

1. 思政教学元素的开发:教学团队以集体备课的形式,认真梳理并学习党的十八大以来习近平总书记和党中央关于推进法治建设的重要文件和论述,授课教师应先提升自身的理论修养,方能达到思政育人的目的。结合近年来中央改革文件和法治论述中提及的相关内容,梳理证据法学教学内容中哪些知识点可以成为思政内容的映射点,并撰写教学大纲与教案。课题组成员深入研究习近平法治思想,以司法改革目标及国家重大战略为中心,将习近平法治思想融入证据法的课程教学中。

2. 线上资源的开发:本课程以线下教学为主,同时依托线上网络平台的资源提升学生学习的质效。在利用线上网络平台的资源为学生打好一定的证据法学理论基础后,再通过线下教学中老师体系性、精细化的知识梳理以及学生主动对问题的思考,对案例的剖析,提升课堂的知识密度、学生知识掌握度以及师生互动活跃度。具体而言,也即采取以下两种教学策略:(1)线上线下混合式教学法。首先让学生通过在线网络教学平台“慕课”找到“证据法学”课程,观看慕课视频以及下载本节课件与课件资料,预习本节内容。其次在课堂教学完成后,学生进入在线教学平台完成本节作业,并结合本节学习内容进行拓展性话题讨论。(2)翻转课堂 + PBL 项目式教学。翻转课堂是教师事先将教学资源给学生,学生在线自主观看学习,在课堂上提出问题,形成教学和学习思维方式的翻转。翻转课堂 + PBL 项目式教学以学生为中心,以问题为导向。学生通过提前预习,在经老师授课后提出在本节学习过程中出现的问题;以具体的案例为例,在分析案例的过程中探究解决问题。

翻转课堂 + PBL 项目式教学合理划分课堂内外的时间,将学习的决定权从教师转移给学生,使学习更加灵活、主动,并从被动式学习转为主动式学习。

## 五、教学实例

### (一)实例一:证据裁判原则

1. 授课对象:法学专业三年级本科生。

2. 授课教材:潘金贵主编:《证据法学》,法律出版社 2022 年版。

3. 授课内容:第二章第一节“证据裁判原则”。

4. 专业课知识点:证据裁判原则是证据法的基本原则之一。证据法基本原则,是指在制定与证据有关的法律规定时应该确立的原则和在司法实践中运用证据证明案件事实时应该遵守的原则。通过对本节的学习,学生应当掌握证据法基本原则所反映的证据运用的一般规律、价值取向和指导思想。其中讲授的重点是各个基本原则的内容与意义;难点是将证据法基本原则与具体的案例进行结合从而加深学生的理解。

5. 思政元素分析:全面贯彻《中共中央关于全面推进依法治国若干重大问题的决定》的精神,体现马克思主义哲学观与习近平法治思想的基本要求。证据裁判原则主要是对《中共中央关于全面推进依法治国若干重大问题的决定》的贯彻与体现。《中共中央关于全面推进依法治国若干重大问题的决定》在“推进严格司法”的部分四次提到“事实”和“证据”两个词,明确指出全面贯彻证据裁判原则,体现了证据在诉讼中的重要地位。《中共中央关于全面推进依法治国若干重大问题的决定》在提出推进以审判为中心的诉讼制度改革时,强调要完善证人、鉴定人出庭制度,保证庭审在查明事实、认定证据、保护诉权、公正裁判中发挥决定性作用。基于此,在证据法中强调直接言词原则,这对于实现庭审实质化,充分发挥庭审的价值具有重要意义。

### (二)实例二:实事求是原则

1. 授课对象:法学专业三年级本科生。

2. 授课教材:潘金贵主编:《证据法学》,法律出版社 2022 年版。

3. 授课内容:第二章第三节“实事求是原则”。

4. 思政元素分析：实事求是原则是对马克思主义哲学观的体现。求真务实是马克思主义哲学的实践理性，是我们党思想路线的生动体现。毛泽东同志指出：“实事”就是客观存在着的一切事物；“是”就是客观事物的内部联系，即规律性；“求”就是我们去研究。习近平总书记指出：“实事求是，是马克思主义的根本观点，是中国共产党人认识世界、改造世界的根本要求，是我们党的基本思想方法、工作方法、领导方法。”将实事求是作为我国证据法的基本原则，体现了我们对待案件事实的求真态度，不顾客观事实，只求程序公正的态度是不可取的，是不符合司法规律的。实事求是原则就是要司法人员在追求客观真实与维护程序公正之间达成平衡。

### （三）实例三：证据合法性的审查

1. 授课对象：法学专业三年级本科生。

2. 授课教材：潘金贵主编：《证据法学》，法律出版社 2022 年版。

3. 授课内容：第三章第六节“证据合法性的审查”。

4. 过程与方法：本节课采用课前预习、课中理解和课后讨论的教学模式。第一，课前预习阶段，学生预习资源库中的思维导图和教学课件。第二，课堂学习阶段，这一阶段是知识学习的核心阶段，教师通过司法实务中的真实案例引导学生关注证据合法性审查的问题，之后教师对核心内容进行讲解。在讲解的过程中，教师还会引导学生主动积极思考相关问题以及让学生尝试对具体案例的证据问题进行分析。第三，课后讨论阶段，教师在课程讨论区发布讨论问题，由参加课程的学生在讨论区参与讨论。

## 六、“证据法学”课程思政元素总览表

| 课程章节 | 重要的课程思政元素 | 相关联的专业知识或教学案例 | 所属思政维度 |
|---|---|---|---|
| 第一章　绪论<br>第二章　证据法的基本原则<br>第八章　证明概述与证明对象 | 1. 坚持不懈用习近平新时代中国特色社会主义思想铸魂育人；<br>2. 增强对党的创新理论的政治认同、思想认同、情感认同； | 1. 将马克思主义中的辩证唯物主义认识论、我国宪法关于尊重和保障人权的价值追求、以人民为中心的法治理念、中央关于全面推进依法治国的改革方略、大数据与 | 政治认同 |

续表

| 课程章节 | 重要的课程思政元素 | 相关联的专业知识或教学案例 | 所属思政维度 |
| --- | --- | --- | --- |
|  | 3. 坚定中国特色社会主义道路自信、理论自信、制度自信、文化自信 | 人工智能快速发展的现实需求、刑事司法政策同证据法系统地结合起来，讲述证据法在推进国家治理体系和治理能力现代化方面的应有作为。<br>2. 为保障司法公正，在司法实践中必须依照法律规定，严格按照法律规定来完成证明过程，要求公诉机关对法律规定的司法证明对象履行证明责任并达到证明标准。通过对证明与证明对象的讲授使学生明白，实现司法公正，准确认定案件事实不仅要依法收集证据，更要在进行司法证明的过程中严格按照法律规定，这样才能防范错案的发生，实现司法公正 |  |
| 第四章　证据的学理分类<br>第五章　证据的基本规则<br>第九章　证明责任与证明标准 | 1. 自觉把国家、社会、公民的价值要求融为一体；<br>2. 培养个人的爱国、敬业、诚信、友善修养；<br>3. 追求国家的富强、民主、文明、和谐和社会的自由、平等、公正、法治 | 1. 通过讲述证据的学理分类，使学生了解相关概念的内涵和特征，掌握各类证据在司法实践中的适用规则。在此基础上，使学生深刻理解“用证据说话”是让人民群众在每一个司法案件中都感受到公平正义的基础，法律职业工作者在证据运用实践中应当起到模范带头作用，将以人民为中心的法治理念融入证据司法之中，将证据作为查明案件事实、实现正义的基础。<br>2. 通过讲述非法证据排除规则等证据规则，使学生充分认识到证据规则的构建与适用具有保证个案“正确认定事实”“准确适用法律”的重 | 家国情怀 |

续表

| 课程章节 | 重要的课程思政元素 | 相关联的专业知识或教学案例 | 所属思政维度 |
| --- | --- | --- | --- |
| | | 要意义。结合中央推进的司法改革和监察体制改革背景,进一步说明证据规则的效力在证据审查认定上发挥的显著作用 | |
| 第六章　实物证据的审查判断<br>第七章　言词证据的审查判断 | 1. 以爱国主义为核心的民族精神;<br>2. 以改革创新为核心的时代精神;<br>3. 深刻理解中华优秀传统文化的思想精华和时代价值 | 1. 通过讲授物证、书证、电子数据等实物类证据的鉴真规则,使学生懂得党的第十八届四中全会通过的《中共中央关于全面推进依法治国若干重大问题的决定》强调的“努力让人民群众在每一个司法案件中感受到公平正义”的重大意义;了解司法实践中各级司法机关为了通过个案推动法治,在个案中实现具体正义所付出的努力。通过讲授使学生认识到司法工作人员运用鉴真规则实现司法公正的重要性,强化学生的职业责任感。<br>2. 通过讲授赵作海案、呼格吉勒图案等一系列经典案例,让学生明白保障犯罪嫌疑人、被告人供述自愿性的重要意义。同时带领学生了解非法证据排除。于 2017 年 6 月发布的《关于办理刑事案件严格排除非法证据若干问题的规定》从侦查、起诉、辩护、审判等环节明确了非法证据的认定标准和排除程序,切实防范冤假错案 | 文化素养 |
| 第二章　证据法的基本原则<br>第五章　证据的基本规则 | 1. 学思践悟习近平法治思想;<br>2. 牢固树立法治观念; | 通过对证据裁判原则、直接言词原则、实事求是原则和遵守法制原则的解读,引入习近平总书记关于保证司法 | 宪法法治意识 |

续表

| 课程章节 | 重要的课程思政元素 | 相关联的专业知识<br>或教学案例 | 所属<br>思政维度 |
| --- | --- | --- | --- |
|  | 3. 运用法治思维和法治方式的能力 | 公正的一系列重要论述；进一步结合马克思主义学说的根本观点和《中共中央关于全面推进依法治国若干重大问题的决定》，详细阐述习近平法治思想对公正司法的进一步丰富和发展 |  |
| 第三章　证据的基本属性<br>第十章　证明环节与证明方法 | 1. 法律职业理想；<br>2. 法律职业道德；<br>3. 法律职业规范 | 1. 通过对证据的基本属性——真实性、合法性的解读，引导学生思考“以事实为依据”背后的马克思主义哲学的精神内核。同时结合《中共中央关于全面推进依法治国若干重大问题的决定》，详细阐述证据在“严格执法”“公正司法”中的重要作用，从而使学生深刻理解习近平法治思想的核心要义。<br>2. 结合“重证据、重调查研究、不轻信口供”原则，阐释我国证明环节与证明方法的独特优势及其在防范冤假错案、发现案件事实真相上的重要作用。着重介绍在我国司法实践中应用最为广泛的印证证明方法以及作为其重要补充的经验法则。引入习近平总书记关于保证司法公正的一系列重要论述，进一步结合马克思主义学说的根本观点和《中共中央关于全面推进依法治国若干重大问题的决定》，详细阐述习近平法治思想对公正司法的进一步丰富和发展 | 道德修养 |

（潘金贵、李冉毅）

# “经济法学(二)(金融法、财税法)”课程思政教学指南

## 一、“经济法学(二)(金融法、财税法)”课程简介

“经济法学(二)(金融法、财税法)”课程是一门旨在系统阐释金融法与财税法基础理论知识、法律制度原理、制度和实践发展的法学专业必修课程,是法科学生研习的核心主干课程。金融法、财税法是经济法的重要组成部分,对于全面培养本科生的理论素养具有重要意义,使学生掌握金融法、财税法的基本概念和原理,了解金融法、财税法的学说和制度的基本体系、内容及其最新发展,并能初步掌握运用所学知识分析相应的金融财税法律实际问题。为此,本课程作为必修课面向所有法学专业本科三年级的学生开设。本课程共分24讲、48课时。

金融财税体制改革已经成为牵引国家治理现代化建设的重要力量,自党的十八届三中全会以来,加快金融财税体制改革成为党和国家顶层设计中的核心议题,这使得本门课程回应国家改革与需求同向同行,充分体现了金融法、财税法的现代性。本课程以讲授金融法、财税法的基础理论为主,同时兼顾前沿性和时代性,突出中国特色,反映国际最新发展潮流,充分展现了中国金融财税法学研究和法治建设的最新成果和最新动态。课程呼应了国家形势,体现了立德树人的目标和理念,充分发挥了经济政策、学术研究和本科教学的协同优势。本课程紧密围绕课程思政要求修改了教学大纲和教辅资料,实现了教学内容的科学性、丰富性和体系性。课程将立德树人融入课程设计与课堂教学,在进行专业教学的同时实现立德树人的培养目标。

## 二、教学目标与教学内容

### （一）教学目标

1. 知识目标：使学生熟悉金融法和财税法基本理论及具体制度，对金融法、财税法领域有基础性的了解，理解财税法立法或者政策目的。

2. 能力目标：使学生具有社会本位和实质公平的经济法理念，能够运用整体性的思维方式和现代法的技术手段解决经济法专业问题。

3. 价值目标：使学生自觉弘扬和践行社会主义核心价值观，不断坚定"四个自信"，形成科学的价值观和职业素养。

### （二）教学内容

1. 设计思路

本课程一直以来都将思政教育贯穿于本课程教学全过程，将教书育人的内涵落实到课堂教学全环节。本课程将紧扣"对学生的价值观进行培育和塑造"这一课程思政的最终目标，从宏观、中观、微观三个方面充分挖掘和发挥与金融法、财税法相关的思想政治教育元素。宏观上，本课程在具体的实施过程中将"立德树人"确定为课程的教学目的，并围绕"立德树人"的教学目的进行具体的教学安排和教学设计。同时将"立德树人"作为课程评价和教师教学评价的重要指标。中观上，以具有思想政治教育元素的时事政治作为课堂导入，然后在课堂讲授中结合该时事政治进行具体知识点的讲解，最后以该时事政治的具体实例来总结本节课的内容。微观上，本课程在具体知识点的讲授中引导学生理解其中的立法或者政策目的，使学生坚定"四个自信"，从而在润物细无声中实现"立德树人"的目标。

2. 教学重难点及对重难点的处理

（1）教学重点

金融法、财税法的基本理论，主要内容包括金融法概述，中央银行法、商业银行法概述与商业银行的设立、变更、接管、终止，商业银行的业务与审慎经营，金融监管法，财税法概述，税法基础理论，个税以及增值税的基本原理与构成要素，个税以及增值税的计算，税收征管法律制度。

(2)教学难点

第一,思政元素与专业教学的融通。在“经济法学(二)(金融法、财税法)”以往的教学中,思政与专业教育“两张皮”现象较为明显,缺乏融通。思政课教师就思政论思政,教学形式单一;专业课老师就专业论专业,对金融法、财税法专门性知识的教学缺乏思政元素的贴切性自然融入。

第二,授课课时严重不足。金融、财税法治实践大发展,“经济法学(二)(金融法、财税法)”课程体系日趋庞杂,但课时量不足,将金融法、财税法浓缩在48个课时内讲授,学生系统、全面、有效、深入理解学科知识存在困难。

第三,金融法、财税法与学生已学内容的连接。因“经济法学(二)(金融法、财税法)”整体课时较少,总论教学难以支撑起分论教学所需的基础理论知识,使学生所接受的总论知识很难与分论中的金融法、财税法进行有效衔接,课程需要建构金融法、财税法新知与学生已知的关联。

第四,授课内容需要紧跟经济社会发展、法律规范的发展。金融法、财税法问题已深嵌人民日常生活。与此同时,法律修改对教材体系、教学内容形成冲击。课程需要紧跟该领域热点问题,及时更新教材,及时、准确回应金融、财税法制变革实践。

第五,教学手段更新频繁与信息化手段应用不足的矛盾。以往教学仅注重课本知识讲授,教学观念相对滞后,教学方式相对单一,学生缺乏自主性,主动思考能力不足,运用信息化教学的良好效果并没有得到体现。

(3)对重难点的处理

第一,紧跟时代、思政引领,在课程中融入特色思政元素。实现“专业知识传授”与“主流价值引领”的有效结合,即将思政元素融入金融法、财税法课程设计的全过程。通过对金融法、财税法基本理论的讲授,增强学生对中国财政、金融政策设计、法制变革的道路认同、理念认同,激发学生强烈的爱国意识、经世济民的社会责任和使命担当,培养知行合一的新时代中国特色社会主义事业建设者。

第二,课内延伸、课外借智,广泛调动教学实践资源。通过“知识模块化”处理、“思维导图化”构建,实现教学“资源+活动+反馈”的融贯。具言之:一是课堂内金融法、财税法的融通,对金融法中的中央银行法、商业银行法,财税法中的个人所得税法、增值税法进行重点讲解;二是学科内金融法、财税法与传统公、私法体系的融通，考虑到经济法“公私融合”的特点，在课程讲述时应实现与民法、行政法的衔接；三是课堂外知识讲授与社会实践的融通，为增强课程可接受性，有针对性地选择新闻时事、热点、经典案例。

第三，集体备课、慕课串联，实现经济法总论与分论的有效衔接。积极推动经济法基础理论教研室与财税金融法教研室集体备课，开展了多次总论与分论相互贯通的教学大纲研讨，保证了经济法在教学体系、内容上的有效衔接。为增强“经济法学（二）（金融法、财税法）”课程教学的系统性，应将涵盖有总论和分论知识内容的“经济法学”慕课学习作为金融法、财税法教学的平时成绩考查事项，引导学生通过课外慕课学习体系化掌握课程内容。

第四，场景融入、授人以渔，增强学生主动获取知识的能力。推出场景式教学方法，引导学生通过主动收集资料、主动融入生活场景感知实践变化。通过发布论坛信息、讲座链接等方式，让学生能够主动对法律修改保持关注，解决教材滞后和知识更新缓慢的问题。

第五，分组研讨、助教协同，加强互动教学和学情跟踪管理。依托分组研讨、角色扮演、案例分析等方式，以问题为导向穿插专门的课堂讨论环节。课后分组、课上讨论，开展翻转教学，进行角色分工，增强学习的主动性、积极性；开展“随堂练习、助教对接、课后答疑”活动，强化学生学习情况的跟踪、反馈和管理。

第六，智慧教学、线上线下，提升团队信息化课堂教学能力。充分运用“雨课堂”、“课堂派”、“微信群”以及自建微信公众号等信息技术提升课堂管理的主观能动性，同时加大了线上教学在课堂管理和学情反馈中的作用。通过线上组织需求摸查、线上进行模块小测、线上进行问题答疑等方式推动教学活动的信息化。

## 三、课程思政教学方法与评价方式

### （一）教学方法

在教学内容上遵循必要性原则，在讲授时针对不同层次、不同性质、不同专业对经济法知识学习的深度和广度进行必要的内容安排。

在教学方法上遵循辅助性原则，以经济法的基础知识讲授为主，以案例讲授为辅,通过案例帮助学生消化、理解所学的知识,选用与教材的理论体系和逻辑顺序相呼应,与法律规范的内涵及构成要件相一致的案例。

本课程采用线上线下混合式教学模式,即“线下自学 + 线上自学 + 课堂讲授 + 线上评测”的方式。

本课程通过理论讲授、综合性实验、综合性作业等环节,培养学生分析问题和解决问题的能力。

### (二)评价方式

坚持定性和定量分析相结合、工作评价和效果评价相结合、教师自评和专家评价相结合。教师自评,包括授课目标达成度评价及学习效果完成度评价;专家评价,即主要根据课程设置的“育德功能”指标及“价值引领”观测点,考查教师的思想政治素养、教师的育德意识和能力以及课程思政教学成效。

1. 学生学习绩效评价。评价学生基于专业角度的知识目标、能力目标和价值目标的实现,设计评价指标体系和评价维度,评价学生的发展状态、发展过程及存在的问题。建立基于课程全过程的评价指标体系,包括但不限于:学生对思政元素的把握程度、学生的获得感和体验,学生的言行、专业判断力、职业素养的形成等过程性评价。

2. 课程思政的教学评价。制定本课程的课程思政标准,建立课程思政教学设计、课程思政资源、课程思政教学方法、课程思政融入、教学反馈评价等观测点。基于学生绩效评价的结论,对课程思政进行教学反思,评价教学设计、教学组织、教学资源、教学效果等方面的效果与发展。评价本课程的课程思政与其他相关课程的协调互动等。

## 四、课程思政教学资源及研究开发

参与编写并用好马工程教材《经济法学》,建设一批高质量的专业教材和教辅资料,其中,已编写并出版的《财税法学教程》获得首届西南政法大学优秀教材奖。推进材料与教学资源支持,包括思政教案,课程思政配套的音视频,融入思想政治教育元素的教学材料。学生参与建设课程思政的教学资源,包括作业、发言与互动记录,建立教师课堂评价、教学反思体系。

本课程的教学可以依托市场经济法治研究中心（重庆市首批人文社科重点研究基地）、中国财税法治研究院（中央财政支持地方高校发展专项资金建设项目）、西南政法大学金融创新与法制研究中心（校级基地）等强大的科研平台；充分利用中国大学慕课，借助信息技术手段，实现“经济法学（二）（金融法、财税法）”课程体系、教学大纲的统一。通过严格实行线上组织活动、线下重点讲授等课程思政示范课程研发，精准了解学生的学习需求和教学重难点，形成了线上课堂和线下课堂有机结合、“平台＋实时互动”的手段创新，帮助学生从多维度、多角度理解金融法、财税法，实现知识的融会贯通，保障育人育才质量。

## 五、教学实例

### （一）教学实例一：金融法基础理论

1. 教学重点：主要包括金融概述、金融的概念、金融的历史演进与功能变迁、金融体系、金融法的概念与渊源、金融法律体系等重点内容。课程为学生提供包含金融学基础知识的数据库资源。

2. 教学难点：金融的核心（货币与信用）、金融法的调整对象与特征、金融法的体系。学生的金融理论和经济理论基础需要建构，对中国特色社会主义市场经济理论的关注不够，应当引导学生进行数据的观察、逻辑的推理、专业的分析。

3. 课堂设计思路：中国金融史尤其是红色金融史中蕴含着丰富的爱国主义和革命文化元素。金融业改革发展实践中凸显了中国特色社会主义市场经济理论自信和道路自信。我国的金融改革举措既学习借鉴了市场经济理论和金融理论，也综合考虑了我国的基本国情和发展路径。在教学过程中寻求中国问题、介绍中国经验、提炼中国解决方案，有助于增强学生对中国特色社会主义道路、中国特色社会主义市场经济的认同感，激发学生研究中国问题、参与本土化理论创新的热情和兴趣。通过线下和线上混合式教学，完成金融现象识别、典型金融事件的翻转，引导学生思考讨论金融财税法领域新型交叉问题，对不同国家和地区应对金融危机策略的法学原理进行分组讨论。采取案例研讨的方式，让学生梳理案情、归纳核心争议，为学生提供相关数据库资源,学生可查阅法律法规以及类案文书。

### (二)教学实例二:中央银行法律制度

1. 教学重点:中央银行法律制度、中央银行的历史演变、我国中央银行的性质、中央银行的法律地位与类型、中国人民银行的组织机构、中央银行的职能。

2. 教学难点:中央银行的货币政策及其工具的运作机理;货币政策与财政政策的协同作用。

3. 课堂设计思路:结合《中共中央关于制定国民经济和社会发展第十四个五年规划和二〇三五年远景目标的建议》和党的十九届五中全会的内容,引导学生理解建立现代中央银行制度的必要性。以关于“中央银行是否为金融机构”的讨论引入本节课内容;教师讲授相关重点和难点;结合党的十九届五中全会提出的“建设现代中央银行制度”和《中国人民银行法》,分析中国人民银行与财政部、货币政策与财政政策之间的关系,引导学生全面理解货币政策与财政政策在服务实体经济中的协同作用。引导学生理解党的十九届五中全会提出的“建设现代中央银行制度”,明确建设现代中央银行制度的目标是建立有助于实现币值稳定、充分就业、金融稳定、国际收支平衡四大任务的中央银行体制机制,管好货币总闸门,提供高质量金融基础设施服务,防控系统性金融风险,管控外部溢出效应,促进形成公平合理的国际金融治理格局。

### (三)教学实例三:财政法

1. 教学重点:财政法概论,包括财政及财政法、财政收入法、财政支出法。预算法基本制度,包括预算权的配置、预算编制制度、预算审批制度、预算执行制度、预算调整法律制度、预算决算法律制度、预算监督法律制度。公债法基本制度,包括公债的概念、国债发行、流通与监管制度、地方公债法律制度、政府采购与转移支付法等基本原理。课程通过线上线下混合式教学、翻转教学,实现教学目标。

2. 教学难点:经济学和财政税收基本理论与方法,通过制度的学习,运用专业知识分析和解决公共问题的能力。课程拟通过资源支持、情景模拟,帮助学生有效学习。

3. 课堂设计思路：紧扣立德树人的根本任务，运用线上和线下相结合的混合式教学方法，通过讲解重大公共事件中政府所起的作用培养学生的公共意识。运用案例研讨、财政政策引导学生关注国情，增进学生对国家制度和改革发展成就的理性认同，激发学生强烈的热爱国家、经世济民的社会责任感和担当意识；通过实例引导学生全面理解货币政策工具和财政工具的协同运用，如可以通过信贷政策的调整和财政税收工具的优化，促进房地产市场的健康发展。通过实证调研、组织场景模拟与角色扮演，使学生体验财税法规的适用，培养学生综合观察研究的财政思维，使其理解并研讨财政问题的合理方案，培养其科学精神、钻研精神和创新精神。

### （四）教学实例四：税收实体法律制度——增值税法律制度

1. 教学重点：增值税法概论，包括增值税法的演进与发展、增值税的定义及特征、增值税原理、增值税的纳税主体、增值税征税范围的一般规定、增值税税率，增值税的税收优惠，包括法定减免税和起征点，增值税的征收管理等。

2. 教学难点：增值税纳税人的认定及管理，视同销售，增值税应纳税额的计算，增值税的专用发票，增值税的出口退税。结合对相关增值税法律实践尤其是相关案例的具体分析，训练增值税税收实务方面的思维与能力。

3. 课堂设计思路：增值税是流转税，也是我国税收收入中占比最大的税种。教学中，通过系统讲授、数据展示的方式，引导学生分析增值税的原理。通过在“增值税演进与发展”部分引入“中国故事”，结合“营改增”以及我国对于小规模纳税人的系列增值税税收优惠政策，使学生认识到增值税在“新发展格局”“双循环”等宏观经济背景下的重要价值与意义。通过实务教学和现场观摩，帮助学生了解税务行政部门和司法审判的一般流程。以增值税个案以及《中国共产党第十九届中央委员会第五次全体会议公报》明示“把握扩大内需这个战略基点，深化供给侧结构性改革，加大宏观政策应对力度”，《中共中央关于制定国民经济和社会发展第十四个五年规划和二〇三五年远景目标的建议》要求“建立现代财税金融体制”等内容导入，引导学生思考如何通过增值税的税收优惠、征管制度改革、出口退税等制度实现“减税降费”,从而达到减轻纳税人税收负担、激活市场主体活力、促进实体经济发展等目标。通过增值税的案例分析,培养学生坚守法律底线、敬畏法律的法治意识和诚信经营的意识,帮助学生理解税制中“以人民为中心”价值理念。运用线上教学和学习软件,帮助学生理解增值税应纳税额的计算规则。建设各类教学资源,引导学生运用多种数据库资源分析案例,准确适用法律法规。邀请实务部门进校开展涉税实务专题讲座,组织学生开展研究式学习。

### (五)教学实例五:税收实体法律制度——个人所得税法律制度

1. 教学重点:个人所得税法的沿革、个人所得税的定义和特征、纳税人的类型、纳税人的判定标准、征税对象(工资薪金所得,劳务报酬所得,稿酬所得,特许权使用费所得,经营所得,利息、股息、红利所得,财产租赁所得,财产转让所得,偶然所得)、税率、税收优惠等。

2. 教学难点:个人所得税的征税模式、纳税人纳税义务、所得来源地的确定、个人所得税的计算、个人所得税的征收管理。

3. 课堂设计思路:结合我国《个人所得税法》修改中专项附加扣除的规定与当前推行的减税降费措施,引导学生理解个人所得税法中纳税人权利保护的思想以及如何在税制改革中增强人民的获得感和幸福感。通过讨论式讲授和案例研究,通过个人所得税 APP 的演示,引导学生理解个人所得税的计算,通过研讨式教学和小组合作,研究《个人所得税法》增设的专项附加扣除制度内容和时代意义。结合我国《个人所得税法》修改中免征额提高和“综合与分类”相结合模式改革,引导学生理解个人所得税的计算原理以及其中蕴含的生存权保障原则。通过相关税收案例的研习,组织实务导师进课堂,邀请实务部门进校开展涉税实务专题讲座,引导学生树立依法纳税、诚信纳税的价值观并认识到依法纳税、诚信纳税的重要性,培养学生诚信纳税的意识。

## 六、“经济法学(二)(金融法、财税法)”课程思政元素总览表

| 课程章节 | 重要的课程思政元素 | 相关联的专业知识或教学案例 | 所属思政维度 |
|---|---|---|---|
| 第一章　金融法概述 | 1. 金融概述<br>2. 金融法概述<br>3. 金融法的基本原则<br>4. 金融体制与金融立法 | 通过国务院2023年印发的《关于推进普惠金融高质量发展的实施意见》和2023年中央金融工作会议的内容,理解金融、金融安全的重要性以及金融制度化、法治化的必要性 | 国务院2023年印发的《关于推进普惠金融高质量发展的实施意见》和2023年中央金融工作会议的内容 |
| 第二章　中央银行法 | 1. 中央银行的性质和法律地位<br>2. 中央银行的职能与职责<br>3. 中央银行的组织机构<br>4. 货币政策<br>(1)货币政策的定义;<br>(2)货币政策的目标。<br>5. 货币政策工具 | 理解我国现代金融体系建设以及人民银行宏观审慎管理和系统性风险防范职责 | 《“十三五”现代金融体系规划》的内容 |
| 第三章　商业银行法概述与商业银行的设立、变更、接管、终止 | 1. 商业银行概述<br>(1)商业银行的定义;<br>(2)商业银行的特点;<br>(3)商业银行的分类。<br>2. 商业银行的设立、变更、接管和终止<br>(1)商业银行的设立;<br>(2)商业银行的变更;<br>(3)商业银行的接管;<br>(4)商业银行的终止 | 结合包商银行被接管、2023年中央金融工作会议和《金融稳定法》立法过程,引导学生理解商业银行的设立、变更、接管、终止,商业银行在现代金融体系中的地位以及建设支持实体经济的金融服务体系的必要性 | 2023年中央金融工作会议和《金融稳定法》立法过程 |
| 第四章　商业银行的业务与审慎经营 | 1. 商业银行的业务<br>(1)商业银行资产业务;<br>(2)商业银行负债业务;<br>(3)商业银行中间业务。<br>2. 商业银行的审慎经营<br>(1)资产负债比例控制;<br>(2)利率控制; | 引导学生理解服务实体经济、防控金融风险、深化金融改革“三位一体”的必要性和重要性以及商业银行审慎经营的具体制度 | 2023年中央金融工作会议中有关监管协调机制的相关表述 |

续表

| 课程章节 | 重要的课程思政元素 | 相关联的专业知识或教学案例 | 所属思政维度 |
|---|---|---|---|
| | (3)贷款行为规制和银行债权保护;<br>(4)高风险经营行为的限制与禁止 | | |
| 第五章　金融监管法 | 1. 金融监管与金融监管法<br>(1)金融监管;<br>(2)金融监管与金融创新。<br>2. 宏观审慎监管<br>(1)宏观审慎监管的目标;<br>(2)宏观审慎监管的内容;<br>(3)宏观审慎监管与微观审慎监管的区别;<br>(4)宏观审慎监管的全球发展现状。<br>3. 巴塞尔协议与商业银行监管<br>4. 金融监管的原则<br>(1)依法监管原则;<br>(2)适度监管原则;<br>(3)保障金融安全原则;<br>(4)保护投资者合法权益原则。<br>5. 金融监管体制<br>(1)统一监管模式;<br>(2)分业监管模式;<br>(3)混业监管模式;<br>(4)多元多层监管模式。<br>6. 我国的金融监管法律制度 | 引导学生理解党的二十大报告中“加强和完善现代金融监管,强化金融稳定保障体系,依法将各类金融活动全部纳入监管,守住不发生系统性风险底线”的重要论述 | 党的二十大报告中的“加强和完善现代金融监管”和2023年中央金融工作会议中关于金融监管改革的论述 |

续表

| 课程章节 | 重要的课程思政元素 | 相关联的专业知识或教学案例 | 所属思政维度 |
| --- | --- | --- | --- |
| 第六章　财税法概述 | 1. 财政法概论<br>(1)财政及财政法的定义；<br>(2)财政法的性质、特征、分类；<br>(3)财政法的法律地位与法律价值；<br>(4)财政法律关系；<br>(5)财政法律渊源及体系。<br>2. 财政收入法<br>3. 财政支出法 | 引导学生理解“财政是国家治理的基础和重要支柱”的内涵，掌握财税制度法治化以及依法治国的重要价值 | 习近平总书记提出的“两不愁三保障”和党的二十大报告中的“健全现代预算制度，优化税制结构，完善财政转移支付体系” |
| 第七章　税法基础理论 | 1. 税法概论<br>(1)税收的定义、特征、作用；<br>(2)税法的定义、性质、法律地位、作用；<br>(3)税收法律关系；<br>(4)税法的原则；<br>(5)税法的分类；<br>(6)税收法律体系。<br>2. 税法要素<br>(1)税法主体；<br>(2)课税对象；<br>(3)税目；<br>(4)计税基础；<br>(5)税率；<br>(6)纳税环节；<br>(7)纳税期限；<br>(8)纳税地点；<br>(9)减免税。<br>3. 税收特别措施<br>(1)税收特别措施的定义；<br>(2)税收特别措施的种类；<br>(3)税收特别措施实施的程序 | 引导学生理解税收法定的价值、内容及其实现路径以及国家税制改革的目标 | 党中央审议通过的《贯彻落实税收法定原则的实施意见》，我国增值税的改革历程，《耕地占用税法》和《车辆购置税法》等法律 |

续表

| 课程章节 | 重要的课程思政元素 | 相关联的专业知识或教学案例 | 所属思政维度 |
|---|---|---|---|
| 第八章　个人所得税法基本原理与构成要素 | 1. 个人所得税的定义与特征<br>2. 个人所得税的基本原理<br>3. 个人所得税的纳税主体<br>4. 个人所得税的税目与所得额<br>5. 应纳个人所得税的计算<br>6. 个人所得税的税收优惠<br>7. 个人所得税的纳税申报 | 引导学生理解个人所得税法中以人民为中心的理念以及个人所得税改革中增强人民获得感和幸福感的目标定位 | 我国《个人所得税法》中专项附加扣除的规定与当前推行的减税降费措施 |
| 第九章　个人所得税法的计算 | 个人所得税的计算讲解与练习 | 引导学生理解我国个人所得税改革中所蕴含的家庭保障和生存权保障的思想 | 我国《个人所得税法》中免征额的提高和“综合与分类”相结合的模式改革 |
| 第十章　增值税法基本原理与构成要素 | 1. 增值税法的定义及特征<br>2. 增值税的纳税主体与征税范围<br>3. 增值税的原理<br>4. 增值税一般纳税人和小规模纳税人<br>5. 增值税特殊销售行为<br>6. 应纳增值税的计算<br>7. 增值税的税收优惠<br>8. 增值税的纳税申报 | 引导学生理解“营改增”中所蕴含的降费降税措施,理解“营改增”的相关政策目标 | 我国“营改增”的历史进程及其降税的实际效果 |

续表

| 课程章节 | 重要的课程思政元素 | 相关联的专业知识或教学案例 | 所属思政维度 |
| --- | --- | --- | --- |
| 第十一章　增值税法的计算 | 增值税法计算的讲解与练习 | 引导学生理解如何在增值税法领域通过财政制度实现发展成果人民共享的整体改革目标 | 2019 年两会报告中提到的深化增值税改革相关内容 |
| 第十二章　税收征管法律制度 | 1. 税收征收管理法概述<br>(1) 税收征收管理法的定义及其适用;<br>(2) 税收征收管理法的权利与义务的设定。<br>2. 税务管理<br>3. 税款征收 | 引导学生理解税收征管制度的原则和未来的修改方向以及如何通过税收征管制度的创新实现"财政是国家治理的基础和重要支柱"的定位 | 习近平主席在首届中国国际进口博览会开幕式上的主旨演讲所提到的"营商环境只有更好,没有最好"和税收征收管理法的修改 |

(蒋亚娟、曹泮天)